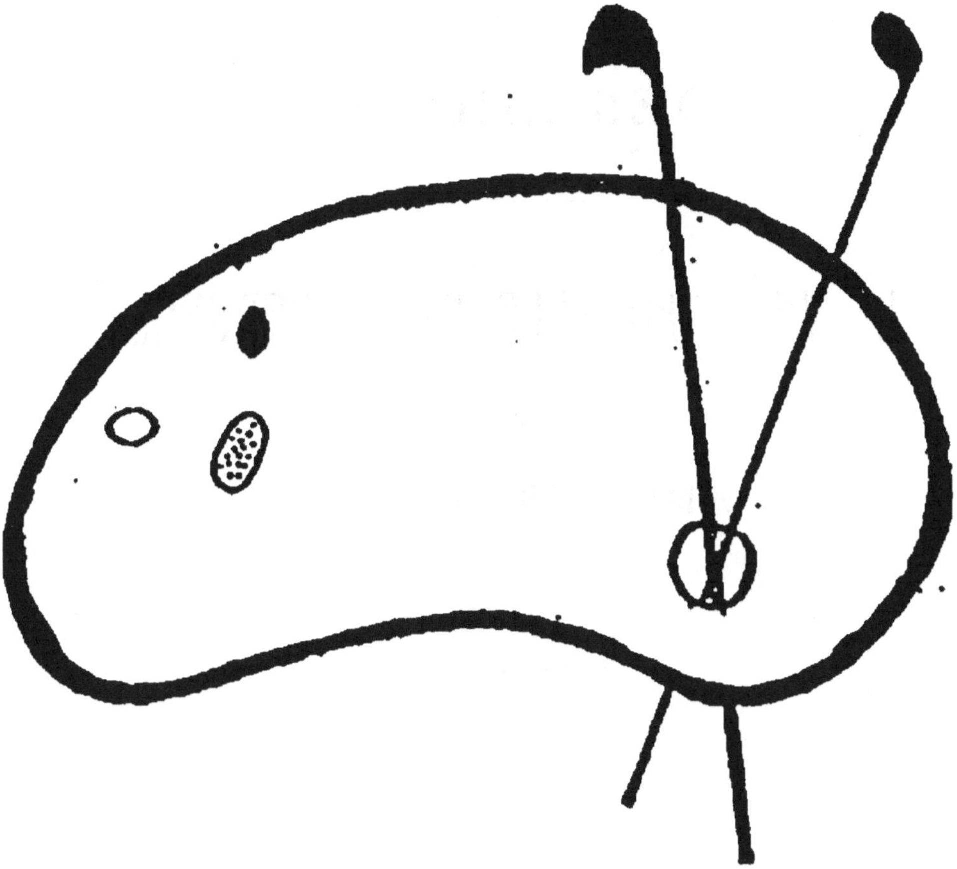

DEBUT D'UNE SERIE DE DOCUMENTS
EN COULEUR

DE LA NATURE DES CHOSES

LA VIE ÉTERNELLE ET UNIVERSELLE

PAR

AMBROISE DANTEN

PARIS

CHEZ LES PRINCIPAUX LIBRAIRES

DÉPOT CENTRAL

CHEZ L'AUTEUR, 16, RUE LETELLIER

1886

(Tous droits réservés)

3533 — ABBEVILLE, TYP. ET STÉR. A. RETAUX. — 1886

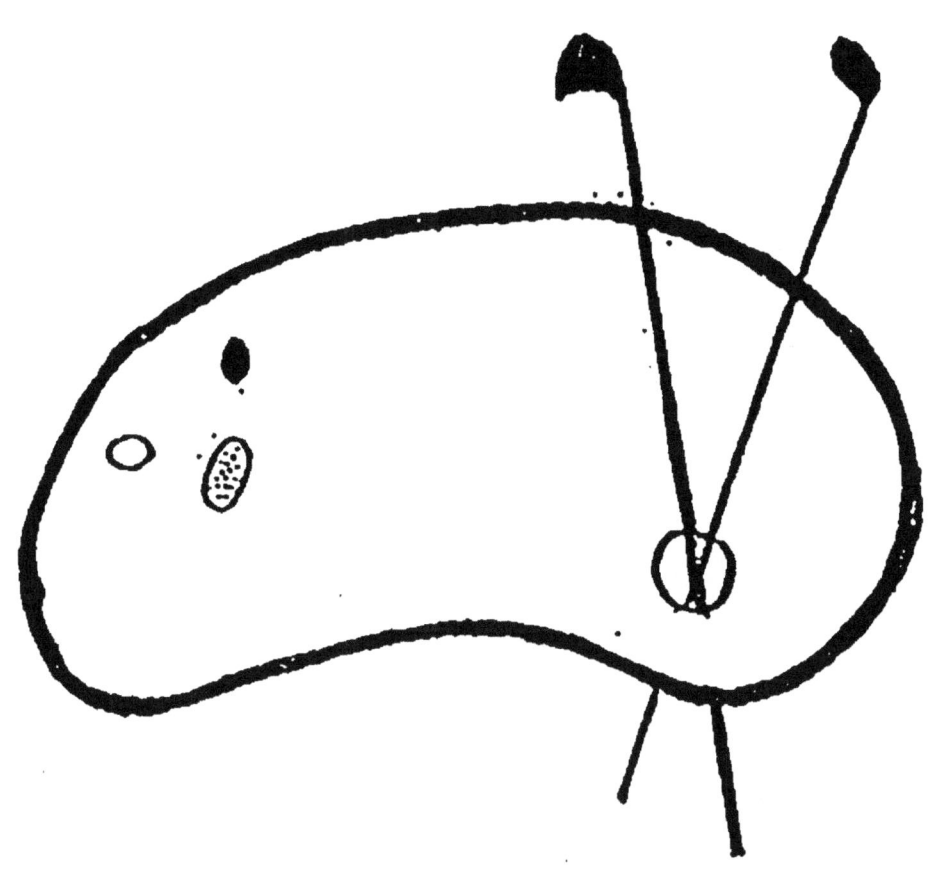

FIN D'UNE SERIE DE DOCUMENTS
EN COULEUR

DE LA NATURE
DES CHOSES

LA VIE ÉTERNELLE ET UNIVERSELLE

DE

LA NATURE

DES CHOSES

LA VIE ÉTERNELLE ET UNIVERSELLE

PAR

AMBROISE DANTEN

PARIS
CHEZ LES PRINCIPAUX LIBRAIRES

DÉPOT CENTRAL
CHEZ L'AUTEUR, 16, RUE LETELLIER
1886
(Tous droits réservés)

AVERTISSEMENT

Ceci n'est point un livre de secte ni de parti. Rêveur solitaire et indépendant, l'auteur s'est attaché à se tenir au-dessus des intérêts, des passions et des ambitions qui s'agitent dans le cours ordinaire de la vie. Il n'a entendu froisser aucune croyance sincère, ni décourager aucun effort généreux. Il professe au contraire que tout, même le préjugé et l'erreur, concourt à l'ordre universel et mène invariablement au progrès. Il a seulement essayé, en tâchant de se dégager de tout parti pris, de tracer un large et sommaire tableau de ce qu'il a cru être le principe, la nature et le destin des choses; puis de rechercher quel peut être le rôle que joue l'Humanité dans cet ensemble, et de déterminer le caractère et la portée des moyens à l'aide desquels elle le remplit.

Ce n'est point non plus un livre d'actualité. Il ne traite guère que de lieux communs. Mais ce sont des lieux communs qui ont eu de tout temps le don de passionner l'esprit humain et qui, à ce titre, constituent l'actualité la plus haute et la plus vivante qui soit : car ils dominent et domineront éternellement les destinées des hommes, sans que sur eux, peut-être, le dernier mot soit jamais dit. Sujet sur lequel tout ce qui pense aspire à se faire son *Credo*, à peine de rouler obscurément à travers la vie, comme la feuille est emportée par le tourbillon ; que beaucoup ont touché, que nul n'a pu et ne pourra sonder à fond ; mais qui exerce, sur toute intelligence élevée, une telle attraction, et d'autre part si puissant et si fécond en lui-même, qu'il n'est penseur ni sage qui n'ait cherché à lui arracher ses inviolables secrets,

<blockquote>Et pour l'avoir tenté, ne soit resté plus grand !</blockquote>

Enfin ce n'est un livre ni d'érudition, ni de science, ni d'art. L'auteur n'a aucune des qualités qui seraient nécessaires pour une telle œuvre. Il n'a voulu que rédiger et mettre en ordre ses propres rêveries, telles qu'elles sont écloses dans son cerveau, ou plutôt telles qu'elles se sont offertes à lui, venant il ne sait d'où : car il n'a point la prétention d'être inventeur ni de rien donner comme nouveauté.

Assurément bien des vulgarités, bien des défauts, bien des erreurs se sont glissés dans ce travail. Mais l'auteur n'étant point docte n'écrit point pour les doctes. Uniquement occupé de suivre ses idées et de s'abandonner à ses sentiments, il les a traduits comme il voyait et comme il sentait : quelquefois confusément, souvent d'une manière banale, toujours avec défiance de ses propres lumières, car il est loin de se croire infaillible. Dans tous les cas, son excuse est dans sa sincérité et sa bonne foi et il espère que, par cette considération, le lecteur (s'il se trouve des lecteurs) voudra bien lui ménager son indulgence.

DE LA NATURE
DES CHOSES

LA VIE ÉTERNELLE ET UNIVERSELLE

PREMIÈRE PARTIE

Pan

I

J'aime à rêver, le soir, accoudé à ma fenêtre… quand le ciel est pur et transparent ; quand tous les bruits terrestres se sont éteints peu à peu ; quand ce voile de lumière, qui tantôt enveloppait cette vie éphémère qui s'agite autour de moi, s'est écarté pour me laisser entrevoir la vie plus vaste et plus profonde des mondes et des choses.

Alors, ma pensée se recueille et s'élève. Je ne suis plus cet être qui, il y a quelques instants, s'épuisait dans une lutte obscure pour une existence précaire : je suis une intelligence qui contemple et qui plane, qui interroge les mystères de l'Être et tâche de lui arracher ses redoutables secrets.

Spectacle grandiose et toujours nouveau ! tellement nouveau et inépuisable que, chaque soir, en présence de ce même cortége infini de mondes qui se déroule à mes yeux, la même pensée vertigineuse s'empare de moi : où suis-je ? Tout ce que je vois est-il réel ? Ne suis-je point le jouet d'un songe ? Si cet univers qui m'entoure n'est point une vaine illusion, pourquoi est-il ? Quelle est son origine, sa nature, sa fin, sa raison d'être ? Pourrait-il ne pas être ?...

Je m'arrête : à cette seule pensée du néant, de l'espace vide et noir... ou plutôt, peut-être, de l'absence même de l'espace ; en présence de cette idée : *Rien*, pas même la nuit, pas même l'abîme, une chose sans nom... ou plutôt un nom sans chose : *un je ne sais quoi* qui ne peut même être conçu ; mon esprit s'effare, le vertige me prend.

Non ! je ne conçois point le *néant*. Le mot *Rien*, sous quelque face que je le retourne, est un mot vide de sens. Il faut à mon entendement avide de réalité, la notion de l'Être, de l'Être nécessaire, sans commencement et sans fin : car, si je ne saisis point le néant, je ne comprends point davantage le passage du néant à l'être. Et comment donc serais-je, moi créature d'un jour, qui n'étais point hier et qui ne serai point demain (car je sens bien que je suis, en cet instant où ma pensée flotte à travers ces rêveries, puisque pour rêver il faut être), si je n'étais quelque anneau de cette chaîne ininterrompue de l'Être éternel et incréé ; si je n'en étais quelque modification dérivée, transformation consécutive de modifications précédentes ? Où aurais-je mes attaches ? où tendraient mes pas ?

Être ou ne pas être : dilemme troublant, je vous écarte donc d'un geste et je me place hardiment au sein de l'Être. Alors tout s'éclaire et s'illumine ; mon effarement se dissipe ; je me sens sur un sol assuré.

Mais cet Être nécessaire, quel est-il ? Est-il matière ou esprit ? Est-il à la fois l'un et l'autre ? Question formidable et peut-être insoluble pour des intelligences bornées ! Examinons toutefois.

L'Être nécessaire est nécessairement infini. Comme il n'a point de commencement ni de fin, il ne saurait avoir de bornes. Car, à côté de l'Être il y aurait alors place pour le néant; et le néant est un mot qui jure avec celui d'Être nécessaire. Cet Être est donc tout, il emplit tout, rien ne peut exister en dehors de lui ; car alors il ne serait plus Tout; il ne serait plus infini. Si le monde matériel n'est point cet être, il faut donc, au moins, qu'il en fasse partie intégrante. Voyons donc ce que c'est que le monde matériel.

Quand je promène mes regards à travers l'immensité qui m'environne, j'aperçois l'espace semé de myriades de mondes et de systèmes de mondes semblables à celui que j'habite. Mes yeux en découvrent sans cesse de nouveaux. Des instruments, qui rendent ma vue plus perçante, étendent encore le champ de mes observations. A chaque progrès de l'art de l'optique, de nouveaux mondes apparaissent derrière les mondes précédemment entrevus. A la limite des espaces effrayants où la puissance même des instruments expire, de légers flocons blanchâtres me révèlent l'existence d'autres groupes de mondes sans nombre et, derrière ceux-là, sans nul doute, d'autres mondes encore ; des mondes toujours, que la faiblesse seule de mes sens me dérobe, mais que ma pensée rétablit. Où tout cela peut-il bien s'arrêter ? Si, lancé dans l'infini, avec une vitesse mille et mille fois plus éblouissante que celle de l'éclair ou du rayon lumineux, il m'était donné de parcourir, pendant une éternité, tous les mondes qui se succèdent les uns aux autres, où arriverais-je enfin ? A un mur ? à une barrière ? à un trou noir ?... Horreur ! A cette seule pensée mon entendement se confond. Je serais donc en face du néant ; j'aborderais le non-être ? Alors tout s'écroule ; tout ce que j'ai vu jusqu'ici n'était qu'illusion. Il n'y a plus rien, puisqu'il n'y a plus l'Être nécessaire.

L'univers m'apparaît donc, logiquement, forcément,

non comme une vaste et incalculable agrégation de mondes; mais comme l'espace infini lui-même, peuplé, habité, sans fond, sans sommet, sans fin, sans bornes !

Et non-seulement peuplé et habité; mais bondé d'être et de vie, sans qu'il y ait de quoi poser la pointe d'une aiguille où l'on ne rencontre la substance nécessaire. Car de même que je ne saurais concevoir le vide aux extrémités, si reculées soient-elles; je ne le conçois point davantage dans les intervalles qui paraissent séparer les mondes.

Ces mondes agissent manifestement les uns sur les autres. Comment cette action pourrait-elle se produire sans une substance conductrice intermédiaire ? Qui m'expliquera comment deux corps peuvent agir l'un sur l'autre à travers le néant ? Le néant me paraît une barrière plus infranchissable que le plus épais mur d'airain ou de diamant. Cette substance intermédiaire, qu'on l'atténue tant qu'on voudra; qu'on en fasse un fluide mille fois plus insaisissable que l'électricité ou que tous les agents impalpables que nous connaissons, soit ! Je le veux; mais qu'on ne me dise pas que c'est le vide absolu. J'ai d'ailleurs la preuve directe que les espaces planétaires et sidéraux ne sont point vides : la lumière des astres m'arrive de tous les côtés; cette lumière est bien quelque chose, puisqu'elle marche, puisque l'on calcule mathématiquement sa vitesse; puisque projetée, depuis des milliers d'années, à travers l'immensité, elle vient frapper ma prunelle au moment précis où mes paupières s'entr'ouvrent; ou s'il ne faut voir dans ce phénomène qu'un simple effet produit, un mouvement vibratoire imprimé au milieu traversé, il faut nécessairement que ce milieu soit continu; car il n'y a pas de vibration sans une substance qui vibre, et toute vibration se perdrait où cesserait cette substance. Et ce n'est point seulement quelques gerbes de rayons lumineux qui frappent ainsi mes yeux, puisqu'ils aperçoivent cette lumière sous tous les angles ; c'est donc une atmosphère compacte et diffuse qui entoure les corps célestes et s'étend autour de chacun d'eux par couches sphériques, sans solution de continuité, s'entre-croisant, se pénétrant, baignant de tous les côtés l'incommensurable azur. Or, n'y eût-il que cette substance qui produit ou transmet la lumière, l'espace ne serait donc point vide... L'azur : c'est la couleur du ciel. Il faut bien que ce soit la couleur de quelque chose, car qui me dira ce que peut être la couleur de *rien?*

Oh ! je le sais bien, je vois venir toutes les vieilles objections : le vide est nécessaire au mouvement... Si tout était plein, tout serait bientôt réduit à une masse immobile... Et de quelle observation a-t-on tiré ce principe? L'atmosphère terrestre n'est point le vide, j'imagine. Cela empêche-t-il les couches de l'air d'être en perpétuelle agitation ? Cela fait-il que les oiseaux ne puissent les traverser librement à tire d'ailes, et que la pierre n'y tombe, suivant les lois de la pesanteur ? Et la masse liquide de l'Océan, plus épaisse que l'air, n'est-elle point remuée constamment par des courants intarissables et sillonnée, dans tous les sens, par ses habitants ? Et les corps solides eux-mêmes, les animaux, les végétaux et jusqu'au simple caillou, ne sont-ils point intérieurement le siége d'un mouvement sans arrêt ? d'un travail de composition, de décomposition, de recomposition, dans lequel toutes leurs molécules se combinent, s'allient, s'éliminent, se renouvellent, suivant des lois qui ne sont peut-être point d'une autre nature que celle de la gravitation universelle ?

Quand on me parle de vide, je ne puis donc entendre qu'un vide relatif, par rapport à une substance plus dense. A ce compte, les corps les plus durs contiennent des vides sans nombre, car aucune de leurs molécules n'adhère immédiatement à ses voisines. Mais ce n'est point là le vide absolu, car des fluides insaisissables à nos sens bornés et pourtant très réels y circulent et les emplissent. Le diamant se laisse pénétrer par la lumière et la retient. Les corps qui successivement passent de l'état solide à l'état liquide et gazeux, sans cesser d'être cohérents, recèlent manifestement dans leurs flancs quelque fluide qui s'interpose entre les particules dont ils sont constitués et les fait évoluer à la distance voulue par des lois infaillibles.

Il en est évidemment de même pour les mondes sidéraux. Et, quand je considère de quelle manière tous les atômes impalpables se comportent dans la composition du moindre corps, je ne sais s'il y a là d'autre différence, avec les évolutions des corps célestes, que celle de l'infiniment petit à l'infiniment grand. De même que le grain de sable, qu'un souffle de ma bouche emporte au loin, est à lui seul tout un système de mondes, dans lequel (pour rappeler l'une des plus grandioses pensées de Pascal), on pourrait retrouver, dans les mêmes proportions que chez les mondes sidéraux, des soleils sans nombre, avec leurs planètes, avec leurs satellites, avec leurs habitants, avec leurs horizons insondables, roulant et gravitant à travers l'immensité de leurs cieux ; de même, cette vaste nébuleuse, au milieu de laquelle le globe que j'habite n'est qu'un point à peine perceptible, est-elle peut-être quelque grain de sable jeté au bord de quelque océan monstrueux, dans quelque monde gigantesque de l'infini.

Mais laissons ces fantaisies (qui ne sont peut-être point des fantaisies). Du moins, la matière qui compose cet immense système de mondes est-elle certainement aussi dense, toute proportion gardée, qu'un corps gazeux. Pourquoi ses molécules, qui sont les mondes, ne seraient-elles point reliées entre elles par quelque agent comme celui qui engendre et entretient les gaz ? Oh ! je n'attaque point l'attraction universelle : ses lois sont démontrées ; mais non point ses causes, mais non point qu'elle s'exerce sans le secours d'un agent de communication, et, peut-être, ne perdrait-elle rien de sa vérité à s'appeler *l'affinité universelle*.

Je n'attaque point non plus les lois de la pesanteur, qui font qu'un corps plus lourd écarte un corps plus léger. Tout ce que je veux c'est que l'on me passe *la substance*, L'ÊTRE nécessaire, à tous les points de l'étendue sans bornes ; sans quoi je ne conçois plus rien à ce qui est.

Tout est donc plein ! non-seulement *la Nature a horreur du vide*, axiome mal énoncé et mal compris ; mais le vide, c'est-à-dire le néant, est, métaphysiquement, une absurdité et, physiquement, une impossibilité. Tous les corps, tous les êtres, tous les mondes, tous les systèmes de mondes sont noyés dans la substance une, nécessaire, irréductible, infinie.

Et éternelle ! Du moment, en effet, qu'elle est nécessaire, qu'elle ne peut pas ne pas être, elle a toujours été, elle sera toujours. En vérité, je me ris bien de ces vains arguments métaphysiques, tels que celui-ci : « *Je prends un pied cube de matière ; je puis fort bien supposer que ce pied cube de matière n'existe pas ; or, ce qui est vrai de la partie est vrai du tout ; donc, la matière n'est point nécessaire, puisque je puis la concevoir non existante.* » Hélas ! concevez tout ce qui vous fera plaisir ; je m'en inquiète fort peu : l'esprit humain a, de tout temps, conçu de telles absurdités, à la suite d'observations incomplètes et de créations de fantômes imaginaires, à la place des objets réels ; que rien ne saurait m'étonner de sa part. Mais ce pied cube de matière, dont l'existence vous paraît si précaire, essayez donc un peu de l'anéantir. Allons ! prenez vos outils, allumez vos fournaises, préparez vos creusets, coupez, pilez, chauffez, brûlez, liquéfiez, faites évaporer ! vous arriverez sans doute à le désagréger, à en semer les débris impalpables aux quatre vents du ciel; mais, au bout de tous vos efforts, pas une de ses molécules ne manquera à l'appel, pas un atôme n'en sera perdu.

Mais je me suis trompé, quand je vous ai concédé que vous pouviez concevoir la non-nécessité de la moindre parcelle de la matière existante : il y a entre le néant et l'être, comme entre l'être et le néant, un abîme infranchissable, où je mets au défi vos plus hardies conceptions de ne point sombrer.

Oh ! que cette parcelle de matière ne soit point nécessairement à cette place ; qu'elle puisse exister sous une autre forme ; qu'elle soit susceptible des modifications les plus diverses; qu'elle devienne tour à tour fluide impondérable, substance volatile, liquide, solide; d'accord. Mais qu'elle ne soit pas ? Jamais. Je vous défends de le concevoir !

Tout, dans le monde matériel, n'est que travail perpétuel de combinaison, de végétation, d'alimentation, de transformation des mêmes éléments. Si je considère les objets et les êtres qui sont à ma portée, je vois le minéral se former lentement, en absorbant les matières nécessaires à sa croissance ; puis se dissoudre, puis se recomposer en d'autres corps, sous l'action et la réaction des lois chimiques naturelles ; je vois les végétaux et les animaux sortir d'abord d'un germe infime, qui peu à peu se dégage, grandit, en s'assimilant les substances propres à son développement. La plante tire le suc, qui la nourrit, du sein de la terre, sans cesse fécondée par les pluies, par les alluvions, par les matières résorbées. L'animal vit aux dépens de la plante ; des espèces s'entre-dévorent ; l'individu se fond, en quelque sorte, et revit dans l'individu ; de nouveaux germes s'en détachent, qui accomplissent à leur tour leur évolution, croissent, dépérissent, puis retournent dans le vaste laboratoire de la Nature, pour renaître de nouveau sous d'autres formes, se développer, mourir et se reformer encore... toujours. Et les mêmes matériaux, sans cesse modifiés, alimentent une vie et un mouvement incessants.

Cette terre elle-même, ces planètes et ces soleils lointains, qui resplendissent à travers la transparente obscurité des nuits, ne sont que des transformations successives de la matière préexistante. Si j'entr'ouvre les entrailles de la terre, j'y découvre des vestiges, qui me révèlent les phases diverses de son existence à ses différents âges : aujourd'hui corps solide et refroidi, elle a été globe de feu, masse liquide et incandescente, nuage lumineux, substance diffuse et éthérée. Les mondes encore à l'état d'enfance, que j'aperçois en levant les yeux au ciel, me sont des exemples et des témoins irrécusables de ces métamorphoses variées : maintenant brumes nébuleuses, ils seront soleils un jour. Et puis, eux aussi, ils vieilliront ; ils se décomposeront ; et cette décomposition ne sera qu'une renaissance sous d'autres aspects, le prélude et l'enfantement d'une existence nouvelle. Comme tous les êtres, depuis le plus petit jusqu'au plus grand, ils auront eu leurs périodes de gestation, de croissance, de maturité, de déclin, se déroulant à travers un nombre incalculable de siècles. Les âges futurs verront leur lente agonie et assisteront à leur résurrection en d'autres mondes de même nature, comme eux-mêmes sont issus des débris décomposés d'autres mondes disparus.

Tout naît, vit et meurt, pour renaître et revivre sans cesse. L'être succéda toujours à l'être. La substance nécessaire seule est éternelle et immuable. Ma pensée, descendant le cours des temps, peut bien percevoir ses incarnations consécutives : elle ne saurait concevoir son anéantissement ; de même que, remontant dans le passé, elle ne saurait comprendre qu'elle ait pu sortir du néant.

Rien ne se perd ; rien ne sort de rien ; et l'Univers m'apparaît infini dans la durée, comme il m'est apparu infini dans l'étendue.

Il est vivant. Ce n'est point une substance inerte et passive, attendant l'impulsion d'un moteur étranger. Il porte en lui-même le mouvement vital, nécessaire et par conséquent éternel et incréé comme lui.

Vous qui, dans vos délires métaphysiques, osez vous le figurer au repos, où donc l'avez-vous jamais surpris dans l'inaction ? Avez-vous vu un astre s'arrêter dans sa course ? Avez-vous vu se suspendre, seulement une seconde, l'effet des lois chimiques qui travaillent incessamment tous les corps ? Car il n'y a point seulement que le mouvement de translation d'un lieu à un autre ; il y a aussi, et surtout, le mouvement intime de combinaison sans arrêt, qui est la vie.

Oui, je sais : la pierre que vous détachez, et que vous poussez du pied s'arrête bientôt immobile ; elle restera là tant qu'une autre impulsion ne l'aura point déplacée ; vous la retrouverez peut-être, dans vingt ans, au même endroit, sans modification apparente dans son état extérieur. Mais êtes-vous bien sûr qu'elle soit aussi immobile et aussi inerte qu'elle vous le paraît ? D'abord, elle tend à son centre d'attraction par un mouvement irrésistible ; l'obstacle seul qu'elle rencontre neutralise sa poussée. Il y a effort contre effort, mais non point inertie. Et puis, ce n'est point naturellement que cette pierre se trouve isolée. Elle s'est formée spontanément (peut-être autour d'un germe qui lui est propre), dans un milieu vital, avec lequel elle faisait corps et dont elle a tiré son alimentation. Et de même qu'un lambeau, que j'arracherais de ma chair et que je conserverais desséché, ne prouverait point que je suis un être inerte ; de même, les matériaux que le travail de l'homme arrache de leur centre de vie, qu'il façonne, qu'il entasse, pour en faire des monuments et qui paraissent conserver, du moins pour un temps, la forme et l'attitude qu'il leur donne, ne démontrent pas l'inertie du corps auquel ils sont empruntés.

Qui ne voit, au reste, que ces matériaux eux-mêmes sont repris immédiatement dans un travail incessant de résorption? Depuis combien de temps sont construites les pyramides? Mettons cinquante siècles, mettons-en cent, deux cents s'il le faut; leur masse est-elle la même qu'au premier jour? Qu'en restera-t-il dans quelques millions d'années?

Ce que vous croyez concevoir comme inerte et passif, ce n'est donc pas la matière véritable : ce n'est qu'une création artificielle de votre entendement, un mirage de votre imagination, une idée sans objet réel.

D'ailleurs, il me répugne de me servir plus longtemps de ce mot de *matière*, qui, à raison des idées fausses qu'y ont entassées des siècles d'ignorance, dénature complétement la chose qu'il désigne. Il n'y a point de matière : il n'y a que des êtres matériels doués de mouvement et de vie.

Si j'observe les phénomènes biologiques qui frappent mes regards, j'aperçois d'abord autour de moi une quantité innombrable d'êtres, des formes les plus variées ; depuis l'énorme habitant des mers jusqu'à l'insecte à peine visible ; depuis l'être pensant jusqu'à la brute la plus stupide ; et tous vivant de la substance du globe qui les porte, nourris de sa chair, ne faisant, en quelque sorte, qu'un tout avec lui, bien qu'ayant leur existence propre et individuelle.

Mais ce n'est là que ce que mes faibles sens peuvent percevoir ; ce que, dans la situation intermédiaire (si bien décrite par Pascal) où il se trouve, l'être humain peut saisir entre ces deux extrêmes qui le pressent : l'infiniment petit et l'infiniment grand. Sous ses pieds, sur sa tête, il y a un dessous et un dessus.

Voyons d'abord le dessous. J'examine au microscope une simple goutte d'eau, une pincée de poussière, et aussitôt se révèle à moi tout un nouveau monde d'êtres, dont je ne soupçonnais point l'existence. Je les vois aller, venir, se former, croître, lutter pour la vie, disparaître et se reformer dans des générations nouvelles... Et mon imagination recule épouvantée devant la multitude innombrable de ces êtres invisibles, vivant au sein des mers, dans les entrailles de la terre, dans l'atmosphère qui l'entoure.

Suis-je parvenu aux dernières ramifications de la vie? Non, assurément. C'est là ce que je vois; mais que verrais-je, si des instruments plus puissants me permettaient de descendre seulement un degré de plus ? Sans doute ces infimes animalcules m'apparaîtraient eux-mêmes comme des géants, auprès d'autres êtres auxquels ma pensée ne saurait assigner de dimensions intelligibles. Est-ce tout ? Non. Je suis au bout de ma pensée peut-être, mais non point encore au bout de la réalité.

Certes, il serait déraisonnable de supposer que cette terre, qui n'est elle-même qu'un misérable grain de poussière perdu dans l'immensité, soit ainsi le seul siége de la vie. Les mêmes manifestations se reproduisent donc sur tous ces globes que je vois graviter dans l'étendue sans bornes. Il y a, dans chacun d'eux, toute une hiérarchie d'êtres vivants, sentants, pensants, doués des formes et des facultés les plus diverses, et tous, quoique ayant leur personnalité propre, se résolvant graduellement en d'autres êtres infiniment petits. Et ces êtres infiniment petits ne peuplent [...] seulement ces mondes visibles : si tout est plein, tout [est] nécessairement plein de vie; et ils fourmillent en se ramifiant à l'infini, à travers l'inépuisable éther qui emplit les espaces planétaires et sidéraux..

J'entends encore parler tous les jours de matière inorganique. — Je ne crois pas à la matière inorganique. Je crois à l'impuissance des instruments à décomposer les dernières particules tangibles des êtres ; mais aux bornes de la vie ? Jamais. Avant l'invention du microscope, soupçonniez-vous seulement l'existence des infusoires ? Avant de vous prononcer sur la nature organique ou inorganique d'une molécule d'hydrogène, de carbone, de soufre ou d'or, ou d'une de ces cellules d'albumine qui composent les tissus animaux et végétaux, les avez-vous réduites à leurs plus simples éléments ? Vous flattez-vous d'être arrivés au suprême fractionnement de la substance matérielle ? Et comment le pourriez-vous, si vous ne pouvez pas même saisir la moindre molécule composante de ces fluides fugitifs, tels que le calorique et l'électricité, qui ont pourtant des molécules, puisqu'ils sont de la matière et par conséquent des corps ?

Je sais bien que la science positive ne peut affirmer que ce qu'elle voit clairement et distinctement. Aussi n'incriminé-je point la science. Je constate seulement qu'elle est impuissante à franchir certaines limites. Et pourtant il est certain qu'il y a quelque chose au delà de ces limites. La science, avec les moyens bornés dont elle dispose, est comme un explorateur qui se trouverait perdu dans une vaste caverne souterraine : la lampe qu'il tient à la main dissipe bien les ténèbres à quelques pas autour de lui, mais elle n'en éclaire point les profondeurs obscures. Et cependant un milieu ne peut se comprendre que par ses tenants et ses aboutissants.

Que la science remonte la filière de la vie (j'entends

de la vie des êtres qui peuplent la sphère visible à ses yeux : car il y a certainement une infinité de sphères vitales concentriques); que, de transformation en transformation, elle parvienne enfin à la souche commune des êtres qui s'agitent aujourd'hui à la surface de ce globe ; c'est bien. Mais qu'elle ne prétende point avoir atteint les origines de la vie, même ici-bas. La vie n'a point d'origines. Elle a des manifestations variées et successives, suivant les milieux qu'elle traverse, milieux vivants eux-mêmes, comme je le montrerai. Mais elle est antérieure aux temps, elle est nécessaire ; elle se perd dans l'éternité.

Oui, la vie existait sur cette terre quand elle était une boule de feu, une lave ardente et bouillante, un nuage, une vapeur, un fluide. Les incarnations en étaient différentes : voilà tout. Des savants et des philosophes ont cru être bien hardis, en avançant qu'il y a des atômes vivants, source et germes de la vie. Et moi je dis qu'il n'y a point, qu'il ne peut y avoir autre chose.

Ou plutôt, non ! point d'atômes : l'infini dans cette direction, comme dans toutes les autres. Chaque molécule du fluide le plus impondérable est, sans aucun doute, un monde vivant et habité, composé lui-même d'autres mondes vivants et habités aussi, et ainsi toujours. Descendons, descendons encore, nous ne trouverons jamais le fond de la vie, car, comme elle n'a point de commencement, la vie n'a point de fond.

Elle n'a point de faîte. Si j'examine d'abord au-dessus des êtres terrestres cette terre elle-même, leur mère nourricière à tous, je l'aperçois très distinctement douée de vie. J'y vois les éléments en lutte incessante, l'atmosphère qui l'entoure constamment remuée et renouvelée, la masse liquide qui la baigne animée d'un mouvement propre et en perpétuelle convulsion ; l'eau se décomposant et se transportant, sous forme de vapeurs, pour se recomposer dans d'autres régions et alimenter le travail de la végétation, puis retournant à sa source par des canaux innombrables. J'entrevois les combinaisons multiples des molécules qui composent ce grand corps, sous l'action de forces toujours agissantes : gaz, fluides, agents inconnus dont la nature m'échappe mais dont je distingue les effets. Je ressens les tressaillements d'un travail souterrain, énorme, ininterrompu... Des organes? Elle en a. Si j'ouvre ses flancs, je découvre ses os dans la substruction des montagnes et dans les gisements de matières solides ; ses artères et ses veines sont les canaux par lesquels circulent sans interruption les nappes liquides, chargées d'éléments de nutrition sans cesse élaborés, qui la sillonnent dans tous les sens et à toutes les profondeurs. Elle a ses esprits vitaux qui courent à travers ses membres; j'entends sa chair féconde frémir et vivre sous mes pieds et je soupçonne son vaste cœur sans cesse en travail dams son centre inexploré.

Assurément je ne vais point jusqu'à prétendre qu'elle ait des sensations comme les animaux. Mais ce ne sont point les sensations, ni encore moins la pensée, qui constituent la vie. Elles en sont peut-être des phénomènes spéciaux, des attributs consécutifs, attachés à certaines conditions de vitalité ; mais elles n'en sont point une condition essentielle. Ce qui caractérise la vie, dans son sens le plus large, c'est le mouvement propre et spontané, au service d'un principe central qui rassemble et dirige toutes les forces agissantes, dont il dispose, vers une même fin ; qui fait qu'un être est un, de substance et d'activité ; qu'il traverse successivement les diverses phases de son existence particulière ; qu'il germe, qu'il s'alimente, en s'appropriant les éléments nutritifs qui lui conviennent ; qu'il accomplit, en un mot, comme tous les êtres, le cycle de ses destinées, plus ou moins vaste, suivant son importance relative dans l'ordre des êtres, pour retourner enfin dans l'éternel creuset de la vie.

Or, la terre est manifestement dans ces conditions. La science nous la montre, à son origine, faisant partie de la nébuleuse solaire, perdue dans cet immense tourbillon de matière cosmique qui donna naissance à notre système planétaire ; puis se détachant, se condensant autour d'un point central et formant enfin un corps compact et solide, qui garde dans ses entrailles les vestiges de ses transformations successives, aux différentes étapes de son existence ; et que l'on verrait encore aujourd'hui, si l'œil humain était assez pénétrant, s'acheminer insensiblement vers de nouvelles périodes vitales.

Toutefois, ce que la science ne dit point, ce qu'elle ne peut dire, sans entrer dans le champ des hypothèses, et ce que j'oserai conjecturer : c'est que cette scission, qui sépara la terre des autres planètes et de leur centre commun, ne se fit point au hasard de forces aveugles, par suite d'une poussée fortuite qui entraîna une portion de matière dans une certaine direction, en l'isolant violemment du reste. Non ! Ce globe, être naissant à la vie, s'est individualisé, sans doute, autour d'un germe qui, doué d'une vertu agissante et vitale, s'est approprié autour de lui ce qu'il lui fallait pour se constituer dans son entité propre.

Et, ne voyons-nous point encore à l'heure qu'il est, parmi les êtres qui occupent les bas-fonds de la vie terrestre (et peut-être même, si l'on y regardait de plus près, dans le règne dit minéral), ce mode de génération en pleine activité ? Certains êtres, quand ils ont acquis une période voulue de développement, se fractionnent, non par l'effet de causes extérieures et mécaniques, mais spontanément, autour de nouveaux centres de vie qui éclosent dans leur masse et attirent à eux la portion de substance nécessaire pour former des individus distincts.

Ainsi, sans doute, des soleils, des planètes et de leurs satellites. Et au besoin, les données scientifiques ne seraient-elles point impuissantes, peut-être, à en fournir la preuve. Si ces mondes s'étaient constitués des mêmes matériaux pris indistinctement dans une masse homogène, sous l'action des mêmes lois physiques et chimiques et au hasard d'impulsions purement mécaniques, ne semble-t-il point qu'ils ne devraient différer, entre eux, tout au plus que par leurs volumes respectifs ; mais se ressembler absolument dans leur composition intime ? Et, cependant, on observe d'abord chez eux les densités les plus diverses et, ce qui est plus caractéristique, l'analyse spectrale nous révèle, dans la plupart de ces mondes, des substances et des combinaisons d'éléments qui sont inconnues sur notre planète. Qu'est-ce à dire ? si ce n'est que ces êtres se sont formés, chacun en vertu d'un principe vital intrinsèque qui lui est particulier, s'assimilant par sélection, dans la substance commune, ce qui ressortissait à sa nature spécifique ; comme dans le même amas de matières nutritives, telle semence puisera de quoi devenir un chêne et telle autre un sapin ; comme tel animal (peu importe au reste que ce soit en conséquence d'un type primordial ou par suite d'évolutions favorisées par les milieux), arrivera à se nourrir exclusivement de chair, tandis que cet autre s'alimentera de substances végétales !

Au surplus, causes mécaniques, physiques, chimiques ou biologiques, il n'importe ! Ce ne sont peut-être là que des distinctions arbitraires, de simples classifications théoriques, ou, tout au plus, des manifestations d'aspects divers, des modes d'action gradués dont l'esprit humain est impuissant à saisir l'enchaînement et les étroits rapports, du même et éternel principe générateur de la vie des êtres. Ce qui est certain, c'est que cette terre et ces planètes, qui roulent autour du même soleil, se comportent exactement comme des êtres doués de vie.

Mais si leur vie est distincte, elle n'est point solitaire. Cette vie s'alimente à un foyer commun, autour duquel ces êtres sont distribués et se meuvent dans un ordre inaltérable. Si je considère plus particulièrement cette terre plus accessible à mes observations, je la vois, aux époques périodiques où s'éloigne la chaleur du soleil, s'alanguir et perdre peu à peu de son énergie vitale. Pendant l'hiver, plus ou moins rude suivant les zones, son sol se dessèche, sa végétation se ralentit. C'est sa nuit : elle dort et se repose. Mais aussitôt que les rayons vivifiants se rapprochent, elle se réveille, sa sève s'élance, son sang bouillonne, ses esprits vitaux se remettent en travail ; et elle se reprend à lutter pour la vie, avec toutes les ardeurs du jour. De même qu'elle nourrit, de sa substance, ses habitants qui participent, par contre-coup, à toutes ses alternatives d'activité exubérante et de repos ; de même, elle et les planètes ses sœurs, unies dans une solidarité d'action que rien ne peut troubler, reçoivent leur aliment d'une substance commune et leur impulsion d'un foyer central, autour duquel elles rayonnent, comme les membres autour du cœur ou du cerveau. Et, de fait, elles ne sont que les membres inférieurs d'un être plus vaste, qui a sa personnalité propre dans tout un système planétaire. Et, à leur tour, ces êtres planétaires, reliés entre eux, par d'harmonieux rapports, autour d'un centre plus éloigné, ne sont autre chose que les membres infimes d'un être plus vaste encore, doué lui-même d'une vie plus large et plus intense, tel que cet immense cortége de mondes dont les limites se perdent dans notre voie lactée. Êtres déjà insondables à l'œil humain et qui ne sont pourtant eux-mêmes que les molécules vivantes d'autres êtres encore plus puissants. Et ainsi sans fin.

Et, remontant sans cesse d'échelon en échelon l'échelle

supérieure de la vie, j'arrive ainsi, par des degrés sans nombre, à concevoir l'idée de l'Être sans limites, qui est tout, qui emplit tout, qui absorbe tout dans sa vie unique, immuable, éternelle, infinie. *Vie unique* dans l'infinie variété de ses manifestations dérivées et de ses dégradations et ramifications sans fond ; *vie immuable et éternelle,* pendant qu'autour de l'Être unique, qui ne change point, les mondes et les êtres passent et se reforment, pour passer et se reformer encore, et toujours; *vie infinie,* qu'alimentent les mêmes matériaux vivants semés dans l'espace sans bornes.

Donc, unité de vie, infinie dans son intensité, infinie dans sa durée, infinie dans son étendue ; l'Infini dans tous les sens et sous tous les aspects, tel m'apparaît cet Univers, « *sphère* vivante, *dont le centre est partout et la circonférence nulle part.* »

II

J'avoue qu'une pareille notion étonne et déconcerte mon entendement. Mon esprit borné n'a point la conception directe et précise de l'Infini. Il a beau ajouter des siècles aux siècles, des nombres aux nombres, faire succéder l'espace à l'espace, et arriver ainsi à des quantités et à des distances qui frappent de vertige l'imagination la plus hardie, et au delà desquelles tout calcul est à recommencer; il ne saurait embrasser d'un coup d'œil d'ensemble l'idée d'un Être vivant d'une vie simple et unique et néanmoins sans bornes dans le temps comme dans l'étendue. Il ne saurait assigner un centre où il n'y a point de limites.

Et cependant il est certain que la durée et l'espace en eux-mêmes sont infinis, malgré les divisions arbitraires dont ils sont susceptibles, par rapport aux êtres passagers et bornés. Dire que tout ordre de choses, qui s'exprime par succession numérique, exclut l'idée de l'infini, est une erreur manifeste : sans quoi les systèmes spiritualistes eux-mêmes, qui admettent l'existence d'un Être éternel et infini en dehors de l'Univers visible, devraient renoncer à cette idée; puisque l'étendue et la durée de cet être, quelque notion qu'on s'en fasse, est susceptible de division par rapport à son action sur les choses prétendues créées. Disons donc que nous sommes impuissants à déterminer l'infini, mais non qu'il n'est point; car il est nécessairement.

Il est certain que, si je perçois bien les modifications et les transformations de l'Univers matériel, je ne saurais concevoir son annihilation, ni, par conséquent, son issue du néant et que, dès lors, il est éternel.

Il est certain que toutes les parties de cet Univers sont reliées entre elles par des lois qui se rapportent toutes à l'unité, et qu'il y a un ensemble indivisible de vie et d'action se résumant nécessairement dans un Être unique.

Il est certain enfin que la vie et le mouvement sont la condition essentielle de la conservation de l'être matériel. L'être matériel ne peut se maintenir sans le mouvement. Tout être ou toute chose dans l'immobilité périt fatalement et se décompose, et cette décomposition n'est elle-même qu'un mouvement de résorption dans la masse commune et un travail de transformation et de transfusion de la vie, en d'autres êtres formés des mêmes éléments. Si haut que je remonte, je ne rencontre que modifications précédant d'autres modifications; mais à peine d'anéantir l'idée même de l'Univers matériel, je ne saurais le concevoir dans l'inertie, ni dans le chaos.

En vain, on me disputera cette vie et ce mouvement essentiels, on me dira que tout mouvement ne peut être que le résultat d'une volonté et de l'action d'un être libre. Et pourquoi donc? Si je m'examine moi-même, être doué de volonté et de liberté, j'aperçois en moi plusieurs sortes de mouvements : il est vrai qu'il dépend de mon caprice de me transporter à droite ou à gauche, de me baisser et de me relever, d'imprimer une poussée aux objets qui sont sous ma main. Mais, est-ce que les battements de mon cœur, la pulsation de mes artères, la circulation du sang dans mes veines, les tressaillements de ma chair et de mes nerfs, le travail de nutrition qui s'opère en moi, le jeu interne de mes organes, sont un effet de ma volonté? Tout cela se meut et fonctionne parce que je vis et non parce que je veux. Et si l'on m'objecte que je suis un être créé, qui ai reçu cette vie et ce mouvement de plus haut que moi, je demanderai (s'il est permis de comparer le fini à l'infini), si cette vie spontanée et pourtant non volontaire ne peut logiquement se supposer, comme nécessaire et non communiquée, dans l'Être incréé et vivant par lui-même, et s'il est besoin d'une autre cause que cette vie propre, pour expliquer tous ces mouvements et l'ordre inaltérable de l'Univers animé.

Je n'en saurais douter : je me trouve bien en présence d'un être, ou plutôt de L'Être, incréé, vivant, éternel, infini ; car il ne saurait y en avoir deux.

Mais, ne me trompé-je point et n'arrivé-je point ainsi à prendre l'effet pour la cause, pour le moteur la chose mue, la créature pour le créateur ?

Certes, il est de toute évidence qu'il est un principe unique et universel des choses.

Ce ne sont point les combinaisons fortuites du hasard qui peuvent me rendre compte de l'ordre merveilleux de l'Univers. L'infini, d'ailleurs, ne saurait se prêter à un nombre déterminé de combinaisons, parmi lesquelles un choix ou une éventualité soit possible. Les atômes doués d'une vie propre et indépendante ne sauraient produire l'unité d'action que j'y vois régner ; et jamais n'importe quel système de forces mécaniques ou chimiques n'engendrera la vie qui l'anime. Un système de forces, outre qu'il suppose toujours un principe moteur substantiel, puisqu'une force ne saurait exister indépendamment d'un être qui agit, un tel système, dis-je, pourra peut-être bien, à la rigueur, m'expliquer quelques phénomènes de translation des corps ou de combinaisons de molécules, quelques dépôts de résidus mécaniques ou chimiques, mais il sera impuissant à me donner raison des manifestations vitales et particulièrement de la personnalité et de l'activité libre des êtres doués du sentiment, de l'intelligence et de la volonté.

Donc, il est un principe unique et universel.

Mais ce principe je ne saurais le séparer de l'Être même qu'il vivifie.

D'abord, je ne conçois rien en dehors des corps, des qualités qui les affectent et des lois qui les régissent. Je n'ai pas le sentiment de l'immatériel. J'ignore ce que c'est qu'un pur esprit. Je puis bien me représenter la ténuité à l'infini, mais encore faut-il qu'un être ait une consistance quelconque. A toute faculté il faut un support, à toute entité une substance qui détermine sa personnalité et son individualité. Or, je ne comprends pas une substance purement immatérielle.

J'ai bien, si l'on veut, la conception du métaphysique. Je puis former des idées abstraites, qui sont la généralisation des lois, des qualités, des attributs, des propriétés des corps, des êtres, du temps, de l'espace et de leurs relations ; mais il est clair que ces idées, résultat d'un travail de synthèse qu'opère mon entendement, agissant sur les individus, n'ont aucun objectif doué d'une existence substantielle.

Le métaphysique d'ailleurs, qui n'est que dans mon entendement, n'est point l'immatériel. Or, j'ai beau m'évertuer, l'idée d'un être existant d'une vie propre, sans organes sensibles et ayant néanmoins des facultés susceptibles d'une action sur la matière, m'échappe absolument. L'immatériel ne représente, pour moi, que le néant. C'est une idée purement négative, formée de l'exclusion de la matière, mais qui n'offre rien de réel.

Chaque fois que l'esprit humain a tenté de définir un être immatériel, il n'a pu s'en former qu'une image sensible ou une idée absolument chimérique ; et les théories du spiritualisme le plus raffiné n'ont jamais pu aboutir qu'à l'absurdité, ou à un anthropomorphisme plus ou moins déguisé ou atténué.

Le Dieu de la Bible, comme chacun sait, est un être absolument corporel, agissant sous l'influence de tous les sentiments qui déterminent l'activité humaine ; créant son œuvre *par la parole* ; pétrissant le limon de la terre *de ses propres mains,* pour en former *l'homme à son image ;* intervenant sans cesse, de sa personne visible, dans ses relations avec l'humanité ; tenant conseil en lui-même ; se livrant à des essais, les trouvant bons ou mauvais ; puis changeant d'avis, se repentant de ce qu'il a fait, détruisant son œuvre dans un moment d'irritation. En un mot, ce n'est qu'un homme, plus puissant que les autres hommes, mais sujet, comme eux, à toutes les fluctuations d'une volonté libre et hésitante, mise en mouvement par des mobiles de même nature.

Les Juifs n'avaient point la notion de l'immatérialité. Et il est même douteux que l'auteur du Christianisme ait eu des idées plus nettes à cet égard. Il ne parle jamais que de son père, qui est dans les cieux et pour lui, ce n'est évidemment qu'un grand roi, qui a son empire hors du monde visible, mais néanmoins dans un lieu très réel et que les élus, ressuscités *dans leur chair,* pourront contempler face à face de leurs yeux corporels.

Le Dieu du Christianisme, sinon celui de son auteur, qui ne s'est guère écarté de l'ancienne doctrine hébraïque; du moins celui dont la notion, encore rudimentaire, commence à apparaître dans l'exorde du quatrième Évangile, notion issue des spéculations platoniciennes, ce Dieu, dis-je, n'est que la personnification des facultés de l'entendement humain, divinisées et élevées à un degré de perfection infini : l'intelligence elle-même, la pensée qui conçoit, la volonté qui exécute, ou toute autre combinaison des mêmes facultés, le tout réuni dans une substance immatérielle, à la fois simple et triple, formant trois personnes distinctes dans un seul et même être.

Mais, ce qu'il y a de plus incompréhensible dans cette notion, ce n'est pas même l'idée de la trinité dans l'unité ; mais l'idée de l'immatérialité pure de la substance divine. Car enfin, cet Être, qui est vivant de toute éternité, où peut-il se trouver? S'il n'a point de corps, il est absolument étranger à l'espace, et dire qu'il est partout c'est par conséquent dire une absurdité. S'il n'est nulle part, il n'existe donc pas, et ma pensée se fatigue en vain à poursuivre cet être chimérique.

Au reste, la notion de l'immatérialité pure n'est point une invention des prêtres, ni des fondateurs de religions : c'est une conception philosophique. Cette notion éloigne trop la Divinité de ses adorateurs. Il faut aux prêtres, un Dieu plus positif, plus rapproché de l'humanité.

A l'époque de la propagation du Christianisme, les esprits élevés étaient nourris des doctrines platoniciennes, nées de la réaction contre les erreurs grossières du Paganisme. Sous peine de rester en arrière du grand courant de la pensée humaine, il a bien fallu se les assimiler. Mais on voit en même temps le Christianisme, pour se mettre à la portée des intelligences vulgaires, continuer à matérialiser cette idée. La Divinité, bien que, en pur dogme, inaccessible aux sens, est sans cesse présente au milieu du monde visible, qu'elle gouverne, après l'avoir créé par un acte purement matériel. Elle parle à ses élus, pour leur révéler ses volontés et déroge même, à leur prière, aux lois qu'elle a établies sur la nature, pour prouver la mission de ses envoyés et manifester sa propre toute-puissance ; l'une des personnes qui la composent s'incarne dans la nature humaine, pour établir entre le Créateur et la créature des liens plus étroits ; tous les jours, dans le sacrement, elle apparaît sous des espèces sensibles et s'incorpore à la personne même de ses adeptes ; le lieu d'élection, pour les justes, est au séjour réel où, après la résurrection de leur corps, ils seront transportés, pour y jouir de la présence de la Divinité ; et, dans le lieu du châtiment, des flammes matérielles consument la chair même des réprouvés.

C'est qu'en effet, on n'agit point sur les hommes avec des abstractions. L'homme est un être simple et purement matériel, comme j'essayerai de le démontrer ; et, pour avoir prise sur lui, il faut parler à ses sens. Jamais le sectaire le plus ardent et le plus convaincu ne s'est formé, de la Divinité, autre chose qu'une image sensible ; et les élans d'amour divin, qui élèvent parfois le cœur des dévots, ne sont au fond que les appétences de la chair détournées de leur véritable objet.

La doctrine du Christianisme n'est donc elle-même qu'une forme plus raffinée de l'anthropomorphisme judaïque : c'est un amalgame de l'anthropomorphisme corporel des Juifs et de l'anthropomorphisme intellectuel des philosophes alexandrins. La Divinité que l'on ne peut parvenir à immatérialiser complétement, sous peine de la voir disparaître comme un vain songe, c'est l'Être souverainement éclairé, souverainement puissant, souverainement juste, bon et libre, dans son action délibérée et réfléchie, qui crée, qui ordonne, qui gouverne, qui modifie ; c'est l'intelligence et l'activité humaines élevées à leur suprême puissance : c'est toujours l'anthropomorphisme.

Quant au Dieu des déistes, c'est une pure et incompréhensible abstraction. Pour certains philosophes, c'est l'Intelligence absolue, la pensée qui préside à tout, qui engendre tout. Mais ils sont impuissants à assigner un siége à son activité. Ceux qui, comme Rousseau, se contentent d'un principe indéterminé, dont ils déclarent ignorer la nature, ne satisfont pas le besoin qu'éprouve la pensée, de se rendre compte de l'essence même de la vérité, pour y donner son acquiescement. Quand on leur demande si ce principe est matériel, ils répondent négativement, puisqu'ils ne reconnaissent point, à la matière, la vie et le mouvement spontanés. Mais si ce principe est immatériel, quel est-il? en quoi consiste-t-il? Ce n'est pas par des apologues montrant les sourds autorisés à nier le son, que l'on répond à ces questions. Car enfin s'il est vrai que les sourds ne peuvent avoir l'idée du son, une âme immatérielle comme serait l'âme humaine devrait avoir au moins la perception confuse d'une substance de même nature que la sienne ! Et, l'on a beau dire : elle ne l'a pas.

Il est une autre considération qui suffirait, à elle seule, pour ruiner toute doctrine spiritualiste : c'est l'évidente incommunicabilité de la matière et de l'esprit.

Quel rapport peut-on concevoir entre une matière étendue et visible et une substance purement immatérielle, qui n'a point de corps et n'est, par conséquent, en aucun lieu de l'espace ? Que peut-il y avoir de commun entre ces deux êtres et comment l'un peut-il agir sur l'autre ?

Qu'un pur esprit ait créé des purs esprits à son image, on le comprendrait encore, si l'on pouvait se représenter des êtres de cette sorte. Mais quelle idée un pur esprit a-t-il pu avoir de la matière et comment a-t-il pu faire sortir du néant cette matière, qui est absolument contradictoire avec sa propre essence; avec laquelle il ne saurait avoir aucun point de contact et dont l'on ne comprend même pas qu'il ait pu avoir l'idée ?

Cette incommunicabilité s'impose avec une telle force, que les philosophes spiritualistes, pour expliquer le développement simultané des évolutions de la matière et de l'esprit, ont dû recourir aux systèmes les plus invraisemblables. Il leur a fallu inventer des parallélismes, des harmonies préétablies, des identités, qui ne sont que l'aveu de l'impossibilité radicale de concevoir une action réciproque entre deux principes aussi opposés par leurs natures respectives.

Si donc il a fallu « *qu'une main lançât les planètes sur la tangente de leurs orbites* » cette main n'a pu être, dans tous les cas, qu'une main matérielle.

Enfin, la notion même de l'infini, qui hante invinciblement la pensée et sans laquelle rien ne saurait s'expliquer, tend aussi à écarter l'idée d'un principe actif existant en dehors de l'Univers matériel. Car l'Infini, je l'ai dit, pour être infini, doit absorber tout. Rien ne saurait exister en dehors de lui. Si ce principe est infini, il doit donc absorber l'Univers lui-même et se confondre avec lui ; s'il ne l'absorbe pas, il n'est donc plus infini et dès lors il ne porte plus en lui-même sa raison d'être.

La notion imparfaite que l'esprit humain s'est faite, à l'origine, de l'étendue et des qualités de l'Univers matériel, a dû nécessairement le porter à chercher un principe actif en dehors du monde visible.

Et, en effet, il fallait bien remonter à quelque cause primordiale dans un système cosmogonique qui fait du globe terrestre le centre de l'Univers, et de l'homme, l'être aux destinées duquel tout est subordonné ; où le soleil n'est qu'un foyer pour l'éclairer et l'échauffer de ses rayons, la lune, une lampe allumée pour atténuer l'obscurité des nuits ; où les étoiles ne sont que des feux légers semés dans l'espace ou de simples flambeaux suspendus à la voûte du firmament ; où tous les êtres organisés, ou non organisés, n'ont de raison d'être que par rapport à l'homme, roi de l'Univers, dernier mot de la création.

Et, quand le véritable système du monde fut mieux connu ; quand des yeux plus expérimentés eurent découvert, dans les astres, d'autres mondes semblables et même supérieurs à celui que l'homme habite et reliés, entre eux, par des lois communes et des rapports constants, il suffisait que l'on supposât des bornes et un commencement à cet Univers, si vaste qu'on se l'imaginât, et que l'on ne vît pas la vie et le mouvement essentiels dont il est doué, pour que l'existence d'un principe actif étranger s'imposât nécessairement à l'esprit. En effet, il n'y a que l'Infini qui puisse exister par lui-même ; tout effet limité appelle impérieusement l'idée d'une cause supérieure ; et la pensée, n'apercevant pas cette cause dans la Nature bornée et contingente, a dû nécessairement la chercher en dehors du monde visible ; et c'est ainsi qu'elle est arrivée, par voie d'induction et d'élimination, mais non par intuition directe, à conclure à l'existence d'un principe étranger à l'Univers et par conséquent immatériel.

Et pourtant des esprits clairvoyants ont, de tout temps et avec les notions les plus imparfaites du véritable système du monde, senti les difficultés d'une telle conception.

Les uns avaient parfaitement vu que la matière peut bien se décomposer, se transformer indéfiniment, mais qu'elle ne saurait cesser d'exister et que de même que quelque chose ne saurait devenir *rien*, rien ne saurait devenir *quelque chose*. L'éternité du monde matériel était donc pour eux démontrée et dès lors qu'était-il besoin d'une cause créatrice ?

Mais il fallait rendre compte de l'ordre et du mouvement de l'Univers. C'est alors que, faute d'une étude plus approfondie des qualités de l'être matériel, les systèmes les plus absurdes furent mis en avant : atômes doués d'une vie propre, systèmes de forces, existence simultanée de deux principes distincts : esprit et matière. Comme si deux principes dont l'un est la négation même de l'autre pouvaient avoir entre eux le moindre rapport.

La théorie la plus rationnelle était certainement celle qui concluait à la matière animée, et il ne lui fallait, pour être dans le vrai, que la notion de l'Univers matériel vivant d'une vie une et sans bornes.

D'autres, admettant ou rejetant l'éternité de la matière, mais ayant la notion de l'infini, avaient parfaitement compris que l'Infini absorbe nécessairement tout ; mais supposant toujours la matière bornée, force fut à ces philosophes d'imaginer une substance infinie dont la matière n'était qu'une manifestation partielle ; et il y eut des panthéistes spiritualistes, dont la doctrine est visiblement erronée en ce qu'elle associe deux principes qui s'excluent mutuellement. Quelques-uns même, par une déduction logique, sont arrivés à nier la matière et à n'y voir qu'une vaine apparence, malgré le témoignage irrécusable des sens.

On peut dire que tous ces systèmes (comme tous les systèmes) contiennent à quelque égard une parcelle de vérité ; mais tous offrent dans leur ensemble des idées inconciliables, contradictoires ou imparfaites.

Oui, il est vrai qu'il y a un principe unique et universel : l'ordre et la vie qui règnent dans l'Univers en font foi. Mais il est faux que ce principe ait une existence propre en dehors de l'Univers lui-même. L'idée de création et d'organisation de la matière par un pur esprit est une contradiction. Au reste, la lente évolution des phénomènes de la vie des êtres, leurs modifications et leurs transformations successives, suivant des lois constantes et infaillibles, écartent toute idée de l'intervention d'un agent doué d'une volonté libre et changeante. Cette idée de libre arbitre, de faculté de choisir, de créer, de détruire, au gré même d'une puissance et d'une sagesse sans cesse attentives, est incompatible avec la notion d'un Être infini, éternel, qui est parce qu'il est, qui est à son principe, ce qu'il est constamment et sans fin ; qui, s'il a créé, a dû créer de toute éternité et pour l'éternité. Cette notion ne saurait admettre le miracle, ni dans la création, ni dans l'organisation, ni dans le gouvernement de l'Univers.

Oui, il est vrai que l'Infini est tout et que rien ne saurait exister hors de l'Infini. Mais il est faux que l'Infini soit l'immatériel, car l'immatériel, comme son nom même l'indique, n'est qu'une conception négative. Ce n'est pas même une idée puisqu'elle n'a point d'objet direct.

Oui, il est vrai que l'Univers matériel est incréé et éternel et qu'il est doué par lui-même du mouvement et de la vie, principes sans lesquels, quoi qu'on en dise, on ne saurait le concevoir. Mais cette notion est imparfaite tant qu'elle ne comporte pas l'idée de l'Être universel, un, nécessaire et infini.

Au contraire, avec cette idée, comme toutes les difficultés s'éclairent, comme toutes les contradictions s'évanouissent ! L'Univers existe par lui-même de toute éternité. Il est parce qu'il est, parce qu'il ne peut pas ne pas être, parce que le non-être est un mot vide de sens. Une substance unique, animée dans son ensemble d'une vie propre, emplit l'étendue infinie de l'espace. Cette vie d'une intensité sans bornes anime à son tour, par une action constante et ininterrompue, la quantité infinie des êtres secondaires, formés et nourris de la substance commune, et qui vont, par des dégradations sans nombre d'importance et de durée, se ramifiant, se succédant, depuis l'Être unique immuable, éternel, infiniment grand, foyer auquel toute vie s'allume, jusqu'à la multitude infinie des êtres infiniment petits et qui ne vivent peut-être qu'une durée de raison.

En un mot, c'est la vie partout, la vie solidaire, dans tous les temps, à tous les degrés : et le principe de cet être, à la fois un et multiple, c'est *sa propre* VITALITÉ *essentielle et incréée comme lui.*

III

Assurément, les données de l'observation et de l'expérience ne sauraient à elles seules, dans leur état actuel, établir *scientifiquement* un pareil système. Elles ne le pourront jamais. Jamais il ne sera donné à l'homme de pénétrer d'un œil infaillible l'incommensurable mystère qui le presse de toutes parts. Et comment le pourrait-il, lui être d'un jour, lui dont l'existence précaire est rivée à un point imperceptible de l'immensité? Si, par la tradition, il remonte à l'origine de son espèce, est-ce que cette espèce n'a point commencé? Si, par ses investigations sagaces, il reconstitue les titres d'existence du monde qui le porte, est-ce que, devant ce monde, il n'y a point une éternité, comme il y aura une éternité derrière? S'il fouille les profondeurs de l'espace, est-ce qu'au delà des horizons les plus lointains, il n'y a point encore et toujours des champs inexplorés? Si même il regarde à ses pieds, est-ce que, sous les derniers objets perceptibles à ses sens, il n'y a point un abîme insondable? Comment atteindre le principe de ce qui n'a point de commencement; comment expliquer ce qui n'a point de cause créée; comment voir ce qui n'a ni sommet, ni fond, ni fin ? Non, ce n'est point la science positive qui comblera les *desiderata* de la pensée humaine. Il lui appartient seulement de la mettre sur la voie, de guider ses recherches, de rectifier ses écarts.

Elle n'y a point manqué. De combien, dans le seul siècle présent, n'a-t-elle point reculé les bornes primitivement et témérairement assignées à l'étendue de l'Univers et aux manifestations de la vie des êtres ? Elle est à peine parvenue à lever un faible coin du voile qui nous dérobe les mystères de la Nature, et déjà des perspectives effrayantes s'ouvrent devant nos yeux. Le domaine de la vie s'est élargi pour nous à perte de vue ; il s'est étendu au loin à travers les mondes qui nous entourent. Nos recherches ont fait rétrograder étrangement ses origines relatives sur notre planète. Des débris d'autres races et d'autres végétations nous sont apparus ; et nous pouvons suivre les traces de leurs évolutions sous l'influence des milieux divers qu'elles ont traversés et des éléments biologiques qui ont présidé à leur formation et à leurs métamorphoses. Les premiers vestiges de notre espèce elle-même, relativement récente, nous reportent à des époques dont l'éloignement déconcerte les préjugés de notre éducation. La science a poussé plus loin encore : elle a pénétré, à une profondeur imprévue, la constitution intime des corps ; elle a dégagé les lois qui président à la combinaison de leurs molécules sensibles, lois invariables et sans cesse agissantes ; elle a surpris les manifestations de la vie et du mouvement jusque dans le domaine de l'infiniment petit. Elle ne s'est point arrêtée aux objets perceptibles à sa vue, même aidée des instruments les plus puissants : elle a saisi l'impalpable ; elle a déterminé et calculé les effets infaillibles des agents qui échappent à toute analyse, et elle leur a fait rendre témoignage de l'ordre universel et immuable et du mouvement nécessaire qui anime tout.

Je ne puis m'empêcher de sourire, quand j'observe le dédain avec lequel certains philosophes spiritualistes affectent de traiter les découvertes de la science. L'un d'eux (Lamennais) ira même jusqu'à dire qu'il prend en pitié « ces esprits bassement curieux qui se réjouissent et s'admirent en eux-mêmes quand ils ont trouvé quelque *relation nouvelle entre les corps.* »

Eh quoi ! inconséquents que vous êtes, est-ce que dans l'ordre d'idées même qui vous est cher, ces *relations entre les corps* ne sont point la réalisation de la Pensée suprême qui, selon vous, a tout créé et tout ordonné ? N'est-ce point l'œuvre des six jours pour laquelle votre Dieu a daigné sortir de son éternel repos, afin de manifester par là sa gloire et sa magnificence ? Dédaignez-vous donc d'honorer de vos regards ce que votre Créateur a pris la peine d'agencer de ses propres mains ? Et est-ce donc une tâche si vile pour votre intelligence esclave que d'étudier l'ouvrage de la Sagesse infinie ?

Étrange contradiction ! Quand on veut me prouver l'existence d'une intelligence créatrice, on fait briller à mes yeux l'ordre merveilleux de la Nature ; on paraphrase sur tous les tons l'immortel cantique : « *Cœli enarrant gloriam Dei.* » Mais quand l'esprit humain, inquiet et chercheur, arrive à découvrir dans cet Univers de nouveaux prodiges d'ordre et d'économie, ne semble-t-il point que, plus l'œuvre accusera de complications savantes et profondes, plus impérieux sera le besoin du sublime ouvrier ?

Eh bien ! non. On se trouble, on s'effraye... et pourquoi donc ? Ah ! c'est que l'on sent instinctivement la justesse du vieil adage : « Qui veut trop prouver ne prouve rien. » On veut bien d'une matière organisée savamment ; mais pourtant ni trop ni trop peu ; et de manière qu'elle ait besoin d'un œil vigilant qui surveille ses mouvements, d'un bras qui la pousse et qui remonte, arrête, modifie, régularise son mécanisme, comme celui d'une machine sujette à se détraquer. (Toujours l'anthropomorphisme!) On veut bien des tableaux poétiques qui parlent au sentiment et à l'imagination; des paysages riants ou grandioses; des plaines chargées de fleurs ou de verdure, que le pinceau du grand peintre émaille tous les printemps des plus vives couleurs; des chaînes de montagnes qui s'étagent et dont la même main, prodigue d'ornements, couvre le pied de forêts sombres et la tête de neiges éternelles; des espaces teints d'azur pour récréer l'œil de l'homme, à travers lesquels cette main a semé avec profusion des multitudes d'étoiles « *comme un prince magnifique répand l'argent à pleines mains, ou comme il met des pierreries sur un habit...* » Mais quand, scrutant plus avant les secrets de l'Univers matériel, on arrive à voir à quel point tout y est fouillé jusque dans les dernières profondeurs; avec quelle rigueur inflexible les lois qui le régissent jouent et fonctionnent; comment un effet appelle irrésistiblement un autre effet; en présence de cette intensité de mouvement et de vie qui l'anime dans son ensemble et dans ses moindres parties, on en vient naturellement à se demander s'il n'est pas assez bien doué, pour renfermer son principe et sa raison d'être, et pour se suffire à lui-même!

Voilà donc le secret de vos dédains pour les *relations des corps*.

Et, en effet, si le monde matériel est uniquement destiné à servir de support à des êtres qui ne font que le traverser en aspirant impatiemment vers un autre monde d'une essence supérieure, à quoi peut bien servir cette curiosité minutieuse avec laquelle il est ouvré? Si cette vile matière n'est pour eux qu'un lieu de passage, à quoi bon ces détails d'organisation si incompréhensibles, dont, malgré tous ses efforts, l'esprit humain ne verra jamais que la surface? Pourvu que l'homme vît clair, était-il bien nécessaire de composer la lumière solaire avec sept rayons de diverses couleurs et de donner au cristal taillé en prisme la propriété de décomposer ces rayons, en les projetant dans différentes directions ? Dans quel but spirituel, telle substance se dissout-elle dans un liquide et non dans un autre, ou se précipite-t-elle pour former des cristallisations d'une forme et d'un dessin invariables ? Dans quel secret dessein les molécules de deux corps, mis en contact, se décomposent-elles pour constituer une substance mixte, telle que, par les lois de l'affinité, une particule de l'un s'unit invariablement à deux ou plusieurs de l'autre, tandis que tout excédent demeure réfractaire à cette combinaison ? Qui me dira l'intention cachée qu'il y a dans les phénomènes de l'électricité et du magnétisme terrestre et dans tant d'autres secrets si longtemps ignorés de l'esprit humain et dans mille autres peut-être qu'il n'a jamais soupçonnés et dont il ne se doutera jamais ? Que signifie cette variété inouïe d'animaux plus étranges les uns que les autres, qui nous ont précédés sur la terre et qui se sont succédé pendant des milliers de siècles avant d'arriver jusqu'à l'homme ? Et aujourd'hui encore, à quoi sert cette quantité innombrable d'êtres qui peuplent les profondeurs de l'Océan ; qui n'ont avec l'homme aucun point de contact et qui paraissent n'avoir d'autre fin que d'entretenir le mouvement de la vie, en se servant réciproquement de pâture ? Pourquoi ce fourmillement d'insectes invisibles aux yeux ? Si l'univers a été créé pour servir de séjour provisoire à l'être humain, à quoi bon ces myriades de mondes qui gravitent dans l'espace à des profondeurs insondables ? Le soleil et la lune eussent suffi. Et, si l'homme est la fin de tout, comment a-t-il été placé sur l'un des plus infimes de ces globes et non point sur l'astre central autour duquel pivote l'œuvre entière de la création ?

Dieu, dira-t-on, a voulu manifester sa gloire ; et, pour

ce qui échappe aux regards de sa créature, il a voulu se rendre témoignage à lui-même de sa toute-puissance. Hélas! toujours ce fantôme vaniteux taillé à l'image de la mesquine personnalité humaine!

Quoi qu'il en soit, la science nous montre, aussi loin et aussi avant que nos regards puissent plonger, le mouvement nécessaire inhérent au monde matériel et la vie intarissable planant sur nos têtes, abondant à nos côtés, pullulant sous nos pieds. Il ne faut point lui en demander davantage. Mais là est le point de départ, là est évidemment le coin perceptible du mystère qui nous enveloppe. A la pensée philosophique de faire le reste et de conclure, de la vie se succédant sans interruption, de la vie emplissant tout à notre portée, à la vie universelle, infinie et incréée.

Cette notion répond bien à toutes les aspirations de ma pensée.

Rien ne peut s'expliquer que par l'idée de l'Être existant nécessairement et par lui-même. L'Univers vivant est cet être. L'ordre qui y règne est la manifestation, à tous les degrés, de la vie propre qui l'anime, et je n'ai pas besoin, pour donner raison de cet ordre, d'une cause étrangère. Car enfin cette cause étrangère, cet être mystérieux, si immatérialisé qu'on le suppose, doit bien néanmoins être organisé en lui-même d'une manière quelconque; puisqu'on est forcé de lui attribuer des facultés agissantes. Il ne se serait point fait lui-même, puisqu'il serait incréé. Que m'en coûte-t-il plus, d'admettre l'Univers infini et incréé vivant par lui-même et que je vois de mes yeux, que d'imaginer un être chimérique dont je ne puis me former aucune idée; qui d'ailleurs serait nécessairement borné, puisque d'autres êtres existeraient en dehors de lui, et que dès lors il ne serait plus Tout, c'est-à-dire infini?

Par un consentement unanime et constant, l'esprit humain, dans ses élucubrations les plus grossières, comme dans ses spéculations les plus élevées, a toujours tendu à reconnaître l'existence d'un Être supérieur dont ses destinées dépendent. Or, cet Être supérieur, je l'aperçois sans peine dans la substance infinie et unique, de laquelle tout vit, meurt et renaît, suivant des lois inaltérables, pendant qu'elle-même est animée d'une vie centrale, incorruptible, indivisible, éternelle.

Car, qu'on ne me dise point que cet Être universel est variable et changeant. Est-ce que je change moi, qui ne suis pourtant qu'un être mortel ; est-ce que je ne conserve pas toujours mon essence et mon individualité propre, depuis l'heure de ma naissance jusqu'à celle de ma mort, tandis qu'à tout instant, chaque particule de mon corps se déplace, sans altérer le principe qui fait que je suis toujours le même sujet ?

Qu'on ne me dise point non plus qu'il est composé de parties : ce n'est là qu'une manière propre à des êtres bornés d'envisager ce qui leur tombe sous les sens. Mais est-ce que l'on peut assigner des parties dans la solidarité infinie ?

Qu'on ne me dise point enfin qu'une telle notion annihile ma personnalité et mon activité. J'ai distinctement conscience de mon individualité et de mon libre arbitre. Le nier serait pure absurdité. Mais, si ma forme et ma personnalité m'appartiennent, il n'en est pas moins vrai qu'il n'est pas une parcelle de ma substance qui ne vienne de la substance commune et qui n'y retourne, par un mouvement d'alimentation et d'élimination incessant. Et, à ce point de vue, il est faux de dire que je ne me sente point dans le tout. Est-ce que toutes les forces, occultes même, qui travaillent cette terre qui me porte et me nourrit, n'ont point leur retentissement en moi ? Est-ce que je ne ressens point confusément le contre-coup de tous les cataclysmes qui la menacent? ne senté-je point mes nerfs s'ébranler sous l'orage qui s'amasse derrière l'horizon, et ma poitrine se dilater à l'approche de la brise rafraîchissante ou du rayon qui perce la nue? Est-ce que les manifestations de la vie ne changent point à mesure que les conditions climatériques se modifient et que la terre elle-même entre dans de nouvelles phases biologiques?

Quant à mon activité, toute réelle qu'elle est, mais si limitée que, dans ses plus grands écarts, elle ne saurait porter une atteinte sensible à l'ordre supérieur, ne s'agite-t-elle pas dans un cercle de lois et de rapports qui la rattachent invinciblement au mouvement et à la vie générale? Elle subit l'effet de toutes les influences extérieures : du climat qui forme ou change mon tempérament ; de l'éducation qui développe ou rectifie mes tendances et mes instincts ; de la discipline sociale qui ploie ma volonté ; de mille causes inobservées qui l'assujettissent ; de mille engrenages dans lesquels elle est prise ; et quand elle se croit le plus libre, et qu'elle l'est, en effet, elle ne fait souvent qu'obéir à une puissance supérieure.

Enfin, ma pensée elle-même, bien qu'elle soit à moi sans conteste, n'est-elle point dominée par la pensée propre de mon espèce, sans laquelle elle ne serait qu'un feu sans aliment, une fugitive étincelle? Et n'est-elle point autre chose qu'un pâle et vacillant rayon de l'intelligence générale dont les conquêtes vont s'accumulant de siècle en siècle pour former un patrimoine commun dont mon entendement tire sa subsistance? Quand une idée s'offre à mon esprit, suis-je bien sûr que cette idée est à moi? Hélas! elle flotte dans l'air ; elle m'est apportée par des effluves indéfinissables ; et si elle me doit quelque chose, ce n'est le plus souvent que la formule plus ou moins heureuse par laquelle je la traduis, la parure plus ou moins brillante dont je la revêts.

Et cependant, je le répète, j'ai bien ma personnalité propre, active, libre et intelligente : mais non point toutefois solitaire, indépendante et se suffisant à elle-même ; tenant, au contraire, par des attaches nécessaires à l'Être commun ; issue de lui, comme le rameau du tronc ou le fruit de l'arbre. Voix assouplie, instrument façonné par toutes sortes de flexions occultes, pour jeter son humble note dans l'immense concert de la vie universelle.

IV

Et maintenant, cet Être infini qui résume tout dans une vie unique, est-il doué de l'activité, de l'intelligence, de la volonté, du libre arbitre? Est-il, comme on le dit, souverainement bon, souverainement juste, souverainement puissant?

Pour son activité, elle est de toute évidence, si l'on entend par ce terme la *vitalité*... Et il est bien vrai que l'économie incréée de cette vie spontanée qui, dans son intensité infinie, se communique, avec tant de profusion et dans un ordre si profond, à tous les êtres secondaires de tous les degrés, représente la souveraine puissance, la souveraine justice, la souveraine bonté. Mais je dois bien me garder des idées anthropomorphistes.

Qu'est-ce que l'intelligence et la volonté libre qui en découle? Une faculté vitale, comme toutes les facultés de l'être. Cette faculté, si je l'observe en moi-même, me sert à accomplir les évolutions de ma destinée; elle éclaire mes rapports avec mes semblables; elle me guide dans la carrière de la vie.

Certes! c'est là une faculté précieuse. Elle élargit singulièrement le champ de l'activité des êtres qui la possèdent. Elle comporte en outre d'admirables jouissances. Quoi de plus beau que la recherche et la contemplation de la vérité? Quoi de plus doux tour à tour et de plus poignant que la poésie enivrante ou la commotion des sentiments qui font vibrer le cœur humain? Quoi de plus noble que ces mouvements élevés qui engendrent les grandes idées de la morale, de la justice et du devoir? Oui, cette faculté est belle et sublime! Et il n'est point douteux que, parmi les mondes qui composent le grand Tout, des multitudes d'êtres privilégiés n'en soient doués aux degrés les plus élevés. Toutefois ce n'est là qu'une faculté contingente et progressive. Elle n'appartient point à tous les êtres ; elle n'a point toujours été, du moins dans son exercice, le lot de mes semblables. Pendant des centaines de siècles peut-être, la famille humaine a vécu sans idées, sans langage, sans art, sans éprouver le besoin d'approfondir aucun secret d'aucune sorte. Elle vivait pourtant! Et il est même loin de m'être démontré qu'elle ait été moins vivace, moins forte, moins sage, moins heureuse.

C'est qu'il y a dans l'être quelque chose de plus profond que l'intelligence elle-même : c'est la vie. La vie, dont le fonctionnement, non seulement n'est point un effet de l'intelligence, mais dont cette intelligence ignore et ignorera toujours les plus importants secrets. Par la vie, je participe au mouvement éternel qui anime l'Être universel ; par mon intelligence et ma volonté, je me meus, je vais, je viens, je retourne, j'imagine, je conçois, je juge, je me décide et, souvent, trop souvent, hélas! je me trompe et m'égare.

Mais, si l'intelligence, limitée aux besoins de l'activité d'un être borné et libre de ses mouvements, lui est nécessaire pour l'accomplissement de ses destinées au moins morales, dans le cercle si restreint où il s'agite ; je n'en vois point la même nécessité dans l'Être immuable, qui est parce qu'il est, qui est tel parce qu'il ne saurait être autrement et dont le seul principe, qui m'apparaisse essentiel, est la *vitalité*. Elle serait en effet sans action sur son existence même, qui est éternelle ; et quant aux manifestations secondaires et dérivées de la vie, elles s'expliquent suffisamment par la fécondité infinie de ce principe vital et par les effets qui découlent nécessairement, et dans un ordre incréé, de cette source intarissable.

Ah! si vous entendez, par Intelligence et Pensée suprême, l'inexprimable harmonie des conditions de l'Être, prise dans sa réalité objective; cette économie insondable de lois et de rapports, dont quelques échappées, à peine entrevues, éblouissent et confondent notre faible raison... d'accord! un plan à observer : soit. Mais un plan prémédité : non. A quoi bon? puisque ce plan est nécessairement réalisé avant toute conception.

La pensée, encore une fois, est un attribut sublime. Mais qu'est-elle, après tout, si ce n'est le reflet d'une réalité plus haute, qu'elle contemple et qui n'est point son œuvre; et qui a, en elle-même et par elle-même, de bien autres splendeurs?

Cependant, je ne voudrais point contrarier ceux à qui plaît le rêve d'une Intelligence et d'une Pensée suprême, d'une *conscience* qui embrasse, dans toute son étendue, l'ensemble de l'Être infini; qui plonge dans ses dernières profondeurs et à laquelle nul secret ne saurait se dérober. Qu'ils l'imaginent donc, s'ils peuvent se figurer cet être avec un cerveau organisé pour penser. Mais, ce que je ne puis leur accorder : c'est que cette intelligence soit un principe immatériel associé au principe matériel; car je ne saurais comprendre l'alliance de deux principes à tel point contradictoires.

Eh bien ! oui : Je suis matérialiste ! Mais je demande, en bonne foi, ce qu'à cet Être infini, tel que je le conçois, peut bien ajouter de grandeur et même de noblesse, un principe étranger qui n'aurait en somme d'autre fin que de le refléter comme un miroir.

Si l'homme, *roseau le plus faible de la Nature, mais roseau pensant*, est réellement plus noble que les êtres qui l'entourent et qui sont privés de raison ; est-ce bien parce qu'il *sait* ce qu'il est, parce qu'il sait, au besoin, *ce qui le tue ?* Non (car le sait-il même ?). Mais, parce que cette faculté, dont le principal caractère est d'être éminemment perfectible, lui ouvre un accès plus large dans la carrière de la vie, et lui attribue une action plus puissante et plus élevée dans le concours universel de l'existence.

Mais que peut ajouter la raison à ce qui n'est point susceptible d'un plus grand développement ?

En attendant, je vois bien ce qui nous divise : nous ne considérons point le même objet. Quand vous parlez de matière, vous ne trouvez à vous mettre devant les yeux que la boue de l'ornière ou le caillou du chemin (dont même vous n'avez point analysé la nature intime). Et moi je vois l'éternel Organisme qui, essentiellement vivant par lui-même, dispense le mouvement et la vie à tout ce qui est ; qui anime tous les êtres avec leurs facultés les plus variées ; car il n'y a point de matière, je le répète, il n'y a que des êtres matériels organisés et vivants.

Vous faites de la matière, inerte et bornée pour les besoins de votre cause, une sorte de jouet, qu'un Être prétendu supérieur, dont l'entendement humain n'a jamais pu se faire qu'une idée chimérique ou des images grossières, façonna dans un moment de fantaisie pour chasser l'ennui d'une longue inaction ; dont il fait mouvoir et dérange les ressorts suivant son caprice. Et quand on vous demande quelle est la nature de cet Être supérieur, vous ne pouvez, vous déistes, que proclamer votre ignorance ou balbutier des essais de définitions inintelligibles ; et vous, prêtres, vous ne savez me montrer qu'un vénérable vieillard, doué si l'on veut de toutes les vertus imaginables : science, sagesse, bonté, justice ; gouvernant, avec une prudence sans cesse en éveil, son petit monde, qui ne le connaît d'ailleurs que par le témoignage de ses confidents, auxquels il a bien voulu se révéler ; sensible à la louange; s'attendrissant aux prières des passions plus ou moins intéressées ; punissant avec une rigueur excessive ceux qui sont rebelles à ses volontés, telles qu'elles sont traduites par ses prétendus ministres...

Qu'est-ce que cela, je le demande, auprès du spectacle grandiose qui s'est dévoilé à mes regards ! Quand je veux l'embrasser d'un coup d'œil d'ensemble, mes yeux sont frappés d'éblouissement, mon esprit reste confondu, ma pensée s'élève et plane à des hauteurs incommensurables... Et pourtant je n'ai encore qu'une idée confuse de cet Être dont l'immensité sans bornes se perd au delà de tout horizon.

Oui, c'est bien là l'Être que je puis, sans métaphore, appeler l'ÊTRE DES ÊTRES. Et si l'on me demande encore quel est son principe, je répondrai : c'est la vie. Quelle est sa nature ? La vie. Sa fin ? La vie.

DEUXIÈME PARTIE

L'Homme intelligent

I

Qu'est-ce que l'homme, et quelle est sa fonction au milieu de ce concours infini de la vie universelle ?

Certes, si je n'écoutais que la voix de mes désirs, avec quel empressement et quelle foi ardente j'accueillerais les enseignements de ceux qui me promettent une existence immortelle, avec une personnalité réelle, dans une substance épurée, au sein d'un monde idéal où toutes les aspirations de l'âme humaine trouveraient leur complète satisfaction, où toutes les misères et toutes les faiblesses terrestres ne seraient plus qu'un lointain souvenir ! Oui, c'est là un beau rêve, et je comprends sans peine qu'il ait séduit et qu'il séduise encore tant d'esprits élevés et indépendants (car je ne parle point des masses crédules pour lesquelles il n'est qu'un instrument de discipline sociale). Mais, hélas ! je le crains bien, ce n'est qu'un rêve.

Quand je considère ce qu'est l'être humain dans cet

état de médiocrité qui le laisse le jouet, malgré ses visées et ses menées les plus ambitieuses, de toutes les forces occultes de la Nature ; quand je le trouve cloué sur ce grain de sable qui le porte, et si étroitement qu'il ne saurait, sans manquer du souffle vital, s'élever à deux lieues de terre, ni perdre seulement de vue le coin du sol où il est enchaîné ; quand je le vois sortir d'une souche commune avec tous les autres êtres qui l'entourent, croître comme les minéraux, végéter comme les plantes, souffrir ou jouir comme les animaux ; je ne puis démêler en lui, du moins quant à sa vie physique, autre chose qu'un parasite, le plus remarquable sans doute, mais enfin un parasite de cet autre être qui l'engendre et le nourrit, doué lui-même d'une vie plus intense et dont la sienne n'est qu'une émanation secondaire.

Par son intelligence, il est vrai, il tend à s'échapper hors des limites de cet étroit horizon ; mais ces échappées ne sont-elles peut-être autre chose que des rêves et des illusions. Dans tous les cas, cet horizon se referme devant lui, à quelques pas plus loin, et, au delà, restent toujours les ténèbres impénétrables.

Quoi qu'il en soit, c'est par son intelligence que l'homme se distingue des autres animaux : c'est comme être intelligent que je veux l'étudier, pour rechercher quelle est la nature de cette faculté ; si elle suppose en lui une double nature ; si l'homme échappe par ce côté à l'économie de l'Univers matériel ; quel peut être le rôle véritable que joue cette faculté dans ses destinées, et quelles sont ces destinées elles-mêmes.

En quoi consiste l'intelligence ?

Je n'essayerai point de m'en donner une définition scientifique, ce qui serait au-dessus de mes forces. Je me bornerai, pour m'en faire une idée, à comparer l'être intelligent avec ceux qui ne le sont point.

Si j'observe les bêtes, je vois distinctement qu'elles ont des connaissances dont la portée dépasse la simple sensation du moment. Les animaux domestiques connaissent leur maître, les personnes et les objets avec lesquels ils sont en rapport. Ils ne se trompent point sur leurs qualités distinctives, comme on le voit à leur manière d'être différente en présence de ces personnes et de ces objets. Ils ont même jusqu'à un certain point des idées générales acquises, en dehors de l'instinct de nature. Si, par exemple, je présente pour la première fois à un chien un aliment qui répugne à ses goûts naturels, il le refusera; mais si je le force à le goûter et qu'il y prenne plaisir, il saura parfaitement le reconnaître par la suite à la simple vue; et, pour cela, il faut nécessairement qu'il ait conservé une notion quelconque des caractères généraux qui distinguent cet aliment; il faut qu'il se soit formé un type qui lui sert à juger la convenance entre cet idéal et les objets particuliers qui s'offrent à lui. Toutes ces opérations supposent évidemment la mémoire et le don de comparer, et il n'est pas douteux que les bêtes ne soient douées de ces facultés. Elles ont aussi, dans une certaine mesure, la faculté de l'attention et de l'observation, comme on le voit au soin avec lequel elles examinent les objets qui leur sont inconnus. L'imagination même ne leur fait point complétement défaut, quand je n'en aurais pour preuve que les songes qui agitent leur sommeil, et qui se traduisent par des signes extérieurs non équivoques. Elles ont incontestablement l'activité spontanée et la faculté de se déterminer, par un choix, entre plusieurs appétits et différents désirs qui les sollicitent concurremment, comme on peut le constater à leurs hésitations, en présence de choses qui les attirent en sens divers. Et si l'on me conteste ce point, et que l'on m'objecte qu'elles finissent toujours par pencher invinciblement du côté où est pour elle, l'attrait le plus puissant, je demanderai où est donc la différence avec l'activité libre et intelligente de l'homme, qui ne se décide, en dernière analyse et de quelque manière qu'on l'envisage, que par le motif qui s'impose à lui avec le plus de force. Enfin, les animaux, sinon à l'état de nature, du moins façonnés par l'éducation, sont susceptibles d'acquérir, à un certain degré, le sentiment du bien et du mal. Bien et mal relatifs, sans doute : subissant la loi de l'homme, ils savent ce qui leur est défendu et ce qui leur est permis par le maître dont ils dépendent; ils éprouvent la crainte et la honte d'avoir mal fait ; ils ont la notion confuse, sinon la conscience, de l'imputabilité de leurs actes et de la légitimité de l'expiation ; ils se courbent sous un châtiment mérité et se révoltent contre l'injustice; et, chose plus grande ! quelques-uns semblent même pressentir, en l'implorant, la loi suprême de la clémence, du *parcere subjectis*, du rachat et du pardon des fautes.

Mais tout cela n'est point l'intelligence. Qu'est-elle donc ?

Si j'étudie à son tour l'être humain, je vois qu'il a le don de réfléchir sur ses sensations, d'en extraire des idées, de les généraliser, de leur donner en quelque sorte une existence fictive, indépendante des choses elles-mêmes, constituant ainsi un monde à part : le monde des intelligibles; de comparer entre elles ces idées, de juger de leurs rapports, d'en déduire les conséquences logiques; le tout par un travail interne, en opérant non sur des objets concrets, mais sur des images tirées de ces objets; de provoquer même des sensations factices, soit pour en faire jaillir des idées et des images nouvelles, soit pour expérimenter la concordance d'idées préconçues avec la réalité des faits ; de faire retour sur lui-même et, se considérant comme objet externe, de dégager les lois qui régissent son être et sa propre pensée; de se mouvoir vers son but par l'effet d'une volonté libre et réfléchie dont les mobiles sont tirés, non plus seulement de l'impression directe des choses extérieures, ni même des sensations et des appétits naturels, mais de ces déductions idéales comparées entre elles par l'effort de l'esprit ; enfin, au moyen d'idées matérialisées par des signes sensibles qui, en s'emmagasinant, parviennent à former un patrimoine qui se transmet par la révélation sociale, de se mettre en rapport avec les autres êtres intelligents, ses semblables, et de s'unir à eux dans une action et pour une fin communes, tacitement acceptées ou formellement convenues.

En résumé : abstraction, initiative ou activité spontanée d'esprit, libre arbitre conscient, volonté motivée, moralité qui résulte de l'accord des actes avec la règle perçue et dégagée, sociabilité qui découle de la participation au même monde intellectuel et moral : telles sont, sinon dans leur rigueur scientifique, néanmoins avec une précision suffisante pour mes recherches, les propriétés principales qui constituent l'intelligence.

Et si j'ose maintenant la caractériser par ses effets d'une manière plus nette encore et plus radicale, je dirai que sa tendance est de créer, dans l'ordre intellectuel et moral, un monde artificiel et idéal qui n'a point toujours de liaison nécessaire avec le monde réel, et d'intervertir, dans l'existence spéciale que l'espèce humaine se crée, l'ordre naturel des choses ; d'arriver ainsi à établir entre les êtres qui en sont doués, des rapports qui n'existent point, et qui n'ont pas même de fondement prochain dans l'état de pure nature : à l'inverse des êtres inintelligents qui restent toujours passivement soumis aux forces immédiatement nécessitantes qui président à leurs destinées.

Entendons-nous toutefois. Si les résultats sociaux des œuvres de l'intelligence semblent quelquefois violer l'économie brute de la Nature ; si, comme on l'a dit, il n'est point naturel « *qu'un enfant commande à un vieillard, qu'un imbécile conduise un homme sage, et qu'une poignée de gens regorge de superfluités, tandis que la multitude affamée manque du nécessaire,* » il n'est point douteux cependant que la Nature elle-même ne soit au fond de toutes ces évolutions. La Nature agit toujours avec la même force sur tous les êtres; mais, sur les êtres intelligents, elle n'agit plus que de seconde main. Elle n'est certainement point étrangère aux courants divers d'idées qui traversent les milieux sociaux, aux erreurs mêmes qui semblent parfois égarer l'esprit humain ; aux vices moraux comme aux vertus des races. Le grand problème sera de déterminer vers quelle fin tend cette poussée occulte, et alors bien des obscurités s'éclaireront, bien des semblants de contradictions, bien des antagonismes prétendus s'évanouiront, et il nous sera donné d'admirer l'ordre supérieur et caché, dans le désordre superficiel et apparent.

Mais, pour le moment, je ne veux qu'essayer d'analyser l'essence de l'être intelligent et de voir comment il se compose et se comporte en lui-même.

II

Je n'entends point examiner quelles sont les origines spéciales de l'espèce humaine : si l'homme descend par une série continue de modifications successives d'autres êtres antérieurs et moins parfaits; ou bien, s'il est éclos à son heure, comme il s'offre aujourd'hui à mes yeux, d'éléments biologiques nouvellement élaborés. C'est là une question qui est au-dessus de mes lumières et je laisse à de plus savants que moi le soin de la résoudre.

Ce qui est certain, c'est que bien des êtres vivants ont précédé l'homme sur la surface changeante de ce globe; que les manifestations sensibles de la vie se sont perfectionnées d'âge en âge; que, parties des organismes et des formes les plus rudimentaires, elles ont abouti, après de lentes révolutions, à l'être humain, dernier terme, du moins à ce jour, de cette progression toujours ascendante.

Faut-il attribuer ce résultat à une suite d'efforts et de progrès individuels entés sur un type primitif et se transmettant en divers sens par l'hérédité; de sorte que le genre humain serait comme la branche la plus haute d'une sorte d'arbre généalogique, se rattachant à ses racines les plus profondes par la filiation ininterrompue ?

Ou bien nos prédécesseurs ont-ils été seulement pour nous des précurseurs et non des ancêtres ? avons-nous surgi derrière eux, comme à une vague succède une vague plus haute, apportés dans de nouvelles couches engendrant d'autres et plus parfaits germes de vie ?

Je ne sais et ne m'en soucie point. Je conçois que ceux qui regardent la vie comme un phénomène particulier, qui s'est produit sur la terre à une heure donnée, et qui eût pu ne pas se produire ou avorter, prennent souci d'entretenir cette étincelle fugitive pour en faire jaillir, de proche en proche, le vaste incendie qui embrase aujourd'hui l'étendue entière de notre globe. Mais moi, qui crois à la vie éternelle et universelle, à la vie nécessaire, à la vie sans cesse agissante et créatrice à tous les degrés (sans quoi je déclare même douter de ma propre existence), je laisserai tranquillement la science faire la lumière, si elle le peut, sur quelques procédés particuliers de la transmission de la vie. J'y trouverai toujours mon compte.

Que les gradations vitales se soient donc étagées par accession les unes au-dessus des autres, sur une suite continue de générations ; ou bien qu'elles émanent en droite ligne et parallèlement du même foyer commun par rayons distincts qui arrivent à se dépasser les uns les autres ; que l'homme descende du singe, ou qu'il relève immédiatement du principe progressivement fécondant que recèle en lui l'être supérieur dont nous sommes les parasites, il n'importe. Il est arrivé, dans tous les cas, un moment où il s'est trouvé constitué dans sa forme actuelle, dominant d'un front souverain les autres êtres courbés à ses pieds et « *mesurant des yeux la vaste étendue du ciel.* »

C'est dans cet état que je veux l'étudier. Certes, il ne date point d'hier. Les ossements enfouis dans les vieilles couches terrestres, et que des travaux récents ont rendus au jour, témoignent qu'il y a des centaines de siècles l'homme était déjà cet être privilégié dont le crâne puissant révèle l'énergie mentale. Il n'a point changé depuis, quant aux caractères essentiels qui le distinguent. Les progrès des temps n'ont fait que développer l'exercice de ses facultés internes, mais sans altérer sa conformation extérieure, telle qu'elle apparaît dès son lointain berceau. Et il faut convenir que, si les formes vitales se modifient sans cesse, elles subissent au moins des temps d'arrêt considérables.

L'intelligence de l'homme dans cet état n'est point le résultat d'une perfection supérieure des sens externes. La plupart des animaux ont ces sens plus parfaits que lui. Ils ont la vue plus perçante, l'ouïe plus fine, l'odorat plus subtil, le goût plus délicat ou tout au moins plus perspicace. Ils semblent même posséder des sens que l'homme n'a point : ils pressentent les commotions naturelles, les épidémies, les tremblements de terre et paraissent sensibles aux approches de certains agents fluides que l'homme ne perçoit que par leurs effets. Seul, le sens du toucher paraît plus délié chez l'homme que chez les animaux, ce qui tient surtout à la conformation de ses mains. Mais c'est en vain qu'un philosophe du siècle dernier a imaginé, de baser sur cette supériorité d'organisation, le développement de l'intelligence ; puisque certains animaux anthropomorphes, qui se distinguent également par cette particularité, vivant dans la société de l'homme civilisé, objet même des soins de l'éducation et à même par conséquent de profiter des progrès réalisés par ce dernier, n'ont jamais pu s'élever jusqu'à la pensée.

Il est remarquable que, parmi les hommes eux-mêmes, la force de l'intelligence est souvent en raison inverse de l'acuité des sens. Qui ne connaît la merveilleuse intensité de la vue et de l'ouïe chez les sauvages et la dextérité prodigieuse avec laquelle ils se servent de leurs mains ? tandis que chez les hommes civilisés les sens s'émoussent à proportion de la culture de l'esprit.

Je ne puis donc regarder l'intelligence que comme une faculté ou un sens interne, attaché à l'organisation intime spéciale de l'homme; et je dis, que du moment que l'homme a fait son apparition dans sa forme actuelle, que cette forme soit consécutive ou primordiale, il portait innée en lui la faculté de penser, à l'exclusion des autres animaux.

Il y a une remarque qui, toute banale qu'elle est, m'a toujours frappé. C'est que, chez l'homme, la faculté intelligente, en tant que puissance, est complétement indépendante de l'usage qu'il est appelé à en faire. Je m'explique.

Quand je considère les animaux, je vois que les facultés dont ils sont doués embrassent naturellement leurs objets externes, sans le secours d'aucune éducation ni d'aucun effort artificiel ; et c'est pour cette raison que nous avons appelé ces facultés, des instincts. Ainsi, l'animal sait, de naissance, tout ce qu'il devra savoir, pour jouer son rôle dans l'économie vitale. Il n'est pas nécessaire de lui enseigner quelle herbe calmera ses souffrances, s'il se sent atteint d'un malaise dans son organisme. Il courra au remède qui doit le guérir, comme une molécule de matière tend vers une autre en vertu des lois de l'affinité. L'instinct se perfectionnera même graduellement chez lui, les pères transmettront à leurs descendants des qualités acquises, mais toujours ces qualités trouveront à s'appliquer naturellement. Le jeune chien d'arrêt n'a que faire que vous lui appreniez quel gibier il doit chasser, ni de quelle manière il doit s'y prendre pour le faire : il le sait de reste et mieux que vous, sans en avoir jamais fait aucune étude.

Il n'en est point ainsi de l'homme. Prenez au sein de la race la plus favorisée des dons de l'esprit et la plus civilisée par une culture séculaire, dans la famille la plus remarquable par ses talents héréditaires, un enfant de quelques mois, assez fort pour se passer à la rigueur des soins de sa mère ; choisissez-le du type le plus achevé, que l'intelligence semble déjà rayonner autour de son front et briller dans ses regards : et maintenant, abandonnez cet enfant, seul au milieu des bois. Peut-être y retrouvera-t-il quelques instincts de nature; mais il ne s'élèvera guère au-dessus de la brute la plus stupide. Ses brillantes facultés, que la révélation sociale eût fait éclore, seront pour lui sans emploi. Il fût peut-être devenu un orateur éloquent ; il ne saura articuler d'autres sons que les cris des animaux qui auront frappé son oreille. Sa pensée eût peut-être illuminé les questions profondes qui passionnent l'humanité ; il n'aura pas même une idée. Ce ne sera qu'une machine sans âme. Aucune volonté réfléchie ne présidera à ses mouvements. Son existence s'écoulera dans une suite d'actes incohérents. Il ne se rappellera plus le lendemain ce qu'il était la veille, car il n'aura pas seulement la conscience de lui-même.

Et cependant cet homme, car c'est bien là un homme, sera doué de facultés exceptionnelles ; et la preuve, c'est que vous n'avez qu'à le retirer de là, pour que ces facultés s'épanouissent de nouveau au contact de la société.

Ceci n'est point inventé. Il en est des exemples qui sont à la connaissance de tous. Je ne m'arrêterai point à les rappeler.

L'intelligence chez l'homme n'est donc qu'une faculté nue ; son objet n'a avec elle aucun lien nécessaire, à l'inverse de l'instinct des animaux qui va droit à son but, en vertu d'une harmonie naturelle. L'animal, même quand il progresse artificiellement, reste toujours en communication étroite avec la nature brute ; l'homme, au contraire, du moment qu'il donne carrière à ses facultés intelligentes, rompt avec elle, et cette rupture ne fait que s'accentuer: à mesure que son entendement poursuit plus avant son objet.

Je ferai une autre observation. Il est certain que parmi les groupes humains, il en est de mieux doués les uns que les autres sous le rapport de l'intelligence. Il est certain aussi que les qualités de l'esprit se transmettent par l'hérédité, et il n'est point douteux que la capacité intellectuelle si variée des familles et des races ne tienne à des évolutions de cette nature. Je doute néanmoins que la culture héréditaire de l'esprit, qui amasse, il est vrai, des idées et des connaissances au service de la civilisation et qui enrichit à la longue, de nouvelles conquêtes, le monde intellectuel et moral, augmente réellement la capacité virtuelle de l'intelligence chez les individus. Outre que l'homme d'esprit n'engendre souvent que des crétins, ne voit-on pas, tous les jours, les descendants d'ancêtres absolument incultes depuis des siècles, devenir, d'un seul coup, par une éducation individuelle, des esprits supérieurs ? Bien plus, des rejetons de races barbares, des enfants même de sauvages, proclamés dédaigneusement des êtres inférieurs, transportés dans un milieu civilisé, lutteront avec avantage contre les fils des familles, dans lesquelles la science et l'esprit se transmettent depuis de longues générations de père en fils. Ramenez-les ensuite chez eux, ils redeviendront peut-être il est vrai des anthropophages ; mais ceci prouve que les lumières vives de l'intelligence sont indépendantes des mœurs et des plis contractés par l'habitude et la manière de vivre. Il est même loin de m'être démontré que la capacité potentielle de l'intelligence ait été moindre, à l'origine de l'espèce, que dans notre siècle de lumières. Faites revivre l'homme de Cro-Magnon, donnez-lui des maîtres et je ne serais nullement étonné, à l'inspection de son crâne, que vous n'en fissiez peut-être un grand génie moderne.

Si donc il est vrai que l'homme se soit élevé à l'état d'être intelligent en passant par les divers degrés inférieurs de l'animalité, il faut au moins convenir que ce progrès était réalisé avant qu'il pût se servir utilement de son intelligence ; et que par conséquent il n'a point été de sa propre initiative l'artisan de ce progrès. Si, après trente siècles accumulés de civilisation ; si, au bout de tant de luttes engagées et de tant d'efforts déployés pour améliorer notre nature (non toutefois, il est vrai, sans avoir grossi de précieuses richesses notre bagage intellectuel), nous ne pouvons encore produire de plus vastes génies qu'Hésiode, Homère et Pythagore; comment des êtres rudimentaires et instinctifs auraient-ils pu seulement tendre vers un but qu'ils ne pouvaient même soupçonner ; puisque l'être devenu intelligent, abandonné à ses seules ressources, retombe fatalement au rang de la brute ? Si la faculté intelligente décline ici, malgré les efforts héréditaires, pour jaillir ailleurs à l'improviste comme un brillant météore, de matériaux incultes ; si les lumières de la civilisation pâlissent, pour reprendre, après quelques siècles, un nouvel et soudain éclat, au sein de peuples barbares que leurs mœurs n'y avaient nullement préparés ; si les fils de grossiers soudards deviennent les émules des plus beaux génies d'Athènes et de Rome, aussitôt qu'on leur a enseigné l'art de penser et de bien dire, et surpassent bientôt leurs précepteurs eux-mêmes, échappés d'un milieu longtemps cultivé, mais où tout était devenu stérile, où rien de grand ne pouvait plus germer ; il faut bien qu'il y ait là autre chose qu'une évolution constamment ascendante, faite de progrès acquis par l'initiative individuelle et transmis par l'hérédité.

Certes, je ne nie point la loi évolutive et progressive dans les manifestations vitales ; je la proclame au contraire plus haut que qui que ce soit. Mais je soupçonne fort qu'elle procède autrement que par une tendance au mieux, montant de bas en haut. J'y verrais bien plus volontiers le résultat d'un sourd travail de la Nature, produit par des causes biologiques latentes, qui façonnent et transforment les êtres, non au gré de leurs aspirations personnelles, mais en vertu d'une économie supérieure qui répartit les éléments de la vie, suivant un plan qui s'impose, et qui se traduit principalement par l'action vivifiante des milieux.

On enseigne aujourd'hui qu'il n'y a point d'espèces ; mais seulement des êtres qui, par suite de tâtonnements individuels, en se développant dans des sens divers, suivant certaines sollicitations intimes, combinées il est vrai avec l'influence des milieux et en se transmettant, par l'hérédité, des qualités lentement acquises, sont arrivés à former des groupes distincts qui n'ont rien de stable.

Je ne crois d'abord à aucun tâtonnement dans l'œuvre de la Nature. En outre, que ces groupes (ou espèces, le nom ne fait rien à la chose) n'aient rien de stable, en ce sens qu'ils disparaissent successivement pour faire place à d'autres : je le reconnais, puisque l'on ne voit plus aujourd'hui d'iguanodons ni de plésiosaures, et qu'à l'époque où les tribolites régnaient dans les mers primitives il n'y avait assurément pas encore d'hommes sur la terre. Mais il n'en est pas moins vrai que ces groupes, tant qu'ils subsistent, sont liés entre eux, par l'identité du sang, et par une communauté de traits génériques tellement distinctifs, que la vie ne peut se propager de l'un à l'autre. Et, loin de nier l'existence des espèces, je serais bien plutôt porté à voir en elles des êtres d'un degré supérieur et dont les individus sont les membres ou comme les molécules : êtres collectifs, résumant en eux une somme d'éléments biologiques assignés à leur forme spéciale, et qui parcourent, comme l'être individuel, bien que sur une échelle plus vaste, les diverses phases de la vie, depuis l'enfance jusqu'au déclin de la vieillesse, mais doués, dès leur premier jusqu'à leur dernier jour, des mêmes qualités spécifiques. Elles ne sont point perpétuelles; elles suivent sans doute dans leurs révolutions, les périodes progressives de l'existence même de l'être supérieur qui leur infuse la vie : rudimentaires quand notre planète était elle-même à l'état embryonnaire ; énormes et gigantesques quand une haute et riche atmosphère l'enveloppait; puis devenant plus chétives mais plus délicates quand cette atmosphère décroît et s'épure ; se modifiant enfin et se perfectionnant en même temps que la terre avance dans sa carrière vitale et élabore d'autres éléments de vie; mais toujours avec leurs caractères exclusifs et bien tranchés.

Celui du genre humain est l'intelligence, et je ne puis voir dans cette faculté, en tant qu'instrument nu et brut, qu'un don gratuit de la Nature.

Relativement à la manière dont cet instrument fonctionne, je distingue en lui deux aspects.

C'est d'abord sa forme ou, si l'on aime mieux, son mécanisme. Il est identiquement le même chez tous les êtres pensants. Du moment que ce mécanisme se mettra en mouvement, il marchera suivant les lois parfaitement déterminées qui constituent sa forme innée et non acquise par l'éducation. Il fonctionnera même à son propre insu; à l'instar de l'ouvrier qui met en branle, par une pesée purement machinale, une mécanique compliquée dont il ignore le jeu caché, et qui en fait sortir des produits tout aussi parfaits que s'il était dans le secret des ressorts qui la font mouvoir. On embarrasserait peut-être fort des esprits grossiers et primitifs, en leur demandant à l'improviste et comme principe général, s'il peut y avoir des effets sans cause, ou si le tout peut quelquefois être moindre que la partie; des intelligences sans culture auraient sans doute bien des difficultés à comprendre le mécanisme d'un syllogisme; et cependant l'on peut être assuré que, dans l'application et sur les matières à sa portée, le plus simple d'esprit déduira ses jugements, sans s'en douter, suivant les règles les plus correctes de la logique.

Mais là s'arrête ce semblant d'égalité native que l'on peut remarquer entre toutes les intelligences. Quand on les considère sous un autre point de vue, relativement aux facultés préhensives à l'aide desquelles l'entendement saisit les objets qui alimentent ce mécanisme, c'est-à-dire les sentiments et les idées, rien n'est plus inégal ni plus variable que la puissance relative des intelligences entre les individus et les races. Si le myope et le presbyte sont aussi aptes l'un que l'autre à comparer deux objets qu'ils voient d'une manière également distincte, il n'en est pas moins vrai que la portée de la vue est bien différente chez eux et que l'œil de l'aigle en embrassant une vaste étendu d'horizon, et en considérant les objets de haut et sous toutes leurs faces, verra bien plus de choses, et les verra sous d'autres aspects, que celui de l'insecte qui rampe autour d'elles.

De même la vue intellectuelle, ou la faculté de saisir et de former les idées, qui sont les images plus ou moins exactes des choses, possède divers degrés de puissance selon les individus et les races ; et c'est là une faculté qui se perfectionne, mais qui ne s'acquiert point par la culture. Chaque individu naît avec ses aptitudes spéciales; chaque race a les siennes ; tel peuple se distingue par ses facultés métaphysiques, tel autre par son esprit pratique. Et ce serait une erreur de croire que ces tendances diverses soient dues uniquement à l'éducation et à l'influence du milieu intellectuel; car ce sont là des effets et non des causes. Le vieux Germain, au milieu de ses forêts sauvages, était déjà rêveur et nébuleux, comme le prouve sa mythologie ; tandis que sous le chaud et clair soleil de la

Grèce et du Latium, les peuples primitifs ramenaient déjà tout à des idées nettes et précises, et faisaient de leurs dieux des êtres d'une personnalité bien définie, bien vivante et pour ainsi dire tangible. Les milieux intellectuels réagissent, il est vrai, sur les tendances et les accentuent, mais après avoir été créés originairement par ces tendances elles-mêmes, qui sont l'œuvre occulte de la Nature et des causes biologiques supérieures.

Mais, si l'intelligence, avec son mécanisme inaltérable et ses aptitudes variées, est une faculté que l'homme a reçue de la Nature, l'usage qu'il en fait, la culture qu'il lui donne, lui appartiennent en propre et sont bien son œuvre, du moins immédiate. J'ai observé que l'entendement ne portait point en lui son objet : j'irai plus loin et je dirai que cet objet, à vrai dire, n'existe pas. C'est l'intelligence elle-même qui le crée, ou du moins l'extrait de la réalité, pour le façonner suivant ses besoins et ses inclinations. En effet, à l'exception des sciences mathématiques et géométriques qui ne sont, en quelque sorte, que le développement de la forme même de l'entendement, quelle diversité, quelles contradictions entre les idées des hommes ! Chaque milieu biologique et social a enfanté son monde intellectuel et moral, qui ne ressemble point aux autres : mondes les plus divers, édifices artificiels, ayant à la vérité leurs assises dans la Nature elle-même, et empruntant leurs grandes lignes aux lois générales qui régissent tous les êtres vivants et s'imposent à eux en vertu d'un invincible instinct ; mais s'élevant à toutes les hauteurs, s'étendant dans toutes les directions sous les efforts accumulés des générations, au gré de toutes les nécessités de l'existence, de toutes les inspirations de la Nature, de toutes les déductions de l'esprit humain, éternellement inquiet et chercheur ; œuvre, non des individus isolés, puisque l'intelligence solitaire, abandonnée à elle-même, ne peut rien ou presque rien, et n'aurait pas même le besoin ni l'occasion de s'exercer; mais œuvre sociale, collective, impersonnelle, semblable au travail des termites ou aux agrégations de madrépores qui, parties de points à peine perceptibles au fond des mers, finissent par former des continents.

C'est ici que se déroule véritablement et sans conteste la grande loi de l'évolution vers le progrès. C'est, sinon en forgeant lui-même ses instruments de travail, du moins en les mettant à l'œuvre et en les faisant produire, c'est en emmagasinant des idées pour créer et alimenter des foyers de civilisation, qui rayonnent, s'étendent, se croisent, absorbent autour d'eux les individus, les familles et les groupes, puis s'éteignent pour être repris en *sous-œuvre* (notons bien ceci, qui peut être l'indice d'une loi plus profonde) *par d'autres groupes plus frais sortis des mains de la nature*, que le genre humain marche sans cesse vers de plus hauts destins et que, dans son sein, les races, êtres collectifs intermédiaires, se relaient, et prévalent tour à tour les unes sur les autres pour monter vers un idéal toujours plus élevé.

III

Et maintenant, l'homme est-il un être simple ou composé ?

L'intelligence peut-elle avoir et a-t-elle en effet son siége dans l'être purement matériel ? Ou faut-il nécessairement supposer une substance d'une autre nature, alliée à la substance corporelle, pour expliquer les phénomènes de la pensée ?

L'homme a-t-il une âme immatérielle ?

Et d'abord, je constate par la question même, que cette âme, si elle existe, n'a pas directement la perception d'elle-même ; sans quoi la question ne saurait même être posée. Et n'est-il point étonnant qu'une substance supposée nécessaire pour concevoir la matière qui lui est étrangère, n'ait pas l'intuition de sa propre essence et que l'immatériel ne puisse saisir directement l'immatériel ?

Mais passons, et pour voir plus clair dans cette question, examinons attentivement les divers éléments de la pensée.

C'est d'abord son objet. Et pour qu'on ne m'accuse point de l'amoindrir, je veux l'envisager sous son aspect le plus métaphysique et le plus transcendant, sans rechercher pour le moment, par quels degrés l'esprit humain a dû passer, pour arriver à la culture que suppose la compréhension de cet objet.

Je vois que l'objet de l'entendement est principalement dans les idées générales et abstraites ; car les images concrètes des choses particulières sont directement fournies par la sensation.

En premier lieu, je trouve la notion de l'Être. Je perçois par les sens les êtres particuliers qui m'environnent. Je les vois tous avec leur individualité propre ; mais sous les aspects différents qu'ils revêtent, j'ai le sentiment de l'existence dont ils sont doués. Par la faculté d'abstraction dont mon entendement est pourvu, je les dépouille fictivement de leurs qualités distinctives et je vois que, sous une forme ou sous une autre, ils existent ; et de ce point qui leur est commun, je déduis l'idée de l'Être en général. Plus tard, en combinant cette idée avec celle de cause et d'effet, j'arriverai à la notion de l'Être nécessaire, éternel et infini.

Cette première abstraction me conduit en même temps à l'idée de l'universel.

Je vois ensuite que tous ces êtres, pour exister séparément, doivent posséder chacun un principe propre, quelque chose qui fait qu'ils sont ainsi et non autrement et qui délimite leur individualité à l'égard des autres êtres : et je retrouve les idées de substance et de forme.

Je remarque que, parmi les qualités qui les affectent, il en est qui sont invariables et sans lesquelles je ne puis même les concevoir, tandis que les autres diffèrent d'individu à individu ; que je puis les modifier indéfiniment par la pensée, sans que l'être continue d'exister : et j'arrive à l'idée de l'essentiel et de l'accidentel.

Parmi les êtres, il en est qui ont des qualités communes

ou diverses, qui se reproduisent entre eux, ou qui sont étrangers l'un à l'autre : ce qui me donne l'idée d'espèces, de catégories, de similitude, de différence.

Si je les considère ensuite dans leurs actions ou dans leurs liaisons réciproques, je vois que tel phénomène est toujours occasionné par une cause qui le produit, suivant des modes déterminés et constants : et j'ai l'idée de cause et d'effet, de force, de lois, de rapports.

Si je les examine dans le milieu où ils se meuvent et dans leur succession, je dégage l'idée du temps, de l'espace, des nombres. Et faisant abstraction des individus et de la place qu'ils occupent, j'en viens à ne considérer que l'étendue ou les nombres en eux-mêmes ; à déterminer les lois suivant lesquelles ces nombres se combinent entre eux ; à composer des figures, même imaginaires, et à déduire leurs propriétés génératrices.

M'envisageant ensuite en moi-même, et par rapport au Tout dont je fais partie et à mes semblables, je vois que je suis sujet ou à des lois inflexibles qui me dominent, ou à des impulsions qui me sollicitent ; qu'en ma qualité d'être intelligent et libre, je puis jusqu'à un certain point résister à ces impulsions ou les suivre, suivant que ma raison les montre contraires ou convenables à mon bien. Je vois en outre que dans l'état de société où je vis, j'ai besoin de mes semblables ; que pour qu'ils me prêtent leur assistance, il faut que j'en fasse autant pour eux ; que je respecte leur liberté pour qu'ils n'attentent point à la mienne ; que je m'associe avec eux pour bénéficier de la force et de la protection communes ; que je me soumette par conséquent aux lois qui se dégagent de cet état de société et de communauté ; et j'obtiens ainsi les idées de nécessité, de liberté, de moralité, de sociabilité, de justice.

Et par la concordance des phénomènes extérieurs et internes que j'observe, avec le plan que je me suis tracé par abstraction, ou dont peut-être les lignes fondamentales font partie de la forme même de mon intelligence, je me fais l'idée du vrai, du beau et du bien.

Enfin, si je concentre mon attention sur ma pensée elle-même, je distingue par quels procédés et suivant quelles lois elle saisit son objet; j'en déduis les règles de mes raisonnements et je découvre le jeu de mes facultés et l'enchaînement de leurs actes.

Arrêtons-nous ici ; et sans rien préjuger sur la nature intime de cette faculté qui pense en moi, embrassons d'un coup d'œil d'ensemble son objet tel qu'il vient d'être exposé.

J'observe que cet objet se rapporte entièrement au monde matériel, à ses propriétés, à ses qualités, aux modes suivant lesquels il se comporte, se meut et agit ; et que les idées générales et métaphysiques que je dégage ainsi par abstraction sont toutes dérivées des êtres corporels. Et même, quand je veux me figurer des êtres substantiels en dehors de la matière, auxquels je puisse appliquer ces idées abstraites, je ne trouve plus, comme je l'ai déjà observé, que vide, néant, chimère, impossibilité de fixer mon attention sur quoi que ce soit de consistant et de réel. Je ne puis m'en former qu'une idée négative, par voie d'exclusion, en leur déniant les qualités de la matière; en un mot en disant ce qu'ils ne sont pas, sans pouvoir arriver à dire ce qu'ils sont.

Les réels progrès de l'esprit humain ne datent que du moment où il s'est pris à étudier attentivement le monde matériel, et à ne prendre pour base de ses déductions que des observations rigoureuses de faits et de phénomènes. Dès lors la face du monde intelligible, tout en restant purement métaphysique, comme sa nature le comporte, a complétement changé et ce monde s'est purgé peu à peu des vains fantômes qui le peuplaient.

De l'objet de la pensée, je passe aux moyens indispensables à son action.

Quand la sensation m'apporte l'image de tel être particulier, quand à mes yeux se présente un homme, par exemple, je n'ai besoin d'aucun moyen intermédiaire pour m'en donner la connaissance. Je le connais parce que je le vois et cette faculté m'est commune avec les bêtes. Elle ne suppose donc point comme sujet un agent immatériel, car autrement il faudrait donner aussi une âme immatérielle aux bêtes.

Mais lorsque, de cette sensation, je tire l'idée abstraite *de l'homme* en général, je m'aperçois que je suis forcé, pour la fixer dans mon esprit, de la représenter par un signe conventionnel, un mot, un son, un caractère d'écriture, quelque chose enfin de sensible et par conséquent de matériel, sans quoi elle m'échappe et s'évanouit. Et quand je veux faire passer cette idée dans la pensée de mon interlocuteur, ce signe matériel m'est absolument indispensable.

D'où je conclus que les notions abstraites et métaphysiques n'obtiennent la consistance suffisante, pour se fixer dans l'entendement, qu'à la condition de se matérialiser.

Est-ce à dire que la parole parlée ou figurée soit absolument nécessaire pour penser ?

Oui, sans doute, si l'on entend par là, comme on doit le faire, le travail d'esprit qui consiste à opérer sur des idées, à les comparer, à les juger, à en déduire les conséquences.

Je ne prétends point pourtant que l'esprit humain ne puisse s'élever à la conception d'une idée abstraite, sans le secours d'un signe conventionnel et sensible, puisque pour adapter le signe à l'idée, il faut l'idée préalable ou tout au moins concomitante. Seulement je dis que si, à l'instant même de la conception abstraite, l'idée n'est point matérialisée et ne prend en quelque sorte un corps, elle passera comme un éclair, et que l'esprit sera impuissant à la retenir jusqu'à ce qu'une nouvelle sensation lui en rapporte les éléments.

L'esprit se trouve ainsi dès ses premiers pas enfermé dans une sorte de cercle vicieux, et c'est sans doute cet obstacle qui a dû retarder si longtemps son éclosion.

Au reste, relativement à l'origine des signes et du langage, qui se rattache intimement à cette question, il convient de rappeler, comme l'a fort bien observé Rousseau, que les premiers mots ont dû à l'origine, désigner des êtres particuliers et concrets, dont ils étaient comme les noms propres ; de sorte par exemple que tel arbre portait un nom et autre arbre de même espèce, un autre nom ; et que ce n'est que progressivement, et sans doute par suite de quelque comparaison entre plusieurs objets semblables dont l'un était spécialement dénommé, tandis que les autres ne l'étaient pas, que la signification des mots a dû dériver et s'étendre de l'individu au genre ; en sorte que la conception des idées générales et abstraites a dû être puissamment aidée par la parole existant déjà à l'état rudimentaire.

J'observe donc, en résumé, que pour embrasser une idée abstraite et pour la retenir, il me faut le secours du mot ou du signe sensible qui la représente. Sinon et si je veux saisir cet objet en lui-même, je ne pourrai jamais l'atteindre qu'à travers une image concrète, qui s'offrira nécessairement à mon imagination ; de sorte que pour arriver à la notion générale, il me faudra reconstituer en moi-même la sensation qui l'a fait naître.

Je suis donc fondé à dire que ma pensée ne peut saisir son objet qu'au moyen d'intermédiaires matériels.

J'étudie maintenant le travail de l'esprit dans l'agent lui-même.

Je vois que pour fixer mon attention sur un objet même purement intellectuel, je suis obligé de me recueillir physiquement ; de cesser toute occupation, tout mouvement volontaire de mes membres, qui serait de nature à me distraire de cet exercice mental. Je ressens la contraction des fibres de mon cerveau sous l'effort de ma pensée. Si l'action se prolonge, le sang m'afflue à la tête, les artères de mes tempes se prennent à battre et j'éprouve bientôt une lourdeur et une lassitude toutes corporelles et toutes locales. Je pourrais même poser le doigt sur le point précis qu'affecte particulièrement cette sensation, suivant la nature de mes pensées.

Je remarque en outre que ma faculté pensante est sujette à des variations, qui correspondent exactement aux modifications de mon être corporel. Si je suis fatigué d'un exercice violent, sous le coup d'une souffrance physique ou exténué par l'insomnie, ma pensée devient elle-même languissante et ne se fixe qu'avec peine sur l'objet qu'elle veut embrasser. Mes idées changent de couleur; elles deviennent ternes et sans relief ; elles n'ont plus la même fermeté ni la même netteté de contours et au lieu de s'enchâsser logiquement l'une dans l'autre, elles semblent se heurter dans le vague et l'indéterminé.

Au contraire, sous l'influence d'excitations physiques de natures diverses, ma pensée prend un essor dont je ne l'aurais pas crue susceptible. Il ne faudra quelquefois qu'un rayon de soleil, une harmonie, un son agréable qui viendra frapper mon oreille et le dirai-je ?... une digestion facile, pour que les idées accourent en foule et que les aperçus lumineux se déroulent devant moi comme par enchantement. Mais vienne une température maussade, un malaise confus dans mon organisme, adieu toutes ces heureuses perspectives ! et il suffira que j'aie les pieds mouillés, pour être dans l'impuissance d'assembler deux idées raisonnables.

Le sommeil, phénomène purement physique, suspend le cours de ma pensée ; il m'ôte la conscience de moi-même et ne me laisse que de vains échos de sensations et d'idées confuses, répercussion mécanique de l'impression subie par mes organes à l'état de veille. Une substance immatérielle et spirituelle peut-elle donc dormir et s'annihiler ainsi dans la dépossession complète d'elle-même !

On voit des gens, ordinairement sensés à l'état sain, déraisonner d'une façon absurde et confondre les premières notions du sens commun, sous l'influence de la boisson ou d'une congestion au cerveau, pour retrouver ensuite toute leur lucidité intellectuelle.

On en voit d'autres qui perdent entièrement la faculté de penser, sous le coup d'affections physiques, de sensations violentes qui ébranlent tout leur être ou de maladies qui affectent certains de leurs organes. Telle opération chirurgicale oblitera telle faculté spéciale en laissant subsister les autres dans toute leur intégrité ; et, chose surprenante ! on en a vu, créer des dispositions d'esprit nouvelles sur la ruine d'autres facultés disparues et intervertir ainsi par un fait purement contingent l'économie originelle de la nature.

Tous les hommes n'ont pas au même degré la faculté de penser et, même avec l'éducation la plus soignée et malgré les efforts de la culture la plus assidue, certains esprits ne pourront s'élever à certaines idées auxquelles ils paraissent absolument réfractaires. Chacun a ses aptitudes inhérentes à son organisation particulière et je vois que ces aptitudes diverses correspondent à des dispositions physiques déterminées, notamment dans la structure du cerveau.

Le cerveau, en effet, est le centre d'action d'où part

l'impulsion donnée à toute la machine humaine. Si le cerveau est attaqué, toutes les facultés de l'homme s'en ressentent. Si j'ai un éblouissement, mes jambes, qui sont pourtant saines, fléchissent sous moi. La direction leur manque. Tandis que si un membre est atteint en particulier, cette affection n'altérera point nécessairement les autres. Je pourrai encore me servir d'une main blessée et m'affermir sur un pied qui n'est point entièrement paralysé. Mais l'être frappé au cerveau, directement ou par contre-coup, perdra le libre usage de toutes ses facultés aussi bien intellectuelles que physiques.

Cette même relation s'observe également entre la complexion du cerveau et celle du reste de l'organisme. Toute particularité dans la complexion d'une partie quelconque de l'organisme a sa correspondance nécessaire au cerveau et l'aptitude, qui en résulte, coïncidera toujours avec le développement et l'énergie des organes destinés à la servir. Par suite de cette harmonie, ces aptitudes se traduiront à la fois extérieurement par des indices locaux sur la configuration du crâne, et généraux sur les traits et la physionomie du visage et la conformation des membres; car dans l'unité de l'être, tout se tient. Et ces indices révélateurs n'échapperont point aux yeux les moins exercés; une sorte d'instinct les leur fera deviner, et c'est ainsi que s'expliquera l'ascendant qu'exercent certains individus avant même d'avoir fait montre, par leurs actes, de la puissance de leurs facultés.

Selon donc que le cerveau est constitué de telle ou telle façon, les idées d'un homme se porteront sur tel objet plutôt que sur tel autre, et telle aptitude sera fortement accusée, tandis que d'autres resteront à l'état rudimentaire.

A qui n'est-il point arrivé de dire, en voyant certaines protubérances sur le crâne d'un individu : cet homme est un songe creux; ou de s'écrier en remarquant un front serré sous lequel brille un regard vif et décidé: voilà un homme d'action !

Et en effet, il y a des hommes énergiques et agissant en quelque sorte d'intuition et avec sagacité; d'autres qui spéculent à perte de vue; qui, doués de la faculté contemplative, éclaireront par des déductions lumineuses toutes les obscurités des choses, et qui seront toujours hésitants dans l'action.

Que l'on vienne me dire après cela que la volonté est en raison directe de la puissance de l'entendement et que ces deux facultés sont, d'une manière générale, le corollaire l'une de l'autre.

De même pour la mémoire. Qui n'a remarqué qu'elle n'est point, dans l'économie de l'intelligence, un facteur général absorbant indifféremment avec la même force toute espèce d'objets? L'un a la mémoire des noms, l'autre a la mémoire des faits; celui-ci retient les idées, cet autre conserve en lui l'image indélébile de la configuration des corps; à tel point qu'un quart de siècle ne suffira point pour effacer l'empreinte une fois produite et que si la même figure vient à se représenter une seconde fois à ses yeux, il n'hésitera point à la reconnaître, malgré les changements apportés par les ravages du temps.

Le fait est que la mémoire n'est point une faculté spéciale. Elle n'est autre chose que la permanence factice de l'acte par lequel l'entendement saisit son objet. C'est, comme on l'a dit, une sensation et une connaissance prolongée, et son intensité particulière et toute locale sera en raison directe de l'aptitude, qui porte l'esprit vers tel objet plutôt que vers tel autre.

Les vieilles classifications faites *à priori*, des facultés de l'entendement humain, attribuées à une substance spéciale, dont la fonction générale serait de sentir, de penser, de vouloir, sans distinction des objets divers de son activité, tombent donc devant l'observation des faits, et la psychologie est une science à recommencer et à reconstruire de fond en comble sur d'autres bases.

J'observe enfin que les qualités, même intellectuelles et morales et jusqu'à un certain point celles acquises par l'éducation et la culture, se transmettent par l'hérédité et la génération physique; de sorte que telle race, telle famille a, dans ce que l'on croit être le domaine exclusif de l'âme, des facultés dominantes que les autres n'ont point au même degré.

Comment pourrait-il en être ainsi, si ces facultés étaient le propre d'une substance immatérielle sans antécédents biologiques ? Et ne voit-on pas avec la dernière évidence que ces qualités, même purement intellectuelles, ne sont que l'effet de prédominances physiques congéniales, ou qui, accentuées par la culture, arrivent à faire partie de la nature elle-même, et à se transmettre, en se consolidant, de génération en génération.

J'arrive donc à cette conclusion, que comme son objet, comme ses moyens d'action, le siège de ma pensée est purement matériel.

Je suis donc un être simple et non double. Et si une croyance contraire, respectable d'ailleurs, a pu s'établir dans la plupart des esprits, ce consentement presque universel, qui tient à des causes sociales que je me propose aussi d'étudier, ne saurait prévaloir contre l'évidence qui se dégage pour moi, des faits.

Au reste, il y a au fond des esprits les plus spiritualistes eux-mêmes, malgré leurs croyances dogmatiques, une tendance instinctive à rapporter les phénomènes intellectuels et moraux à des causes physiques. Mettez l'adepte le plus convaincu de la doctrine de la spiritualité de l'âme en présence d'un inconnu : il le jugera involontairement au moral, et le plus souvent avec sagacité, sur son apparence extérieure, sur sa physionomie matérielle et d'après la configuration de sa tête et son attitude de corps ; le magistrat chrétien s'appuiera sur des considérations physiologiques, pour apprécier l'imputabilité des actes de l'accusé qui comparaît devant lui, et le philosophe idéaliste lui-même ne suivra point sans intérêt les études permises sur le cerveau des suppliciés. Et s'il fallait relever ainsi tous les faits qui dénotent l'aveu implicite de l'influence physique sur le moral, je pourrais aisément montrer que tous les actes de notre vie journalière, toutes les considérations qui les dirigent, ne sont qu'une incessante profession de foi matérialiste.

IV

Mais la matière, dira-t-on, ne saurait n penser, ni vouloir, ni agir par elle-même.

La matière est passive et inerte. Elle n'a point le mouvement spontané. Elle ne saurait se diriger que sous l'impulsion d'une cause extérieure, intelligente et libre.

La matière est étendue et divisible; la pensée est simple et une et n'occupe aucune étendue dans l'espace. Son action dépasse de beaucoup la sphère de l'activité corporelle.

La matière n'a que des affinités physiques; elle ne peut avoir d'aptitudes ni de qualités intellectuelles et morales.

La dualité des tendances de l'homme, sa propension à la satisfaction de ses goûts matériels et la réaction du principe intelligent et moral prouvent la dualité de sa nature.

Ses aspirations vers l'idéal révèlent une âme immatérielle et spirituelle.

La matière est étendue, c'est vrai. Divisible, cela demanderait explication. Mais inerte et passive, je le nie.

La matière vit : tout me le démontre et par conséquent elle se meut et agit spontanément.

Toutefois, je concède que de la vie à la pensée il y a loin. Mais est-ce que la matière n'a pas des propriétés diverses, suivant qu'elle est organisée de telle façon ou de telle autre?

Il est certain qu'une pierre ne pense point par exemple. Mais déjà la plante qui naît d'un germe croît en revêtant invariablement des formes propres à son espèce, distille sa nourriture, produit des rejetons, n'est plus cette matière inerte que l'on m'objecte. Faudra-t-il donc la doter aussi d'un principe étranger, d'une âme végétative, pour expliquer ces phénomènes ?

Les animaux ont, de plus, le mouvement spontané de locomotion. Ils ont le sentiment de la douleur et du plaisir et incontestablement aussi des connaissances plus imparfaites sans doute que celles de l'être pensant, mais qui ont néanmoins un caractère qui, à ce compte, répugnerait aux prétendues propriétés de la matière brute ; et cependant l'on ne croit point généralement nécessaire de les douer d'un principe actif indépendant de leur corps matériel.

Je sais bien que certains philosophes ont vu des âmes partout : dans les animaux, dans les plantes et même jusque dans les pierres (qui ne sont point tellement inertes, après tout, qu'elles ne se forment autour d'un foyer et ne s'agrégent, en se les assimilant, les matériaux propres à leur accroissement, suivant des lois déterminées et selon leur espèce, ce qui suppose chez elles un principe substantiel et une individualité propres). Mais ces principes substantiels, qui sont, si l'on veut, le *substratum des modifications* sensibles des corps, ne sont point pour cela de purs esprits, c'est-à-dire des êtres distincts existant par eux-mêmes et indépendamment de la matière.

Or, qu'y a-t-il entre les connaissances des bêtes et la

pensée humaine, qu'un degré du moins au plus? L'intervalle sans doute est immense, mais l'est-il donc plus que la distance qui sépare le minéral de la plante et la plante de l'animal?

Il ne s'agit point de savoir si la matière en général peut penser, mais si l'être vivant, quoique matériel et pourvu d'organes spéciaux, le peut. Et ce qui prouve que ces organes sont les moteurs et les producteurs de la pensée, c'est que quand ils s'altèrent ou sont détruits, la pensée elle-même se perd et disparaît.

La matière est étendue et divisible, insiste-t-on, et la pensée ne l'est point.

Et la simple impression de souffrance ou de plaisir physique est-elle donc plus étendue et plus divisible que la pensée?

Que signifie ce puéril argument de l'école : « *Je ne saurais dire la moitié ou le quart de mon idée ou de ma pensée?* » Pouvez-vous donc dire davantage la moitié ou le quart de votre douleur? Et j'entends ici l'impression purement matérielle qui affecte les organes des bêtes aussi bien que des hommes, et non pas même la connaissance qui résulte de cette sensation.

Sans doute cette impression peut être plus ou moins intense, comme la perception intellectuelle plus ou moins nette et claire; mais elles ne sont pas l'une plus que l'autre susceptibles de division arbitraire dans leur objet actuel.

A l'égard de l'étendue, il est certain que lorsque j'ai l'idée d'un homme, je n'ai point matériellement cet homme ni même son empreinte dans le cerveau; mais quand mon chien me regarde et me voit, il ne m'a point non plus dans ses yeux. Il est vrai qu'une petite image de ma personne se reflète sur sa rétine; mais ce n'est point là ce qui constitue le phénomène de la vision, car la même image se peint sur ma glace et ma glace ne me voit point. La simple vision physique est donc aussi dépourvue d'étendue en elle-même que peut l'être ma propre pensée.

Au reste, la grande erreur des spiritualistes est de croire ou de feindre de croire, que tout être matériel n'est qu'un assemblage de matériaux inertes et sans autre cohésion que celle qui résulte des affinités chimiques et physiques; de telle sorte que pour eux, sans un principe étranger à la matière, actif, simple et indivisible, qui vienne animer cette agglomération de matière réductible ou accessible au gré du hasard, non-seulement l'être qui en est formé ne percevrait aucune sensation, ne saurait recueillir dans un foyer commun, ni distinguer deux impressions ayant le même objet et lui venant par deux sens différents, mais ne pourrait même se mettre en mouvement.

Et qui donc peut nier l'activité, la simplicité, l'indivisibilité de l'être même purement matériel doué de vie? Mais la plante elle-même, encore une fois, ne vit-elle pas, ne croît-elle pas, ne se forme-t-elle pas par un principe intrinsèque, simple et unique, qui lui est propre, et sans s'assimiler un atôme de plus ou de moins, ou autrement, que ne le comporte sa substance indivisible, quoique matérielle?

Il y a même ici un spectacle fort curieux à considérer. Cette plante, cet arbre, par exemple, qui s'est évidemment formé autour d'un germe qui porte en lui une certaine puissance d'expansion et de durée, et qui lui a proportionné sa croissance et son individualité propre, je le vois en proie à un incessant travail de composition et de recomposition interne : rejetant ce qui est devenu impropre à son alimentation et remplaçant au fur et à mesure ce qu'il perd, par d'autres matériaux qu'il tire de l'atmosphère et des sucs nourriciers de la terre, qu'il dististille en vertu du principe actif qui est en lui. Dans un temps plus ou moins long, cent ans peut-être, plus ou moins, je ne sais, mais dans un temps quelconque, rien de ce qui le compose aujourd'hui ne subsistera plus ; la matière dont il est constitué sera complétement renouvelée, et ce sera toujours le même arbre. Le même arbre? Oui sans doute ; mais pourtant il aura vieilli ; les acquisitions qu'il aura faites, et qui proviennent des mêmes aliments que ce qu'il aura abandonné, n'auront point remplacé exactement, ni dans les mêmes conditions, ce qu'il aura expulsé : il se les sera appropriées comme le comporte le principe évolutif qu'il renferme, et quand ce principe évolutif aura accompli son entière fonction, il ne s'assimilera plus rien : il mourra, bien que les mêmes matériaux soient toujours à sa disposition et à sa portée pour le reconstituer indéfiniment, si son principe virtuel n'avait épuisé sa puissance intrinsèque. Et voilà pourtant ce qui se passe dans un être purement matériel !

Certes, il y a autre chose dans un être vivant qu'un simple amas de matière inerte. Je ne me charge point d'expliquer le mystère de la vie, car on n'explique pas ce qui est nécessaire et incréé ; mais il me paraît bien superflu de le compliquer par l'adjonction d'un principe étranger absolument inaccessible à l'entendement, et dont nul n'a jamais pu se faire une idée nette et précise.

Mais, ajoute-t-on, les corps n'agissent les uns sur les autres que par leur contact immédiat. S'il n'y avait pas en moi un autre principe d'une activité plus étendue, je pourrais bien sentir au toucher les objets qui me tombent sous la main, les entrevoir même dans le rayon de l'espace que ma vue peut mesurer, mais il me serait impossible de percevoir ce qui ne tombe pas sous l'action directe de mes sens ; comme, par exemple, et sans sortir même du monde matériel, les propriétés générales et abstraites des corps eux-mêmes et les lois et les rapports qui les relient entre eux. Je ne saurais avoir d'idées métaphysiques.

Je voudrais bien d'abord que l'on me précisât la distance hors de laquelle les corps sont impuissants à agir les uns sur les autres. Sans parler des mondes planétaires et sidéraux qui s'attirent à des intervalles effrayants, je demanderais si c'est bien par l'effet du simple contact que l'aiguille aimantée se dirige, sous toutes les zones, vers un point unique dont on ignore la consistance. On m'objectera l'action des fluides intermédiaires. Soit. Mais si un fluide suffit pour établir une communication entre deux objets corporels, séparés entre eux par un éloignement considérable, qui m'assurera qu'un autre fluide ne peut mettre ma substance pensante en rapport avec un objet qui échappe à la portée immédiate de mes sens ?

Mais laissons cela, qui du reste n'est pas la question. J'ai déjà remarqué que par la sensation l'homme ne perçoit que les corps, les objets concrets et les phénomènes qui frappent ses sens. A l'égard des causes qui produisent ces phénomènes, il en est qui sont bien des êtres réels, quoique les sens ne les saisissent point tout d'abord à cause de leur imperfection, mais que l'on finit par rendre sensibles en les condensant artificiellement, comme les fluides, l'électricité, par exemple, qui accumulée par les machines ou les piles arrive à produire des commotions violentes sur nos organes. D'autres ne sont que des vertus et des qualités des corps, comme ce que nous appelons force, mouvement, et qui n'a aucune existence substantielle en dehors des corps qui agissent et se meuvent. Et si nous induisons ces causes, sans les voir, des effets ressentis, il n'y a rien là qui nous distingue radicalement des autres animaux. Les bêtes savent tout aussi bien que nous, par instinct, qu'il n'y a point d'effet sans cause. Frappez par derrière, sans qu'il vous ait senti venir, l'animal le plus obtus, un insecte informe, un ver de terre, il s'enfuira immédiatement dans la direction opposée ou se retournera, même sans vous avoir vu, pour se mettre en défense. Nos déductions théoriques ne diffèrent évidemment de cet instinct que par un degré du plus au moins. Enfin, le travail d'abstraction et de généralisation qui s'opère en nous et qui nous procure l'idée ou la vue intellectuelle des qualités, des propriétés des lois, des rapports des corps : ce que nous appelons enfin le métaphysique, ne constitue au fond que de simples modifications de notre faculté pensante. C'est là une opération *immanente* pour me servir d'un terne technique. Mais l'objet de cette seconde vue n'a en lui-même aucune réalité objective autre que celle qu'il tire des qualités comparées des choses particulières perçues par les sens. Pour ce qui est de l'imagination qui crée des objets chimériques, il suffit de remarquer que ce n'est encore là que le résultat d'un travail interne de l'esprit s'exerçant sur des sensations fictives, et qu'à tous égards il est faux de dire que la portée de l'esprit dépasse la sphère de l'activité des sens.

Et pourquoi donc un être matériel ne saurait-il avoir l'idée de propriétés et de rapports qui se rattachent exclusivement à la matière ?

S'il y a une impossibilité évidente, c'est bien au contraire qu'une substance, qui n'a point de corps, qui ne peut en conséquence être en nul endroit de l'étendue matérielle, puisse concevoir l'idée des corps et de leurs propriétés. Et n'est-il pas étrange que sous prétexte que la matière ne peut concevoir la matière, on imagine pour trancher la difficulté, une substance qui est la négation même de la matière afin de lui attribuer exclusivement la faculté de connaître, quoi ?... la matière elle-même ?

Mais l'homme, indépendamment de son existence animale, constitue une entité morale, qui se sent, qui a conscience d'elle-même, qui se possède sans interruption dans l'unité de son être, qui a des droits et des devoirs, qui obéit librement à des lois qu'elle peut enfreindre, tandis que la matière est soumise aveuglément et passivement à des impulsions nécessitantes.

Je l'avoue, l'homme a une âme. Ou plutôt il arrive à se faire une âme, par le développement de ses facultés intellectuelles. Je montrerai, en son temps, comment se produit, dans la vie sociale de l'humanité, cette éclosion d'un élément nouveau, qui ne ressort point directement du plan brut et primitif de la nature.

Mais pour expliquer ce fait incontestable chez l'homme d'une entité morale à côté et au-dessus de la vie purement animale, je n'ai pas besoin d'avoir recours à une substance étrangère. Il me suffit de le considérer dans la simplicité de son être et dans l'admirable unité d'action de ses facultés, reliées par le même principe dirigeant, avec la mémoire toujours présente de ses pensées et de ses actes, et dans la possession continue et réfléchie de lui-même.

Cette substance étrangère, je l'ai déjà observé à satiété, serait par son essence la négation même de la matière. Or, comment pourrait se faire, dans un seul et même individu, la fusion de deux principes de natures aussi opposées? Si l'âme n'a point de corps, elle ne saurait résider dans un lieu déterminé. Elle ne saurait se resserrer dans les limites de mon être corporel, grandir, vieillir avec moi. Si je pouvais me faire une imagination quelconque d'une chose qui m'échappe absolument, je dirais qu'elle plane en dehors de l'espace matériel, tout en ayant avec mon corps des attaches invisibles. Mais alors, comment se fait-il que je ne sente rien en dehors de mon action physique et que je n'aperçoive rien directement hors des déductions mentales que mon entendement tire de ces sensations? Pourquoi n'ai-je aucune idée positive d'un monde immatériel et spirituel?

Il y a plus : cette âme qui serait indépendante de mon corps, puisqu'elle lui survivrait, et qui aurait seule les facultés actives qui engendrent la pensée, comment peut-il se faire qu'elle ne puisse rien sans mes organes corporels ? Pour qu'elle existe, il faut qu'elle soit organisée en elle-même d'une façon quelconque ; et cette organisation doit bien lui être propre, autrement elle ne pourrait survivre à mon corps. Et cependant elle suit servilement toutes les phases de mon existence matérielle. Quand, par l'intermédiaire de mes sens, elle s'est procuré des connaissances qui, une fois acquises, devraient être bien à elle, elle les perd si une maladie affecte mes organes physiques ; et, si ma tête est brûlée par un coup de soleil, elle se met aussitôt à déraisonner.

On me dira que pendant la vie du corps, l'âme est assujettie à la partie matérielle de mon être ; qu'elle en doit suivre toutes les modifications ; et que ce n'est qu'après la mort qu'elle est délivrée de la chaîne physique et jouit de la plénitude de ses facultés spirituelles.

Mais alors au lieu d'être le principe actif et dirigeant, elle n'est donc que la subordonnée, la prisonnière et la servante de la partie matérielle ! Et en effet, comment ce prétendu principe actif pourrait-il diriger l'action des organes, puisqu'il ne peut rien sans eux, pas même se connaître, ni se sentir ; que quand ceux-ci tombent en décrépitude, il retourne lui-même en enfance, et que quand ils lui font complétement défaut, il n'a plus même le sentiment de sa propre existence ?

Je vois bien d'autre part comment s'engendrent les corps, mais il m'est impossible de m'expliquer la naissance d'une âme.

Est-ce par l'accouplement de deux âmes de sexes différents ? Et que l'on ne se hâte point de sourire à l'idée qu'une âme puisse avoir un sexe : car si l'on reconnaît un être à ses actes, j'aperçois très distinctement entre l'entité morale et intelligente de l'homme et celle de la femme, des nuances très caractéristiques non moins sensibles qu'entre leurs facultés physiques elles-mêmes. Mais que peut être l'accouplement de deux âmes ? Dans la procréation physique, chacun des deux agents donne une partie de lui-même, comment deux âmes pourraient-elles donner quelque chose d'elles-mêmes, puisque étant immatérielles, elles ne sauraient être composées de parties ?

Est-ce la Divinité qui crée une âme nouvelle chaque fois qu'il y a reproduction corporelle ? L'âme de l'enfant serait alors une création nouvelle à quelque point de vue que l'on se place. On voit toutes les conséquences qui peuvent découler de ce principe. Je n'en veux retenir qu'une seule ; c'est qu'il n'y aurait aucune parenté entre les âmes des parents et celles des enfants. Étrangère au père et à la mère, l'âme de l'enfant ne serait donc qu'un fils d'adoption ; et cependant les conséquences de l'hérédité se font tout aussi bien sentir, dans le domaine des intelligences et des facultés morales, que dans celui des corps. L'intelligence de l'enfant est généralement un alliage des aptitudes intellectuelles et morales du père et de la mère, et les cas d'atavisme dans les idées seraient complétement inexplicables dans ce système, à moins de ne faire de l'âme que le simple accessoire du corps et autant vaut alors la reléguer dans le pays des chimères.

Une autre considération m'a toujours frappé : c'est qu'il y a des degrés divers de puissance, d'intensité et de tendances entre les intelligences ; et cela en dépit de tous les efforts de l'éducation. On conçoit bien ces différences lorsque l'on examine les corps ; on les reconnaît au plus ou moins de perfection des organes. Mais comment expliquer cette diversité entre de purs esprits ? En quoi un pur esprit peut-il différer d'un autre ? Ils devraient avoir les mêmes aptitudes, et l'on ne saurait comprendre comment les uns sont réfractaires aux objets vers lesquels se portent avec prédilection les penchants des autres. A ce compte, il y aura donc des âmes idéales pour les poëtes, et des âmes idiotes créées exprès pour animer les corps imparfaits des crétins ? Et si l'on m'objecte toujours la participation des organes, je ne pourrai que répéter toujours la même réponse et j'ajouterai : si l'on admet le concours des organes dans la production de la pensée, qui pourra me dire jusqu'où va cette participation ; et ce concours, une fois admis, ne ruine-t-il pas complétement ce principe que la matière ne saurait penser ?

Pour établir que l'homme n'est pas un être simple, mais composé de deux substances distinctes, on a mis en opposition ses inclinations diverses, que l'on attribue les unes à la matière les autres à l'esprit.

La matière, dit-on, est portée aveuglément à la satisfaction des besoins physiques, tandis que la volonté guidée par l'intelligence réagit contre ces appétits grossiers. Mon intérêt personnel se trouve souvent en désaccord avec la ligne de conduite qui m'est tracée par le devoir, et si je succombe par faiblesse, j'ai néanmoins la notion de la justice et de la vertu :

> ... *Video meliora proboque,*
> *Deteriora sequor...*

Et l'on se déclare impuissant à lever ces prétendues contradictions, à moins d'admettre deux principes qui se combattent.

Eh quoi ! la guerre existerait donc à ce compte dans la substance corporelle elle-même ! Qu'y a-t-il de plus matériel que le besoin de l'alimentation ? Or je vois que tel aliment qui aujourd'hui sollicite mon palais me répugnera demain. Faudra-t-il donc imaginer aussi deux substances corporelles, l'une qui aime les épinards et l'autre qui ne peut les souffrir ?

J'observe la même lutte intestine dans les tendances propres de l'âme. Qui niera par exemple que l'orgueil, qui porte un être à se mettre au-dessus de tout, ne soit un vice purement moral, étranger et supérieur aux grossiers appétits de la vie purement animale ? L'orgueil ne suppose-t-il pas chez l'homme le sentiment exagéré de l'excellence de cette entité morale qui constitue l'âme ? En réagissant contre cette tendance, l'âme se combat donc elle-même ; à moins que l'on ne préfère, pour être logique, supposer à l'homme autant d'âmes qu'il a de penchants divers.

Qui ne voit que l'homme, comme tout être simple, mais lié avec d'autres à une commune destinée, possède des fonctions variées, et que dans la simplicité même de son être agissant, il peut être sollicité simultanément en plusieurs sens, par des appétits de natures multiples, et considéré sous différents aspects ?

L'animal lui-même, non doué de raison, peut se trouver placé entre son appétit particulier et d'autres mobiles qui le poussent à faire céder cet appétit à d'autres nécessités. La louve affamée commencera d'abord par partager avec ses petits, une proie qui suffirait à peine à assouvir sa faim, et que ceux-ci seraient pourtant impuissants à lui disputer.

S'il en est ainsi de la bête dans la sphère restreinte de sa vie purement animale, que sera-ce donc de l'homme au milieu des relations si diverses qu'il s'est créées par le développement de sa nature intelligente et sociale ? Faudra-t-il donc le dépecer et le morceler à l'infini, parce qu'en telle occasion il aura su faire céder un intérêt immédiat et particulier, à un intérêt éloigné et général mieux entendu, et duquel doit sortir pour lui-même un bien supérieur ? ou bien parce que n'ayant pas la force de résister à un instinct qu'il sent mauvais, il aura en lui-même la conscience d'avoir mal agi ?

Tous ces tiraillements en sens contraire, provoqués par des objets extérieurs et se résolvant en définitive en une action une et simple, ne prouvent-ils point au contraire l'unité et la simplicité de l'agent libre ?

Cessez donc d'opposer l'homme à l'homme, l'esprit à la matière : ou si vous voulez un parallèle entre les deux, je n'aurai point de peine à démontrer que c'est la matière qui est saine et l'esprit dépravé.

La nature physique, en effet, a des besoins; elle n'a pas par elle-même de vices. Une fois ces besoins apaisés, elle est tranquille et satisfaite. On le voit bien par les animaux : est-ce qu'un animal boit sans avoir soif, ou mange au delà de sa faim ? Et si ces vices se rencontrent parfois chez quelques-uns, n'est-ce point précisément chez ceux qui, vivant dans la société de l'homme, finissent par contracter quelques-uns de ses défauts ? Chez les bêtes, la femelle consent-elle à subir l'approche du mâle, hors des époques où elle y est sollicitée par les exigences de la nature, pour la reproduction de l'espèce ? Et le mâle lui-même, son désir rassasié, n'attend-il point tranquillement que ce désir se renouvelle, sans le provoquer facticement par des imaginations lascives ?

La machine humaine est-elle donc constituée autrement sous le rapport des besoins physiques ? Est-ce sous l'impulsion directe de la nature, qu'elle est livrée quelquefois d'une manière effrénée aux vices de la gourmandise, de l'ivrognerie et de la luxure ?

Non sans doute. Mais l'esprit, se retraçant par la pensée le plaisir goûté dans la satisfaction normale des appétits physiques, allume intempestivement de nouveaux désirs artificiels et fait ainsi contracter à la chair des habitudes vicieuses, qui dérangent l'économie primitive des organes, changent le tempérament et la complexion même des corps, et arrivent ainsi à se transmettre par l'hérédité.

Qu'on ajoute à cela tous les défauts moraux engendrés par l'état de société : l'orgueil, l'amour-propre, la vanité qui porte à se distinguer même par les vices, et l'on comprendra que ce ne sont point les sens qui asservissent l'esprit, mais au contraire l'esprit qui déprave les sens.

Sans doute, la raison, œuvre de l'intelligence, combat tous ces désordres. Mais alors ce n'est pas l'esprit qui est opposé aux sens, du moins à l'origine : c'est l'esprit qui lutte contre lui-même ; et l'homme, au milieu de toutes ces excitations et de tous ces courants divers, se recueillant dans l'unité de son être conscient, finit par retrouver sa voie en reprenant possession de lui-même.

A l'égard des aptitudes idéales de l'intelligence, qui peut les nier ? Est-ce que l'idéal n'est point son objet propre ?

J'avoue, et non-seulement j'avoue, mais je proclame, que l'homme ne vit point seulement de la satisfaction de ses tendances purement bestiales. Il lui faut, et c'est là ce qui constitue son excellence sur les autres êtres, il lui faut, dans ses pensées, des aperçus grandioses et sublimes ; dans ses sentiments, des aspirations généreuses, des élans de tendresse, des jouissances pures et élevées ; dans ses rapports avec ses semblables, la notion de la justice, de la bonté et de l'abnégation de soi-même, qui porte aux actions vertueuses ou héroïques ; et dans la contemplation des œuvres de la nature et de l'art, l'image transcendante du vrai et du beau.

Mais si je vois là l'idéal, je n'aperçois pas pour cela, l'immatériel.

Quand Newton et Kepler découvrent le secret et calculent le degré de force des lois qui régissent les mondes ; quand Socrate et Épictète me tracent les règles épurées de la conduite que je dois tenir envers mes semblables ; quand Jésus lui-même me dit : « Aimez-vous les uns les autres et pardonnez à vos ennemis ; » quand Vinkelried et d'Assas, dans l'élan de leur patriotisme, présentent à la mort une poitrine intrépide ; quand Homère et Virgile me ravissent par la peinture idéalisée des passions ; quand Mozart fait jaillir des instruments et de la voix humaine des torrents d'harmonie ; quand Phidias offre à mes regards l'expression la plus parfaite de la beauté ; quand Raphaël anime les traits de ses madones du plus pur reflet de l'amour à la fois virginal et maternel ; quand Michel-Ange imprime au front de son Moïse le sceau de la pensée profonde et de la volonté puissante ; je le demande : ces savants, ces sages, ces apôtres, ces héros, ces poètes et ces artistes évoquent-ils d'autres objets que ceux qui tombent sous les sens, ou qui sont dérivés du monde physique et de la vie, morale si l'on veut, mais de la vie présente des êtres matériels ?

Et le sentiment religieux lui-même, ces élans d'élévation mystique, que me font éprouver les chants larges et sonores qui montent aux voûtes des vieilles basiliques, sont-ils autre chose que l'ébranlement de la corde sensible qui vibre en moi ?

Ce n'est que par suite d'une équivoque que l'on a pu prendre le sentimental et le métaphysique pour l'immatériel, et cette équivoque porte en elle-même son enseignement : car elle montre que l'entendement humain est impuissant à saisir et à concevoir l'immatériel, qui ne tombe point sous les sens.

Oui, l'esprit humain en vain se débat dans le cercle infranchissable qui l'enserre et l'étreint ; l'esprit humain est et restera matérialiste; il aura beau se donner le change, prendre ses aspirations vers l'idéal pour des tendances vers l'immatériel; c'est un leurre! Il ne pourra jamais concevoir l'immatériel qu'en lui donnant un corps, si éthéré qu'il soit. Quand il voudra se représenter de purs esprits, il les dotera d'apparences anthropomorphistes; il les localisera, il se les figurera sous la forme de fluides plus ou moins insaisissables, de flammes légères, de rayons lumineux, de souffles imperceptibles; comme les Pères de l'Église ont longtemps imaginé l'âme humaine et comme le font encore les spirites de nos jours. Mais ce sera toujours de la matière, et s'il veut pousser plus avant, il ne rencontrera plus rien. Il sera matérialiste ou il sera... nihiliste!

Une étude m'a tenté. Je me suis dit que s'il y avait une lueur d'espoir de surprendre quelque trace de l'immatériel, c'était sans doute chez le mourant, à l'heure où ses regards, déjà détachés des horizons terrestres, semblent aspirer vers des régions inconnues et prochaines; et j'ai épié sur ses lèvres le secret de ses visions sur le mystère de l'avenir.

J'ai entendu le déiste s'écrier que son âme allait remonter vers sa source ou s'abîmer dans le grand Tout, ou planer dans un monde meilleur. Ce qui n'a offert à mon esprit aucun sens intelligible.

J'ai entendu le croyant balbutier les mots *de lumière éblouissante, d'harmonie céleste, d'accords ineffables...* et je ne parle ici que des inspirés qui, frappés en pleine sève, conservent encore jusqu'au bord de la tombe quelque suprême vibration de facultés puissantes longtemps surexcitées; car, le plus souvent, il faut bien l'avouer, le croyant lui-même, dans la prostration de ses forces physiques, s'évanouit lentement, comme une lampe qui s'éteint, sans idée ni sentiment, et répétant seulement, du bout des lèvres, quelques paroles machinales dictées par une bouche étrangère.

Non content de cette épreuve, j'ai évoqué les ombres des grands extatiques.

Sainte Thérèse s'abîme dans sa cellule, aux pieds du beau jeune homme cloué nu sur la croix. Dans ses ardeurs brûlantes, elle invoque « *l'amour de son Jésus.* » Mais je n'observe en elle que le tressaillement fiévreux de la fibre charnelle, et non la contemplation sereine et pure de l'immatériel.

Saint François d'Assise n'arrive à entrevoir Dieu lui-même que sous la figure d'un séraphin, au corps lumineux, aux ailes éployées.

L'apôtre saint Paul est ravi au troisième ciel, c'est-à-dire dans un séjour placé matériellement au-dessus d'autres séjours non moins matériels.

Quand le mystique auteur de l'Apocalypse veut me montrer le souverain Juge dans toute sa gloire, il ne peut que le faire apparaître sur un trône aérien, environné d'autres êtres corporels comme lui, au milieu des éclairs et des tonnerres. Et l'ascète Jérôme croit toujours entendre résonner à ses oreilles la trompette du dernier jugement.

Que dirai-je? Je n'ai recueilli de la bouche des déistes que des mots qui ne veulent rien dire ; je n'ai surpris chez les croyants et les illuminés que des visions terrestres et des sensations physiques ; et les plus grandes intelligences, parmi les docteurs inspirés, sont impuissantes à me retracer, du séjour des âmes, d'autres traits que ceux de tableaux matériels !

Et comment en serait-il autrement, ô âme charnelle et néanmoins sublime, si au delà des horizons matériels et pourtant infinis, que votre vue bornée ne peut même embrasser, vous ne rencontrez plus, à quelque épreuve que vous mettiez votre imagination, que silence impénétrable, néant, nuit sombre ! Ou plutôt si, en dehors de l'Être qui est tout, qui emplit tout, non seulement il n'y a rien, mais il n'y a plus place pour rien !

V

Hé quoi ! faudra-t-il donc ainsi renoncer à ce rêve véritablement grandiose et consolateur de la spiritualité et de l'immortalité de l'âme humaine ? Faudra-t-il que l'esprit enivré d'idéal délaisse toute espérance de contempler un jour, en pleine lumière, cette vérité qui l'a tant passionné ici-bas ? Faudra-t-il, qu'affamé de justice, il s'incline devant l'œuvre accomplie du méchant ? Et n'y aura-t-il point quelque revanche éclatante pour la victime, quelque suprême compensation pour le déshérité ? Mais dans quel dessein, cruellement ironique, la nature a-t-elle donc créé l'homme intelligent et fait briller à ses regards avides le phare lointain de la vérité et de la vertu ?

Questions redoutables ! Ce n'est point ici le moment de les aborder de front. Je veux seulement jeter un regard rapide sur les résultats acquis des progrès de l'intelligence et, par là, tâcher de pénétrer le secret de la fonction que cette faculté est appelée à remplir dans les destinées de l'homme et de l'humanité. Les graves problèmes, qui s'offrent à mes études, s'éclaireront peut-être ainsi d'un jour moins sombre, et sans doute arriverai-je à lever quelques-unes de ces contradictions qui déconcertent ma pensée.

Certes, je le reconnais : il y a dans la recherche de la vérité un attrait puissant pour les intelligences élevées. Mais, connaître la vérité pour elle-même, est-ce bien là la fin de l'entendement humain ?

Hélas ! la vérité, la grande vérité objective, qui peut se flatter de la connaître ? Depuis que l'esprit humain est en possession de raisonner, combien de systèmes n'ont point été établis, contestés, rejetés, détruits par l'observation et l'expérience, pour faire place à d'autres théories renversées à leur tour, sans qu'aucune se soit encore imposée avec l'évidence nécessaire pour forcer invinciblement l'adhésion de la pensée ?

N'est-ce point là la preuve que toutes ces spéculations, d'ailleurs ignorées de la masse vulgaire, si elles ont une influence incontestable sur la marche des destinées des hommes, n'exercent néanmoins cette influence qu'indirectement, non point par la certitude de l'objet atteint, mais par l'essor qu'elles impriment à l'activité humaine ? Si la vérité en elle-même était la fin de l'esprit, pourrait-on concevoir qu'elle se dérobât sans cesse à ses investigations ? De même qu'elle est nécessairement une et indivisible dans son objet, ne devrait-elle point luire avec le même éclat pour tous et pour chacun ; pour l'individu aussi bien que pour la masse ; à l'origine de l'espèce, comme aux époques de la civilisation la plus avancée ? Il est certain que l'homme isolé, abandonné à ses seules ressources, est dans l'impuissance la plus complète de faire le moindre pas dans la carrière de la science. A peine, pendant le cours de la vie la plus longue que l'on puisse assigner à un individu de son espèce, pourra-t-il s'élever au-dessus de l'instinct des bêtes sauvages. Il n'est point permis de douter sérieusement que les premiers hommes, apparus nus et incultes sur la terre, n'aient eu à faire eux-mêmes leur propre éducation ; et l'on peut juger par là combien il leur a fallu de siècles et peut-être de milliers d'années, avant qu'ils aient pu avoir seulement la moindre notion réfléchie de leurs fonctions dans l'univers, de leurs rapports entre eux, de leurs droits et devoirs réciproques. Qu'était pour eux l'intelligence dans cet état primitif? Qu'importait la recherche de la vérité à des êtres exclusivement occupés de la satisfaction de leurs besoins physiques? et aujourd'hui encore, combien de peuplades entières, et au sein même des sociétés les plus civilisées, combien d'êtres attachés à la glèbe, ou absorbés par des occupations matérielles, grandissent, vivent et meurent, sans se douter qu'il y ait le moinde attrait pour eux à connaître la vérité sur des questions qu'ils ne soupçonnent même point? Enfin, parmi les lettrés eux-mêmes combien voient la vérité sous le même aspect?

Non, la connaissance de la vérité en elle-même et pour elle-même n'est point la fin directe de l'intelligence donnée à l'homme par la nature.

Cette fin est-elle, au moins, l'amélioration et le bonheur moral de l'individu?

Pour ce qui est de l'amélioration morale, je vois bien en effet que les efforts de l'intelligence ne sont point restés absolument stériles. De superbes préceptes de conduite ont été proclamés par les sages, et ce ne sont point à cet égard les règles sublimes qui font défaut. Mais si j'en viens à comparer les actes aux paroles, je m'aperçois bientôt que c'est précisément aux époques où l'intelligence brille de son éclat le plus vif, que les mœurs sont le plus relâchées. Pour quelques vertueux mortels dont se glorifient les siècles de civilisation, combien d'hommes aussi éclairés que peu scrupuleux s'aident précisément des lumières de l'intelligence, soit pour consommer plus habilement la fraude et l'injustice, soit pour multiplier, en les couvrant de dehors aimables et séducteurs, les vices qui dégradent l'humanité ? Il ne m'est donc nullement prouvé que l'homme simple et sans culture, obéissant à l'impulsion toujours saine et droite de la nature, ait beaucoup gagné à s'enrichir de beaux codes de morale, pour se donner la double satisfaction de les admirer et de les enfreindre.

Quant au bonheur moral de l'homme, il est vrai, l'esprit lui en donne tout au moins le sentiment réfléchi ; et c'est peu sans doute d'être heureux si l'on ne s'en rend un compte exact. Mais ne lui donne-t-il pas en même temps la conscience de ses misères et de ses maux? Il me resterait à rechercher si la somme de ces derniers ne dépasse point, même pour le plus favorisé de la fortune, les quelques jouissances factices et de convention que lui procure l'état de civilisation. Mais ce parallèle a été tracé par une plume plus éloquente que la mienne ; et je conviendrais volontiers, avec le grand misanthrope du siècle dernier, que l'homme civilisé, s'il ne s'agissait que de son bonheur individuel, se conduirait avec sagesse en retournant vivre au fond des bois avec les ours.

Il est presque puéril de rechercher si l'intelligence peut avoir pour fin l'amélioration physique et le bien-être matériel de l'homme.

L'homme sauvage est plus robuste, plus agile, plus sain, moins sujet aux maladies que l'homme civilisé. Et, à l'égard du bien-être matériel, tant qu'on ne m'aura point démontré, par des raisons convaincantes, qu'il vaut mieux être podagre, obèse ou impotent, pour le plaisir de se faire traîner dans une voiture luxueuse ; avoir la vue basse pour s'incruster un rond de verre dans l'arcade sourcilière ; s'enrhumer par le trou d'une serrure pour s'emprisonner le cou dans des foulards des Indes ; se débiliter l'estomac en consommant, à grands frais et sans besoin, des mets recherchés ; se créer, par toutes sortes d'imprudences et d'excès, des maladies et des infirmités ornées de noms grecs, pour exercer le génie des princes de la science ; que de se contenter d'avoir tout simplement deux bonnes jambes alertes et nerveuses, l'œil vif et perçant, les poumons jouant à l'aise dans une poitrine robuste, d'apaiser sa faim avec les fruits que la nature a sagement dispensés suivant les besoins de chaque climat, et d'entretenir, par un salutaire exercice et par l'abstention de tout vice nuisible, une santé à l'épreuve de toutes les intempéries ; tant, dis-je, que l'on ne m'aura point prouvé l'opportunité de se créer ainsi des besoins artificiels pour se donner la jouissance de les satisfaire par des moyens plus ou moins ingénieux ou dispendieux, je me permettrai de douter que la nature se soit mise en frais d'imagination, pour enrichir l'homme d'une faculté destinée à lui procurer d'aussi merveilleux avantages.

Mais j'entends d'ici le moraliste s'écrier que l'intelligence a une fin beaucoup plus haute ; qu'elle est le flambeau qui doit éclairer l'homme sur ses droits et ses devoirs ; lui montrer ou lui permettre de recevoir la règle du bien et du mal, du juste et de l'injuste ; afin de déterminer l'imputabilité et la responsabilité de ses actions au point de vue, soit de destinées futures, soit même simplement des relations présentes de la société. En un mot, que la fin de l'intelligence est dans la moralité même de l'âme humaine.

Je tombe ici dans le domaine social et religieux. J'aurai à approfondir plus tard la genèse et la portée des idées religieuses et des institutions civiles. Je me bornerai pour le moment à une simple observation.

Le premier élément de la moralité et de la responsabilité des actes est évidemment une règle claire, précise, hors de toute discussion, universelle et obligatoire pour tous, à laquelle l'agent libre soit astreint de conformer sa conduite. Or, à la réserve de quelques prescriptions simples et élémentaires, dérivées directement des dispositions mêmes de la nature, tendant à la conservation matérielle des êtres, des familles et des races, et auxquelles l'homme inculte obéit peut-être plus docilement que l'homme civilisé; je cherche en vain, dans les institutions sociales et morales, cette règle sûre, indiscutable et qui s'impose également à tous et à chacun, sans contradiction possible.

Ici je vois des hommes abrupts, à peine dégrossis, vivant entre eux dans une heureuse égalité, qu'altère à peine la nécessité de remettre aux mains d'un chef volontairement choisi la direction des forces communes pour l'attaque ou la défense contre les groupes voisins. Là, j'aperçois toute une hiérarchie étrangement combinée d'inextricables distin... .s . races, de castes, de fonctionnaires, de maîtres, . ..mmes libres, de serviteurs et d'esclaves, avec ce magnifique précepte social et moral : « Obéissez aux puissances, car toute puissance vient de Dieu. » La polygamie, si chère aux peuples de l'Orient, m'apparaît comme une monstruosité abominable, quand je descends quelques degrés vers le pôle. De ce côté sont de vastes pâturages sans maître ni seigneur, ouverts à tous ; tandis que, de l'autre, le moindre pouce de terrain porte un nom propre, que l'on croirait inscrit de toute éternité sur le registre hypothécaire de la nature, et j'offenserai cruellement Dieu et les hommes si, pauvre voyageur altéré, je m'avise de cueillir à cet arbre pliant sous le poids de ses fruits, la moindre petite poire pour étancher ma soif!

Et que sera-ce donc, si je passe aux dogmes et aux préceptes religieux ?

Sans m'arrêter aux erreurs grossières des peuplades primitives, qui se faisaient des dieux d'objets inanimés, de sordides légumes, d'animaux immondes, ou, ce qui est pis encore, de fantômes sanguinaires, qui leur prescrivaient, comme l'acte le plus méritoire, de verser à flots le sang humain ; je me bornerai à considérer les croyances des peuples civilisés. Que de divergences, que de contradictions, que d'incertitudes, que d'absurdités ! Ici, je vois de grandes et populeuses nations attacher l'idée de moralité à des voyages périodiques sur des points déterminés, à des ablutions quotidiennes, à l'abstention de tel aliment ou de telle boisson, et se croire appelées à jouir des délices les plus charnelles, dans un monde futur, si elles ont contribué à l'anéantissement des infidèles, c'est-à-dire de ceux qui ne partagent point leurs croyances. Là, un peuple étrangement vivace, fier de l'antiquité de ses dogmes et de son culte, croit acheter la rédemption au prix d'un lambeau de chair détaché du corps, suivant un rite sacré. Plus loin, il me faudra m'incliner devant une divinité exclusive et jalouse, qui me parle par la bouche d'un interprète infaillible ; et je devrai, à peine de damnation éternelle, croire à la présence du Créateur de toutes choses dans un vulgaire morceau de pain. Où donc est la règle de foi, vraie, humaine, universelle, au milieu de toutes ces contradictions ?

On me répondra sans doute que la moralité consiste, précisément et d'abord, à discerner le vrai du faux et à adhérer par une option libre et spontanée à la vérité que je dois croire, à la règle qui doit me conduire.

Quoi donc ? Ce ne sera point assez d'avoir à vaincre les attraits séducteurs qui m'entraînent sur les pas de mes passions et de mes intérêts ; il faudra encore que j'opte entre des enseignements purement dogmatiques qui se combattent et s'excluent ; que, placé entre plusieurs voies qui se croisent en sens divers, je choisisse, à mes risques et périls, et dans la plus complète incertitude, le chemin véritable qui doit me conduire à mon salut ; et que je sois cruellement châtié pour avoir erré par ignorance !

Et si l'on me dit que la Divinité a daigné révéler expressément à l'homme, par la bouche de ses prophètes, les vérités qui s'imposent à lui et les préceptes qu'il doit observer ; je vois bien à qui de pareilles fables profitent et j'en aperçois au besoin la portée disciplinaire au point de vue social ; mais comme plusieurs sectes se disputent le dépôt de ces vérités révélées et que d'ailleurs les traditions peuvent s'altérer, ne suffira-t-il point que je naisse en pays hérétique, pour que moi, homme de bonne foi, influencé par les erreurs natives, je ne distingue plus la voix de la vérité, et pour que je m'égare dans la simplicité de mon esprit borné et dans la sincérité de mon cœur ?

Non ! Si la Divinité (ou la Nature) avait voulu subordonner des destinées aussi redoutables à la connaissance de principes ou à l'accomplissement de formalités déterminées, elle ne se fût point bornée, en une matière de telle gravité, à se communiquer aux hommes par des traditions plus ou moins sérieuses, appuyées même de prodiges plus ou moins contestables ; mais elle eût commencé d'abord par graver ses dogmes et ses préceptes au plus profond du cœur humain, en caractères flamboyants et indestructibles.

Mais alors, si l'intelligence n'a pour fin, ni la contemplation de la vérité ni l'amélioration morale, ni le bonheur de l'individu, ni le perfectionnement de son être physique, ni son bien-être matériel, ni sa moralité en elle-même, quelle peut donc être la fonction de cette étrange faculté ? Car enfin rien n'est inutile dans l'œuvre de la Nature et le moindre ressort y a sa destination précise.

Si je jette un coup d'œil sur le développement de l'espèce humaine, à travers les continents et les îles qui peuplent les mers, un spectacle étonnant s'offre à mes regards. Je vois que des êtres physiquement inférieurs à beaucoup d'autres, et qui vraisemblablement n'ont point été à l'origine plus nombreux que ceux des autres espèces, qui entrent à leur tour dans la carrière de la vie, se sont multipliés d'une façon effrayante et tendent à accaparer pour eux toute la matière vitale. Tout a reculé devant leurs envahissements progressifs. Des espèces entières et puissantes ont disparu et quelques-unes de celles qui existent actuellement ne conserveront plus bientôt que quelques tristes épaves réfugiées aux extrémités du monde habitable. Tout ce qui est hostile ou nuisible à l'homme a été détruit par lui ou presque mis à néant ; tout ce qui lui est utile a été asservi et ne conserve que l'existence qu'il veut bien lui départir au gré de ses besoins. Et j'entrevois venir, à travers des périodes, lointaines encore sans doute, le moment inévitable où rien, dans la sphère des êtres qui vivent à ses côtés, ne respirera sur la terre sans sa permission, ni ne remuera que sauf son bon plaisir.

Or, cette prodigieuse puissance d'extension à quoi l'humanité la doit-elle ? si ce n'est à son intelligence qui la pousse sans cesse en avant, qui lui permet de condenser dans une action solidaire les efforts individuels, de dérober à la nature le secret de ses forces, de lui faire en quelque sorte violence et de la forcer à contribuer à l'accomplissement de ses desseins !

Aussi, tandis que je vois les autres animaux attendre passivement, de la libéralité spontanée de la terre, leur subsistance quotidienne, et périr d'inanition à côté d'un champ fertile, mais dépouillé de ses fruits; j'aperçois l'homme, dès l'origine, sous l'aiguillon du besoin, percer le mystère de la fécondation du sol et l'obliger à lui fournir une moisson factice et abondante. Je le vois armer ses faibles mains d'instruments grossiers encore, mais qui le rendent déjà redoutable à ses ennemis puissants et féroces. Je le vois s'attacher au sol qui le nourrit, et, avec l'espoir de recueillir paisiblement le fruit de ses peines, décupler, par un labeur assidu, la fertilité de son champ, qui lui servira en outre à entretenir autour de lui une famille nombreuse, rendue stable par la sécurité du lendemain. Je vois ces familles s'unir entre elles, s'agglomérer en puissants faisceaux, s'aguerrir et multiplier leurs forces par la discipline. Bientôt l'homme, se trouvant à l'étroit sur le coin de terre où il a grandi, ne craindra pas d'affronter sur un frêle radeau, fruit de longues combinaisons, la fureur des vagues déchaînées, pour courir à d'autres conquêtes. Plus tard, il découvrira le moyen de se guider d'un œil sûr à travers des espaces sans horizons. Puis il enchaînera sous sa main la puissance des éléments: il emprisonnera l'air du ciel, l'eau, le feu et jusqu'à des fluides insaisissables aux sens, qui, comme de dociles esclaves, s'empresseront d'obéir à ses moindres commandements. Les déserts se fertiliseront pour subvenir à sa subsistance, les fleuves changeront leur cours, les montagnes se nivelleront, les vallées se combleront, les continents se disjoindront pour lui livrer passage. Il apprivoisera la foudre, il domptera l'océan, il fera courir sa parole comme un éclair d'un pôle à l'autre, et toutes les forces vives de la nature deviendront ses tributaires.

Quand je considère le résultat du travail séculaire de l'intelligence humaine, je remarque que, si elle a tâtonné, si elle a erré, lors qu'elle s'est appliquée à des spéculations purement idéales et métaphysiques; elle a marché d'un pas plus ou moins rapide, mais toujours sûr, vers les découvertes physiques, qui sont de nature à procurer le développement de l'espèce; et que les améliorations successives de ses institutions morales et sociales elles-mêmes, en lui donnant une civilisation savante, qui centuple sa puissance d'expansion, ont toujours également tendu au même but.

Il n'en faut donc point douter : l'intelligence est un instrument de civilisation. Et non-seulement de civilisation, car ceci n'est qu'un moyen et les civilisations elles-mêmes passent, se déplacent et se transforment ; mais, par là, un instrument de propagation dans l'économie biologique des êtres.

Ce n'est point un facteur individuel, mais un facteur social. Je n'en veux pour preuve que l'impuissance radicale de l'homme isolé à sortir de l'instinct purement passif de la nature, et même l'état d'infériorité vitale où le développement de l'esprit semble placer l'être individuel. Et si l'intelligence est bien forcée de s'incarner dans l'individu pour former le faisceau social, ce n'est qu'au même titre que la simple goutte d'eau qui par elle-même n'est rien ou si peu que rien, et qui, réunie à d'autres molécules comme elle, engendre l'immensité des mers.

L'intelligence est donc la faculté donnée à l'homme par la Nature pour assurer sa prépondérance et sa domination exclusive dans l'ordre de la vie universelle. C'est un instrument, et un instrument collectif, de lutte et de combat, pour le triomphe, non de l'individu, mais de l'espèce.

Si je consulte les entrailles de ce globe, je découvre la prédominance de certains éléments vitaux aux différents âges de sa vie. J'aperçois des couches épaisses et étendues qui ne sont que les débris fossiles d'êtres ayant vécu dans des temps reculés. A telle époque géologique la terre a été aux êtres d'une complexion rudimentaire. Puis, après diverses transformations progressives, dont je ne saurais calculer le nombre ni la durée, je la vois livrée aux reptiles, puis aux grands mammifères ; et, à chaque degré, la vie se perfectionne, suivant sans doute dans ses manifestations dérivées les vicissitudes de la vie propre de l'être qui sert à tous de commune substance. A l'heure qu'il est, par un nouvel incident de la vie universelle, la surface du globe est au pouvoir de l'homme ; et la force que lui assure ce pouvoir absorbant, c'est l'intelligence.

Quand la Nature a doté l'homme de cette puissante faculté, elle a semblé lui dire : « *Croissez et multipliez et remplissez toute la terre !!!* » Mot si juste et si profond, qu'il s'est échappé, comme par une intuition inconsciente, ou dans une lumineuse éclaircie sur les destinées obscures du genre humain, de la bouche même du plus illustre fondateur des institutions théocratiques.

Oui, remplissez toute la terre, portez haut et loin le flambeau toujours plus brillant de la vie ! Voilà votre rôle, hommes intelligents. En accomplissant ce grand précepte, tâchez, si vous le pouvez, de goûter le bonheur individuel, cherchez la vérité, développez votre être moral, jouissez des agréments du bien-être matériel et intellectuel, établissez entre vous les relations commandées par la justice et la vertu. C'est bien; mais sachez que tout cela n'est que secondaire aux yeux de la Nature ; que si elle vous le permet et vous l'ordonne même, ce n'est que pour mieux arriver à ses fins; et qu'à l'occasion, si vous vous mettez en travers de sa route, elle marchera sur vous, sur vos institutions, sur vos préjugés, sur vos distinctions futiles, sur vos prétendus droits sociaux basés sur des données artificielles; comme cette divinité indienne qui écrasait, sous les roues de son char, les corps de ses adorateurs !

TROISIÈME PARTIE

L'Homme moral

I

L'AME HUMAINE.

De l'intelligence de l'homme, découle son activité libre et réfléchie et, de sa liberté, sa moralité.

La morale est basée sur la donnée de l'âme humaine, qui est une conquête de l'intelligence.

Je n'entends point par ce terme d'*âme*, une substance particulière, ayant une existence distincte et indépendante de l'être physique : mes recherches m'ont démontré que rien de tel ne se dégageait de la personnalité humaine ; et je vais, tout à l'heure, en suivant les progrès de la culture de l'intelligence, surprendre dans son principe l'équivoque qui a donné naissance à cette illusion.

L'homme, dans son état originel et tel qu'il est issu (de quelque manière d'ailleurs qu'on l'entende) des émanations progressives du principe vital, n'a, je l'ai dit, de l'intelligence, que la faculté nue. Il est déjà, sans doute, supérieur aux autres êtres, par l'excellence de cette faculté en germe. Il sera plus prompt à saisir les enseignements particuliers qu'il recevra des choses qui l'entourent. Sa puissance d'assimilation et d'imitation l'élèvera bientôt au-dessus de l'instinct limité des autres animaux. Mais il n'a point d'idées. Il ne saurait suivre un raisonnement. Tout au plus pourra-t-il tirer de ses sensations quelque déduction inconsciente et machinale, qui se traduira, non par des propositions, mais par des actes. N'ayant point la notion de la règle, il n'a point de moralité; et, de même qu'il n'a point de vertus, il ne saurait avoir de vices.

Je le vois, dès son origine, suivre passivement, comme les bêtes, l'impulsion saine et correcte de la nature : se nourrissant des fruits des arbres, buvant aux ruisseaux, sans s'inquiéter du lendemain; ne recherchant l'union des sexes que suivant les besoins de la propagation de l'espèce et sous l'aiguillon d'un désir normal sainement équilibré; défendant sa vie avec ses seules armes naturelles, qui sont ses membres mêmes, et n'ayant d'autre sociabilité que celle de tant d'autres êtres qui vivent en commun, sans autres lois que celles d'un sentiment instinctif de la solidarité du même sang.

Ce qui caractérise à mes yeux l'état de la nature (que les hommes d'ailleurs vivent isolés ou en troupeaux), c'est l'igorance d'autres besoins que ceux qu'ils peuvent satisfaire, en quelque sorte passivement, et sans contrarier en rien l'économie brute de la nature. Aussi longtemps que l'abondance, due à la fertilité sans culture du sol, suffit aux besoins de l'homme, je ne vois point ce qui aurait pu le tirer de cette torpeur native; et ce fut, sans doute, sous le coup de la disette des moyens naturels d'existence, que s'éveilla enfin, chez lui, cet instinct d'attention, d'observation, d'expérimentation, qui donna le branle à sa faculté intelligente et lui procura ses premiers progrès dans l'art de se créer des instruments factices; de solliciter, par une initiative réfléchie, la reproduction des phénomènes naturels; de se créer des ressources artificielles; de prévoir les besoins du lendemain et de se concerter avec ses semblables pour une action commune et solidaire.

Dès lors, l'état de nature prit fin et une grande révolution se fit. Quelles que soient l'époque à laquelle cette révolution commença à s'opérer et les causes occasionnelles qui la déterminèrent, on peut la caractériser par un seul mot largement entendu : le mot, TRAVAIL, mis en opposition avec la passiveté naturelle.

Les traditions religieuses nous rapportent que Dieu, après avoir créé l'homme, puis la femme, les plaça dans un jardin délicieux, abondamment pourvu de toutes sortes de fruits et où fleurissait un printemps perpétuel. Ils étaient nus et ne se nourrissaient point de la chair des animaux. Ils n'avaient point la notion du bien et du mal; la moralité proprement dite leur faisait donc défaut. C'est bien là l'état de nature. Et comme si, à travers la fable même, la vérité ne laissait pas de jeter parfois ses éclairs soudains, nous allons voir l'auteur du livre de la Genèse, peindre, d'un seul mot, la transition de l'état de nature à l'état social :

« *Tu mangeras ton pain à la sueur de ton front,* » dit-il.

Et c'est, en effet, du *travail*, c'est-à-dire de l'activité réfléchie et volontaire, que vont découler tous les développements de l'intelligence, et éclore cet élément nouveau, qui sera la base des relations sociales : l'âme humaine.

Tant que l'homme, comme tous les autres animaux, agit au gré des instincts du moment, trouvant sous sa main, sans effort, tout ce qui était nécessaire à la satisfaction de ses besoins périodiques réglés par la nature, il n'eut pas, en quelque sorte, la conscience de ses actes et, de même qu'il ne prit point le souci du lendemain, à peine conservat-il un souvenir obscur de la veille.

Il est une circonstance frappante, observée chez les individus incultes qui ont été trouvés parfois abandonnés dans les forêts et qui paraissent représenter l'homme à l'état brut : c'est que, rendus à l'état social par l'éducation, ils n'avaient pas la mémoire des temps qui avaient précédé les premières lueurs de leur intelligence. Leur vie passée, dont ils gardaient, sans doute, quelque impression vague et confuse, ne leur apparaissait point avec sa série ininterrompue d'actes consécutifs, s'enchaînant l'un à l'autre, s'encadrant dans les circonstances qui les avaient accompagnés, et se rapportant à un principe dirigeant concentré en eux-mêmes.

C'est que ces actes n'étaient que l'effet d'un instinct passif et irréfléchi : c'est que leur âme n'était point encore née.

Et ne vois-je point que moi-même, quand, sous l'empire d'une préoccupation quelconque, j'accomplis un acte purement machinal, j'en perds aussitôt le souvenir, et que ce que j'ai fait s'efface complétement de ma mémoire. C'est que ce n'est point là un produit de mon initiative libre et consciente : c'est ma machine qui se meut d'elle-même et sans mon propre aveu. Ce n'est point mon âme qui agit.

Mais, du moment que, sous le coup d'une impression puissante, qui attira violemment son attention, l'homme se prit à observer quelque phénomène naturel et, qu'après avoir remarqué la manière dont ce phénomène se répétait sous l'action des mêmes causes, il chercha à les reproduire par des moyens artificiels ; quand, par exemple, il vit une branche d'arbre ou un bloc de pierre détachés par l'ouragan, aller frapper quelque animal et le blesser, et qu'il s'avisa lui-même de ramasser un caillou et de le lancer contre son ennemi, ou de rompre un arbrisseau, pour s'en faire une arme offensive ; alors il fit acte d'activité libre et réfléchie ; il suppléa à l'instinct de la nature, par le *travail;* et le souvenir de cet acte et de ses résultats se grava profondément dans sa mémoire. Peu à peu, tous ses actes concertés et voulus, distincts des actions involontaires et mécaniques, se lièrent entre eux par leur succession et par leurs rapports avec sa faculté agissante. Il commença à vivre à la fois dans le présent et dans le passé, par la mémoire de ses faits, jusqu'à ce que, amené progressivement par les nécessités de l'existence, à se préoccuper de ce qu'il deviendrait le lendemain, il se mit aussi à vivre pour l'avenir.

Dès lors, il eut son moi intime, où tous ses actes vinrent se rapporter comme à un foyer commun, et d'où partit la direction volontaire de tous ses mouvements. Il en vint ensuite à se considérer lui-même sous ce nouvel aspect et un autre être, d'une nature supérieure, commandant à ses membres et à ses organes, résumant sa vie entière, passée et présente, et ses aspirations vers l'avenir, dans un ensemble logique et cohérent, sans cesse présent à lui-même, sembla apparaître et se révéler en lui, dominant toute son existence matérielle : c'était son âme.

Cette âme, je l'ai dit, n'est point une substance distincte et indépendante de l'être physique.

L'âme, en effet, n'est point un être : c'est une modification et une transformation de l'être. Ce n'est point une cause substantielle : c'est un résultat acquis.

C'est la concentration, en un seul faisceau, de toutes les facultés de l'être évoluant dans sa simplicité et son unité de substance et de vie ; mais, de l'être qui se sent, qui s'appartient dans toutes ses dépendances et tous ses moyens, et avec ce caractère distinctif, que son action, au lieu d'être machinale et mue par une impulsion irraisonnée, est consciente d'elle-même, s'éclaire des enseignements de l'expérience, de la mémoire du passé, des prévisions de l'avenir, et tire ses mobiles des notions et des connaissances acquises, soit par l'observation personnelle, soit par l'éducation sociale. Et pour mieux préciser ma pensée par une comparaison sensible, je dirai que l'âme est à l'individu ce qu'à une nation policée sont son histoire, ses institutions, ses mœurs, ses aspirations, sa politique, ses codes de lois et le jeu de la puissance centrale : en un mot, ce que l'on appelle, à juste titre, l'âme d'un peuple.

Tous les êtres organisés pour l'unité d'action et de fin ne sont pas susceptibles d'avoir une âme. A l'homme seul appartient cette prérogative, parce que lui seul a l'intelligence.

Il ne suffit point, en effet, pour susciter l'âme, qu'un être ait la mémoire plus ou moins confuse de ses actes, ou même une sorte de sentiment de son activité propre et de la fin à laquelle il tend. J'ai déjà remarqué que ces phénomènes s'observaient, jusqu'à un certain point, chez les animaux, que la société de l'homme et les soins de l'éducation avaient tirés, en tant qu'ils en étaient susceptibles, de leur état naturel. (Car, peut-être, pour les animaux eux-mêmes, y a-t-il, dans une certaine mesure, un état de nature et un état mental de développement factice.)

Ce qui est nécessaire à la formation de l'âme, c'est la faculté de réflexion et d'abstraction. Il faut, en effet, pour emmagasiner ses connaissances ; pour les relier entre elles par des rapports logiques ; pour en déduire des mobiles généraux d'action et des principes de conduite ; pour se communiquer à ses semblables ; il faut, dis-je, dégager ces connaissances de leurs objets particuliers et concrets, et en faire, en quelque sorte, un monde fictif et intérieur, indépendant, jusqu'à un certain point, du monde objectif et réel. Il faut en outre, le retour sur soi-même, la conscience de sa propre activité, la notion des rapports entre l'être agissant et l'objet de son action, entre la fin projetée et les moyens employés pour atteindre cette fin. Or, c'est là précisément, je l'ai dit, le propre de l'intelligence.

J'observerai en outre que l'âme, comme l'intelligence dont elle est le produit, ne peut se développer entièrement qu'avec l'aide des signes et de la parole, nécessaires pour fixer les idées et leur donner la consistance qui les rend transmissibles d'une âme à une autre ; que l'homme, dès lors, n'entra point tout d'un coup en pleine possession de lui-même par un effort individuel et isolé propre seulement à faire jaillir un éclair passager; mais par le contact de ses semblables, par la mise en commun de progrès insensibles s'appuyant l'un sur l'autre, et après que de pénibles essais et de longs tâtonnements eurent constitué un noyau d'idées et de connaissances qui pussent se répandre et se transmettre par la révélation sociale.

Quoi qu'il en soit, je le répète, du moment que l'âme fit son apparition, une métamorphose radicale s'opéra dans l'être humain.

Chez les êtres qui n'ont point l'intelligence, ni, par conséquent, le sentiment réfléchi de leur propre personnalité, l'*individu* n'est rien : il ne compte que comme l'unité dans un nombre, comme la molécule dans un corps, comme la goutte d'eau dans l'océan. Qu'importe à la Nature l'existence de tel animal sauvage pris individuellement ? Ce n'est là qu'un imperceptible incident de la vie universelle, et sa destruction engendrera la vie sous une autre forme : la Nature y trouvera toujours son compte. Ne vois-je même pas que les différents êtres vivants ne peuvent exister qu'aux dépens les uns des autres et sont faits pour se servir réciproquement de pâture ? Chaque espèce a sa proie spéciale, comme chaque molécule de matière a son réactif. Le tigre n'est armé d'ongles tranchants et de dents acérées que pour mieux déchirer les animaux qui lui cèdent en vigueur et en férocité ; la baleine ne possède les fanons qui bordent son énorme palais, que pour engloutir et retenir les petits poissons par milliers ; le vautour et le milan sont destinés à déchirer, de leurs serres, les colombes et les passereaux, et ceux-ci, à dépeupler les fourmilières, qui elles-mêmes s'alimentent aux dépens d'autres animalcules inférieurs. Il n'y a point jusqu'aux animaux herbivores eux-mêmes qui ne fassent une effrayante consommation d'êtres vivants, si les plantes et les fruits, et la nature entière ne sont composés que de matière animée. Que devient l'individu au milieu de cet immense engrenage de mâchoires toujours ouvertes et affamées, qui, en se refermant sans fin ni trêve, entretiennent, par la destruction même, une vie incessante et toujours renouvelée ? Certes ! ce n'est pourtant ni sans angoisse, ni sans souffrance que la victime périt sous la dent ou la griffe de son ennemi ! La Nature n'a point souci d'elle autrement que pour la conservation de l'espèce ou des formes de la vie. Aussi je vois que parmi cette énorme dépopulation, les espèces se maintiennent. La Nature y a pourvu, en armant les individus pour la lutte de l'existence, non à leur profit, mais au profit de l'espèce ; donnant aux uns la ruse ou la vitesse pour fuir les atteintes de leurs persécuteurs, ou la fécondité qui comble les lacunes et les pertes ; aux autres l'adresse et la force pour s'emparer de leur proie. Et dans cette lutte sans merci, la balance s'équilibre ou penche du côté où pèse le destin qui régit les révolutions de la vie.

Donc, parmi les êtres inintelligents, l'individu n'est

rien. Il ne peut être rien : il n'a pas le sentiment de sa propre personnalité. Il agit, comme une machine, au gré des ressorts qui le font mouvoir. Ses actes ne sont reliés l'un à l'autre que par la logique inconsciente d'instincts obscurs qui s'ignorent eux-mêmes : il n'a point d'âme.

Il en fut de même, pour l'homme, tant que, vivant de la vie passive des brutes, il n'avait point encore jeté à l'intérieur de lui-même le regard investigateur qui devait lui révéler l'excellence de son être, lui donner conscience de lui-même et de sa personnalité. Il n'était et ne pouvait être que comme un simple jeton, que l'on ôte ou que l'on ajoute et qui n'a aucune valeur par lui-même. Mais, dès qu'il se sentit, qu'il se posséda, qu'il se posa, dans la connaissance réfléchie de son moi, en face des choses, de ses semblables et de lui-même, ce qui n'était chez lui que fait obscur devint droit. Naguère il vivait : dès lors il eut le droit à la vie ; il mangeait suivant ses besoins : il eut le devoir de se nourrir pour sustenter son existence, et de modérer ses appétits, pour ne point nuire à sa santé ; il se défendait instinctivement contre ses ennemis : il eut le droit de légitime défense ; les sexes se rencontraient et se fécondaient au hasard : le sentiment de leur propre dignité et la conscience de la fin qu'ils se proposaient leur donnèrent des droits et des devoirs réciproques ; ils élevaient leurs petits par un besoin de nature : ils eurent le devoir de veiller à l'éducation matérielle et morale de leurs enfants et d'en faire des êtres intelligents comme eux ; les hommes s'apitoyaient sur leur sort respectif, par une tendance naturelle et peut-être parce qu'ils ressentaient confusément que la substance commune pâtissait dans l'un d'eux : ils eurent le devoir de se respecter et de s'entr'aider mutuellement.

En un mot, l'axe de la vie se déplaça pour l'homme, du moins à ses yeux (car, au fond, pour la Nature, il n'y a peut-être rien de changé). De l'espèce, où elle résidait sous l'œil vigilant de la Mère commune, la responsabilité vitale passa dans l'individu, devenu être moral, conscient du bien et du mal.

C'est ainsi que le travail volontaire et réfléchi modifia les assises du monde. C'est ainsi qu'apparut, dans l'économie vitale, un agent nouveau, créé par de laborieux efforts, fait d'aspirations élevées, qui n'effacèrent point complétement, chez l'homme, sa bassesse originelle : en un mot l'âme humaine, avec sa puissance et ses faiblesses, ses vertus et ses vices, ses grandeurs et ses misères !

Tout l'ordre naturel s'en ressentit et en fut bouleversé. Je ne sais si l'on a remarqué combien la civilisation modifie la valeur respective des individus. Je ne parle point ici de leur valeur purement fictive et de convention, telle qu'elle résulte des distinctions et des inégalités sociales ; mais de leur valeur réelle et intrinsèque. Parmi les animaux de même race, prenez deux individus au hasard : vous n'avez qu'à les considérer sommairement pour juger lequel des deux est supérieur à l'autre. Celui qui sera le mieux découplé, le mieux proportionné dans ses membres, le plus robuste de complexion, qui aura l'œil le plus vif, l'allure la plus dégagée, les mouvements les plus agiles, affirmera, par là, sa supériorité. Prenez maintenant deux hommes civilisés : il pourra fort bien se faire que le beau type appartienne à un être sans valeur aucune, mou, lâche, efféminé ; tandis que le corps malingre et contrefait renfermera un être énergique et vaillant, aux facultés puissantes. Et cela, non-seulement au moral, ce qui saute aux yeux : mais quelquefois même au physique. Vous trouverez des nerfs d'acier sous des membres chétifs, et un pygmée supportera des fatigues qui terrasseront un géant. C'est que la nature a subi là un lent travail de transformation, qui a dérangé son économie primitive; c'est que l'âme artificielle a réagi à son tour sur les corps et peu à peu, à l'aide des générations, les a formés à son image.... quand toutefois elle ne les a point usés par son excessif développement.

Du moment que l'âme apparut, la sphère vitale s'élargit indéfiniment pour l'homme. De même que les actes instinctifs de sa vie journalière se transformèrent en droits, en devoirs; ses aptitudes, ses tendances devinrent des vertus et des vices alimentés à des sources artificielles sans cesse grossies par le progrès social; ses appétits et ses besoins devinrent des passions impérieuses, et son activité surexcitée déborda de toutes parts et s'élança dans des routes nouvelles.

Le présent et le temps même ne lui suffirent plus : il aspira à l'immortalité.

Ici se découvre un point de vue profond. Il est certain que la vie n'a point conscience de la mort. L'être a horreur du néant. L'animal inintelligent ne prévoit point sa destruction future. Il vit : voilà tout. Il se rattache à la vie par toutes les puissances de son être. Il lutte jusqu'à son dernier souffle, sans prévoir le coup fatal qui doit l'anéantir.

L'homme intelligent ne peut assurément se faire la même illusion. Mais s'il n'avait, pour l'éclairer, que le sentiment intime de lui-même, au lieu de la triste expérience de tous les jours; concevrait-il, en se voyant plein de vie, qu'il doit venir un moment où cette vie lui échappera? Non, apparemment. Aussi ne peut-il s'avouer que cette âme intérieure, qui sent, qui pense et qui agit en lui, puisse s'évanouir comme un vain rêve. Il voit bien le temps faucher autour de lui, sans pitié; mais qu'importe? Il fera son sacrifice, il se scindera en deux parts, il abandonnera son corps; mais il gardera son âme, cette âme qui, vivante, ne saurait concevoir le néant. Et c'est ainsi que l'âme humaine arriva à se décerner le brevet d'immortalité !

Des âmes immortelles : oui, sans doute, il en est ! Comme il en est de grossières et d'incultes qui périssent avec la personnalité ignorée qu'elles ont animée.

L'âme, je le répète, bien qu'elle ait pour effet d'accuser, en la dégageant, la personnalité de l'être individuel, est surtout une donnée et une valeur sociales. C'est de la société, c'est-à-dire, de ce monde idéal enté sur le monde physique, que l'homme reçoit son âme ; c'est à la société qu'il la rend ; c'est elle qui l'enterre ou qui la fait vivre et il y a des degrés, jusque dans l'immortalité.

Que deviennent les âmes de cette foule d'êtres obscurs qui, absorbés dans les préoccupations égoïstes d'une existence matérielle, précaire et misérable, ou par la satisfaction d'appétits vulgaires, semblent rester envasés dans la boue qu'ils foulent aux pieds ? Ont-ils même vraiment une âme ? C'est douteux. Sans doute, on cherche bien à leur inculquer quelques principes d'ordre supérieur ; mais ils ne font, en les recevant, que répéter des mots sans y attacher aucun sens, ou en y donnant, tout au plus, un sens trivial et erroné. Non, ils n'ont point réellement d'âme ; car ils ne sentent point vivre dans l'ensemble et pour l'ensemble. N'ayant fait nul profit du don de la société, ils n'ont rien rapporté à l'âme commune et leur souvenir périra sans laisser de traces.

Il y a des âmes qui vivront dans une sphère plus ou moins large, où elles continueront à rayonner par l'influence de leurs œuvres et le souvenir de leurs actions bienfaisantes ou funestes.

Mais il en est qui appartiennent à l'humanité tout entière, et qui planent sur tous les temps et sur tous les lieux.

L'humanité se les est appropriées ; elle les a faites siennes ; elle les a fondues dans son âme propre. C'est ainsi que, tant que le cœur battra dans les poitrines humaines, les âmes des grands éducateurs du genre humain, des Confucius, des Socrate, des Jésus, des Épictète, des Marc-Aurèle, seront sans cesse présentes au milieu du monde, qu'elles éclaireront, comme des phares lumineux.

Il est d'autres âmes dont le souvenir restera aussi impérissable, mais ce sera leur punition : leurs crimes les auront clouées à un éternel pilori.

Elles vivront aussi les âmes de ces êtres étranges, de ces conquérants, de ces grands perturbateurs des peuples, dont l'influence étonne et déconcerte le regard pensif du sage. Mais l'humanité se demandera, avec anxiété, si elle doit honorer leur mémoire ou la maudire : car s'ils ont semé autour d'eux la ruine et la désolation, ils servaient sans doute de secrets destins et accomplissaient quelque mission fatale qu'ils ignoraient eux-mêmes, malgré la grandeur de leur génie !

II

LA PROPRIÉTÉ ET LES DISTINCTIONS SOCIALES.

On conçoit qu'une pareille révolution ne se fit pas en un jour. Peut-être fallut-il des siècles et des centaines de siècles pour amener l'homme de l'état de nature à l'état de civilisation où je le vois parvenu à l'origine des temps historiques. L'âme humaine n'a dû se dégager que progressivement. Qui dira, par quels lents efforts et à travers quelles péripéties, ce résultat a été enfin obtenu? La seule invention des signes et du langage articulé, nécessaire pour fixer ce résultat, offre des difficultés si épineuses pour l'esprit humain, qui semble pris comme dans un cercle vicieux insurmontable, que, renonçant à l'expliquer, beaucoup ont préféré, pour en rendre compte, supposer une intervention miraculeuse.

Et cependant les preuves abondent de l'existence obscure de l'humanité, à travers de longues périodes antérieures à celles dont l'histoire et les traditions nous ont gardé le souvenir. La terre, comme pour se défendre du rôle effacé que les préjugés lui assignent, en a conservé dans son sein des témoins irrécusables. Les origines de l'humanité se perdent dans la nuit des âges, et si ces origines sont sorties de sa mémoire, ou plutôt n'y sont jamais entrées, c'est que son âme (car elle aussi a une âme) n'était point encore née.

Je ne prétends point suivre le genre humain pas à pas, dans sa marche vers le progrès. J'ai marqué le point de départ et noté le point d'arrivée : je ne pourrais faire sur les circonstances intermédiaires que des suppositions basées, tout au plus, sur des probabilités. Toutefois, je crois pouvoir affirmer que ce qui donna le plus vigoureux essor à la transformation, qui s'opéra chez l'homme, et ce qui hâta sa sortie définitive de l'état primitif, ce fut l'accroissement de l'espèce ; de sorte que la fin même de la Nature fournit à l'homme le ressort qui devait accélérer sa marche vers cette fin. La Nature a de ces secrets pour se remonter elle-même.

Il arriva, en effet, un moment où les hommes, se trouvant trop resserrés sur des espaces insuffisants pour les nourrir des produits spontanés du sol, furent contraints, par la force des choses, d'aviser à se créer des moyens de subsistance factices. C'est alors que dut s'éveiller, sous la pression du besoin, cette faculté d'attention, de réflexion, d'initiative mentale, d'où devaient se dégager la personnalité idéale de l'être humain et sortir les rapports sociaux.

Il semble, qu'étant donné l'état originel des hommes vivant sur la terre et de ses fruits, comme sur un patrimoine commun, le développement le plus naturel et le plus logique de cet état était l'apport à la masse du travail de chacun, pour activer la production du domaine général ; puis le partage fraternel des produits, sans qu'il y eût à s'inquiéter de la propriété du fonds qui était à tous, et que tous devaient arroser de leurs sueurs. Quelles rivalités, quelles compétitions pouvaient s'élever entre les individus, du moment qu'au prix des mêmes peines, chacun avait sa part suffisante à son entretien ? Le sentiment de confraternité et d'assistance mutuelle, la notion de la réciprocité et, par conséquent, l'intérêt même individuel bien entendu ne devaient-ils point suffire pour qu'il fût pourvu aux besoins des enfants et de ceux qui, par suite d'infirmités, de maladie ou de vieillesse, ne pouvaient point encore, ou ne pouvaient plus prendre part au commun travail? Car quelle nécessité, pour celui qui vit au jour le jour, de s'approprier la part d'autrui? Ne trouvera-t-il point sa subsistance dans la récolte prochaine ou dans la chasse du lendemain ? Que faut-il à l'homme pour parcourir sa carrière ? Sa nourriture quotidienne, un abri, une compagne peut-être... Ne pouvait-on trouver cela sans conflits, sans lois même, et par le perfectionnement rationnel de l'état de nature?

Peut-être cet état exista-t-il en fait pendant de longs siècles chez les groupes primitifs, dans leur lente évolution vers l'état social ; comme nous le voyons encore en vigueur chez certaines peuplades sauvages, auxquelles la propriété privée semble rester inconnue et qui vivent en communauté du produit de la chasse ou de la pêche, sans chercher à tirer parti des ressources de l'agriculture et de l'industrie : soit que ces peuplades ne soient point encore arrivées au point de développement intellectuel nécessaire pour établir entre leurs membres d'autres rapports ; soit que, composées d'êtres d'une nature inférieure, elles ne soient point susceptibles d'autres progrès.

Mais le communisme universel et raisonné est une notion à la fois trop simple et trop élevée, pour des âmes qui commencent à ressentir l'aiguillon de l'activité individuelle. Cet état, du moment qu'il ne repose plus sur une sorte de torpeur et d'engourdissement des facultés de l'intelligence, suppose des sentiments d'abnégation et de désintéressement, qui sont incompatibles avec les tendances personnelles de l'âme, une fois en possession d'elle-même : et peut-être, après tout, eût-il été nuisible à l'accroissement de l'espèce, qui est la fin même de la Nature.

L'humanité a donc passé à côté de cette voie. Elle devait y passer. Y reviendra-t-elle, et finira-t-elle par où elle aurait pu commencer ? C'est douteux. Son chemin lui était tracé avec une logique inflexible, et il ne lui était pas plus permis de s'en écarter, qu'aux planètes de dévier de leurs orbites.

Le premier sentiment de l'âme, en effet, est celui de sa propre personnalité. C'est même ce sentiment qui achève de la dégager pleinement. L'âme, se sentant maîtresse d'elle-même, devient en quelque sorte sa propriété intime, exclusive de la personnalité et de la propriété d'autrui. Mais l'homme ne saurait se suffire par ses seules ressources intérieures : partie de la substance commune, il s'alimente et se renouvelle sans cesse aux dépens de cette substance. De là, donc, à étendre sa propriété sur les choses qui l'entourent, la pente est directe et inévitable. La propriété de l'homme, sur les choses qui lui sont indispensables, n'est que l'extension de la propriété de lui-même. Il semble que la terre et ses produits, qui étaient, à l'origine, le patrimoine indivis de l'espèce indivise elle-même, tendent à se morceler et à se diviser, en même temps que le centre de la vie se déplace et passe du groupe dans l'individu, devenu personnalité consciente et responsable de sa propre existence.

Le moyen par lequel l'homme opère sa main-mise sur les objets extérieurs qui lui sont nécessaires est le travail, résultat de son initiative spontanée et libre. Les produits de son travail lui appartiennent incontestablement, comme les fruits appartiennent au fonds ; de sorte que l'on peut dire que la propriété de l'homme sur les choses qu'il a façonnées de sa main n'est que la prolongation de son activité intime.

Aussi, voyez comme il s'identifie avec les choses qu'il a faites siennes ; avec quel soin jaloux il les garde ; avec quelle autorité il affirme son droit sur elles ! On dirait, et cela est vrai, qu'elles ne sont que les annexes de son âme elle-même.

Les premières propriétés de l'homme furent, sans doute, les armes et les outils grossiers qu'il se fabriqua et qui lui appartinrent au même titre que ses propres membres, dont ils étaient les auxiliaires. Sur ce point, pas de difficulté.

Il ne saurait y en avoir davantage, lorsque le travail de l'homme s'exerce sur un fonds qui, par son étendue et son abondance, défie tout épuisement, et duquel il restera toujours assez pour les besoins de tous. Mais, à l'égard des choses qui ont des bornes restreintes, comme le sol, il semble que l'individu ne puisse s'en approprier que ce qui est nécessaire à son entretien, à peine de nuire au droit parallèle d'autrui. Il aura beau, en effet, arguer de ses facultés exubérantes, faire valoir son labeur opiniâtre, les améliorations mêmes, dont, au prix de ses sueurs, il aura doté la nature brute et inculte ; on pourra toujours lui dire : « *Qui vous a commandé ce travail et de quel droit l'exercez-vous aux dépens de vos semblables ?* » Il y a même plus : ce qui était légitime, à l'origine, peut cesser de l'être par la suite. La multiplication de l'espèce peut arriver à restreindre les rations individuelles ; et tel, qui ne causait à autrui aucun dommage, parce qu'il laissait à ses voisins la part suffisante à leurs besoins, peut se trouver, par la force des choses, constitué en état d'usurpation flagrante : car tous ont le même droit au patrimoine commun et à la vie ; et le fait d'être le premier occupant et le travail lui-même sont impuissants à justifier l'anéantissement d'un être vivant au profit d'un autre.

Il semble donc que, d'après les données primordiales résultant de la personnalité bien tranchée de l'âme humaine, la propriété, sinon des produits de l'activité individuelle tirés d'un fonds commun et banal, qui est incontestable ; du moins l'appropriation de ce fonds, en tant qu'il est susceptible de partage, est essentiellement précaire, et doit être sujette à des remaniements incessants.

Et il en serait ainsi, si chaque âme s'était dégagée isolément et demeurait toujours dans la complète indépendance de son moi intime et de ses droits extérieurs, en face des autres âmes, ses égales. La société ne serait alors qu'une collection de personnalités, dont les droits absolument identiques se limiteraient exactement l'un par l'autre.

Mais ce n'est point le rapprochement consécutif des âmes déjà formées, qui a donné naissance à la société. Ame et société se sont constituées simultanément l'une par l'autre, car ce sont deux termes corrélatifs. Qui dit âme, dit participation à un monde idéal commun et, par conséquent, un agent déjà engagé dans les liens d'une discipline sociale. Il n'y a point encore de lois, peut-être ; mais il y a déjà communauté de sentiment et solidarité d'action, indépendantes de tout rapprochement conventionnel.

La tendance de l'âme à l'appropriation des choses nécessaires à la vie s'exerce donc, non point solitairement, mais dans un cadre déjà esquissé par un commencement de civilisation ; et pour déterminer comment va évoluer ce facteur nouveau, il faut en étudier les caractères.

Si des êtres bruts et passifs, occupés exclusivement de la satisfaction de leurs besoins du moment, prenant leur bien où ils le trouvent, sans penser au lendemain, se valent à peu près dans le concours de la vie ; il n'en est plus de même des âmes développées par des efforts artificiels, et devenues conscientes, actives et prévoyantes. L'activité laborieuse se révélera chez elles à des degrés divers, suivant les dispositions et les circonstances plus ou moins heureuses et favorables, suivant les nécessités plus ou moins fortement senties, de l'existence ; et déjà, dès les premiers pas, il se trouvera des courageux et des nonchalants, des sages et des imprudents, des économes et des prodigues, des ambitieux et des modestes.

Il y a, en outre, la diversité des aptitudes, relativement aux objets mêmes de l'activité. Les uns se plairont aux travaux sédentaires de la culture, ou à la garde des troupeaux ; les autres préféreront les émotions plus vives de la chasse des bêtes sauvages ; ceux-ci auront des dispositions industrieuses et trouveront à exercer leur esprit inventif et l'habileté de leurs mains, à la confection des instruments, des armes et des outils. Sans doute la vie civilisée a accentué et multiplié à l'infini cette diversité d'aptitudes qui a engendré la division du travail, ce ferment si fécond de l'accroissement de la richesse publique, et qui, en rendant les hommes tributaires les uns des autres, contribue à cimenter les rapports sociaux ; mais il est hors de doute qu'elle a dû exister même à l'origine : car elle sert trop bien le plan de la Nature, pour qu'on ne soupçonne point celle-ci d'y avoir prêté la main.

Il faut noter aussi cette tendance de l'intelligence qui se forme et qui aspire à la lumière, à tenir pour vrai tout ce qui lui est enseigné ; à se mouler docilement sur le type qui lui est révélé par l'éducation ; à entrer dans la discipline créée par le foyer civilisateur ; à accepter, comme droit, l'ordre établi ; et à suivre l'impulsion donnée, en vertu d'un sentiment communicatif et contagieux qui est le lien même de la société : car les lois positives, qui viendront plus tard, n'en sont que la sanction.

Enfin, on ne saurait nier l'influence que certains individus exercent sur leurs semblables, la domination fascinatrice des âmes fortes sur les âmes faibles et l'attachement presque servile, qu'en dehors même de tout lien coercitif, certains êtres éprouvent pour d'autres que, par sentiment de leur infériorité, ils reconnaissent pour leurs maîtres et leurs guides naturels.

Qu'à toutes ces qualités et inclinations diverses, on en ajoute d'autres qui peuvent m'échapper : et l'on pourra se convaincre que par le simple jeu des activités particulières, qui ne sont plus des forces brutes, mais des facteurs intelligents et par conséquent inégaux et variables, il y eut déjà, dès les premiers temps, sans le secours d'aucun traité, ni d'aucune convention, des propriétaires et des prolétaires, des riches et des pauvres, des puissants et des faibles, des maîtres et des serviteurs.

Et peut-être pourrait-on, avec un peu d'esprit critique, trouver la confirmation de ces faits, dans des exemples concluants. Ainsi, il est certain que l'état patriarcal a été l'une des premières formes, sinon la seule, des sociétés et de la civilisation naissantes. Si je prends, dans les récits bibliques, qui, du moment qu'ils relatent des événements naturels, sont aussi dignes de foi que toute autre tradition ; si je prends, dis-je, l'exemple d'Abraham, qui appartient déjà aux temps historiques, mais qui peut aisément nous faire conjecturer ce qui s'était passé antérieurement ; je vois une famille composée d'un chef tout-puissant, et d'un grand nombre de serviteurs qui ne paraissent même pas rattachés au maître par les liens du sang. Or, il n'est fait mention d'aucune loi, d'aucun pacte qui relie ces membres les uns aux autres. Ce groupe ne dépend non plus d'aucun corps de nation, puisqu'il se déplace au gré de ses caprices et qu'il agit envers ses voisins, comme de puissance à puissance. Et cependant les serviteurs obéissent au patriarche, combattent pour lui, ne possèdent rien en propre. Certainement ils pourraient aisément se soustraire à son autorité, qui n'a d'autre prise sur eux que par leur volontaire soumission ; et s'ils ne le font pas, c'est qu'ils reconnaissent la domination naturelle de celui qu'ils acceptent pour chef et pour guide.

Et même jusque dans nos sociétés modernes, où la multiplicité des rapports et le va-et-vient qu'engendre un état de civilisation avancée, traversé par toutes sortes de courants, entremêlent incessamment les rangs et bouleversent à tout instant les situations individuelles ; ne voyons-nous pas les âmes se plier insensiblement à la condition que leur ont faite les circonstances au milieu desquelles elles ont grandi et se sont pour ainsi dire incrustées ; sur lesquelles elles ont modelé leur idéal ? A tel point qu'on embarrasserait fort des subalternes, en leur offrant, je ne dis pas la place et les soucis, mais la fortune de leur patron ; que des serviteurs ne peuvent se résigner à quitter leurs maîtres, quand ils ont acquis un sort indépendant. Et je ne serais nullement étonné que des esclaves, s'il y en avait encore, refusassent leur liberté.

Oui, il est vrai : « *Le premier qui, ayant enclos un terrain, s'avisa de dire : Ceci est à moi, et trouva* (si l'on veut) *des gens assez simples pour le croire, fut le vrai fondateur de la société.* » Mais ce fut par le travail et non par une usurpation brutale que cette révolution se produisit ; ce fut par l'ascendant moral de l'activité sur l'indolence, du courage sur la paresse, de l'esprit supérieur sur les intelligences vulgaires ; et non point par l'emploi de la force : car la force serait impuissante à assurer de pareils résultats, si elle ne trouvait déjà des esprits préparés à les subir et même à y trouver leur avantage.

Je ne pense donc pas que l'établissement de la propriété même inégale et des premières distinctions sociales ait soulevé, comme le pense Rousseau, un violent état de guerre et de collisions particulières, qui n'a pris fin que par l'effet des coalitions entre les puissants pour opprimer les faibles, ou après que les riches se furent imaginé de stipendier des mercenaires pour soutenir leurs usurpations. Assurément il y eut des querelles particulières et des révoltes contre l'ordre qui commençait à s'établir. Il y en a bien encore aujourd'hui, dans les sociétés les mieux policées, malgré tout l'appareil et le déploiement de forces d'une puissance publique formidable et sans cesse en éveil. Mais, s'il n'y avait que la force pour maintenir les relations sociales, et si ces relations n'avaient point leurs racines profondes dans la constitution même de la personnalité humaine, je ne donnerais point vingt-quatre heures de durée aux plus puissants empires, malgré leurs légions innombrables de défenseurs armés.

Sans doute, il y a le choc des compétitions rivales, le combat pour la vie. Mais entre les individus attirés et se groupant autour du même centre de civilisation, ce fut la lutte pacifique et non la lutte sanglante, le compromis et non la guerre. Les tigres eux-mêmes ne se déchirent point ordinairement entre eux : la guerre, dans le genre humain, n'existe pas davantage entre les individus. Elle serait trop funeste à la nature. La guerre n'est qu'entre les groupes et les races ; et là, elle a d'autres causes plus mystérieuses que les rivalités d'intérêts, qui n'en sont tout au plus que les prétextes. Le vrai procédé civilisateur, c'est le classement des éléments sociaux suivant leur valeur respective. Les groupes humains ne se forment point autrement que les corps physiques, chez lesquels les molécules composantes s'agglomèrent et se subordonnent suivant les lois de l'affinité et selon leurs densités.

La Nature, d'ailleurs, a bien pourvu à ce que ce classement s'opérât sans trop de heurts ni de secousses, et le plus fructueusement possible. En jetant les fondements sur lesquels devait s'élever l'édifice artificiel de l'âme humaine, elle a bien su les disposer de manière à favoriser cette œuvre de pondération et de combinaison.

Elle a préparé chez l'homme le sentiment très prononcé de son propre intérêt, afin qu'il fût plus actif, et lui a soufflé l'ambition et l'amour de lui-même et de son bien-être, pour qu'il travaillât sans relâche : car les richesses et le bien-être ne sont rien par eux-mêmes, et ne valent quelque chose que par le mouvement qu'ils engendrent et la peine qu'il faut se donner pour les acquérir.

Elle a mis entre les forces intellectuelles des inégalités considérables ; elle leur a donné des aptitudes variées, afin qu'elles ne pussent se contrarier ni s'annihiler réciproquement, en tendant vers leurs objets respectifs.

Elle a doué les uns de facultés puissantes, de l'initiative féconde, de l'ascendant irrésistible ; et les autres de l'esprit d'imitation, de subordination et de passivité : à tel point qu'un grand philosophe a pu dire qu'*il est des hommes qui naissent esclaves :* paradoxe qui révolte aujourd'hui nos sentiments sur la dignité humaine, mais qui renferme un sens profond.

Toutefois, elle a entremêlé ces matériaux de façon à ce qu'un mouvement incessant ne permît point aux abus délétères de s'invétérer. Elle fait surgir les puissants du rang des humbles, et elle fait disparaître les faibles et les dégénérés, ou les renvoie se retremper au fond des couches inférieures, pour y puiser une vigueur nouvelle : car le mouvement est le principe et la loi de la vie, et les révolutions sont à la marée humaine, ce que sont les courants à l'océan et les sources aux fleuves.

Et pour activer encore davantage ce mouvement, elle a dérobé à l'homme le secret de sa fin, afin que ses efforts ne fussent point paralysés par le sentiment de son néant individuel.

Elle lui a caché la vérité objective des choses, afin qu'il ne se reposât point dans une vaine et stérile contemplation; et que, tout en s'égarant sans cesse de système en système, manquant toujours la fin qu'il se propose pour atteindre celle qu'il ne voit pas et qui est la véritable, il se laissât mieux conduire par la main pour arriver à point nommé, ni trop tôt ni trop tard, au terme invisible à ses yeux, qui lui est assigné.

L'homme s'agite, et la Nature le mène.

Qui donc, dans cet enfantement et ce renouvellement perpétuel d'un monde colossal, impersonnel et solidaire, où l'individu s'efface comme un point imperceptible, peut venir parler d'égalité absolue et restrictive ?

Est-ce que l'égalité d'abord existe dans la nature brute ? Le pléthorique n'accapare-t-il point plus de matière vitale qu'il n'en peut porter, aux dépens de l'anémique, qui peut-être en meurt ? Et puis, lorsqu'obéissant à un besoin d'activité exagéré, quelque travailleur ardent et puissant se sera taillé, dans le domaine commun, une part plus large que celle qui lui est assignée par la stricte égalité ; ou plutôt, lorsqu'il aura fait sortir du néant des valeurs qui, sans lui, n'auraient point vu le jour, est-ce qu'il en mangera une bouchée de plus ? Va-t-il anéantir ces richesses qu'un labeur intensif a fait jaillir d'un fonds que des efforts partiels et disséminés eussent laissé stérile ? Cette chesse ne retournera-t-elle point à la masse par une multitude de canaux, et la société ne sera-t-elle point la première à profiter de cet excès de travail ?

On a mené grand bruit de tous les excès, de tous les abus, de tous les crimes qu'engendre l'inégale répartition des biens. On a montré les hommes occupés à se nuire réciproquement, pour le triomphe de l'intérêt personnel :

le faible foulé aux pieds du fort, la vile multitude sacrifiée aux passions dévorantes de quelques privilégiés, la justice violée, la bonne foi bannie ; on s'est livré à d'éloquentes imprécations contre la soif effrénée de l'or, contre les honteuses pratiques d'une insatiable avarice.

Oui, tout cela est vrai, je l'avoue, « *le mal est sur la terre !* »

Le mal, du moins, à notre point de vue : car qui sait si ce mal, qui n'est peut-être le mal que d'après nos préjugés, n'entre point dans le plan de la Nature et ne lui est point nécessaire pour atteindre sa fin ?

Si je considère, par exemple, cet ambitieux qui court sans relâche, *per fas et nefas*, à la conquête de nouvelles richesses ou de nouvelles dignités ; ou ces hommes hardis, ces esprits inquiets et jamais assouvis, qui fatiguent sans cesse la fortune d'audacieuses entreprises ; ou encore cet avare sordide qui, se privant même du nécessaire, entasse trésors sur trésors ; je ne puis voir en eux que les victimes d'un destin fatal et caché. Que leur manque-t-il donc, avec leurs coffres regorgeant d'or, pour goûter, dans une paix tranquille, toutes les satisfactions et tous les plaisirs que l'imagination peut inventer ? Pourquoi ne s'arrêtent-ils pas ? Pourquoi vont-ils toujours sans repos ni merci ? A qui profiteront ces étranges ardeurs ? Non pas à eux certainement, car ils mourront à la peine. Mais cette peine ne sera point perdue pour le but que poursuit la Nature. Il semble qu'elle ait désigné ces hommes pour une fonction dont ils sont les instruments aveugles ; qu'elle les prenne à la gorge et leur crie, sans pitié : Marche, maudit, marche toujours ! Et ils marchent, et les trésors s'accumulent, et les caravanes traversent les déserts, et les vaisseaux sillonnent les mers !

Sous un soleil implacable, des milliers d'ilotes, les fers aux pieds, en proie à d'intolérables souffrances, travaillent sous le fouet de gardiens barbares, qui leur laboure les flancs ; des milliers de matelots traversent les abîmes, affrontent la tempête et les ouragans, pour nous apporter les produits de cette monstrueuse exploitation de l'homme par l'homme. Est-il bien nécessaire que les peuples de l'Europe consomment des denrées coloniales, au prix du sang de leurs semblables, ou, tout au moins, de tourments et de périls qui révoltent l'humanité ? Non sans doute, car ils s'en sont bien passés pendant des centaines de siècles, et ils ne s'en portaient que mieux. Ces produits ne sont pas plus indispensables à la vie, ni même au bien-être sainement entendu, que tant d'autres, qu'il serait trop long d'énumérer, et qui coûtent la santé et la vie à tant de travailleurs : ceux qu'il faut aller, à travers mille dangers, arracher jusque dans les entrailles de la terre, ou préparer dans des ateliers insalubres, avec des substances vénéneuses, et jusqu'à de simples objets de parure que des malheureux, voués à une mort presque certaine, vont cueillir au fond des mers, sous la dent des requins. Mais quoi ? avec cet immense va-et-vient, les richesses circulent, des courants fécondants s'établissent, les races se croisent, les déserts se peuplent, et la vie afflue à tous les bouts du monde !

Ah ! sans doute, il eût épargné au genre humain *bien des crimes, bien des misères et bien des horreurs*, celui qui, « *arrachant les pieux, comblant le fossé* » du premier usurpateur du sol, « *eût crié à ses semblables : Gardez-vous d'oublier que les fruits sont à tous et que la terre n'est à personne !* » Mais autant eût valu essayer d'endiguer les torrents que la fonte des glaciers a précipités du haut des montagnes, et d'empêcher l'océan de se soulever sous l'attraction de la lune et du soleil !

Et comment, d'ailleurs, cet homme prévoyant se fût-il rencontré ? Où eût-il trouvé matière à une telle protestation ? Si ce n'était qu'un être brut et passif, où eût-il pu puiser l'idée d'un droit quelconque ? Et si c'était déjà une âme façonnée au contact social, la simple nature était déjà bien loin derrière lui !

Du moment, en effet, que l'homme sort de l'état de nature, il entre dans un état factice, régi par d'autres lois, qui sont à déterminer. Il faut avoir présent à la pensée que, si la Nature, en créant l'homme intelligent, lui a donné la faculté d'intervertir l'ordre primitif des choses, elle ne lui a point fait ce don dans un intérêt individuel ; et que si, par une contradiction apparente, elle a jeté les bases, dans l'individu, du développement excessif de sa propre personnalité, ce n'est que pour augmenter la puissance de cet agent nouveau, dans l'intérêt supérieur et unique du genre humain et de la vie universelle. Ce qui deviendra LE DROIT, ce ne sera donc pas toujours ce qui paraîtra cadrer le mieux avec une égalité que la Nature elle-même n'observe point dans son domaine direct, mais ce qui servira le plus opportunément son plan caché.

Au reste, s'il est vrai que la propriété inégale et les distinctions sociales découlent invinciblement de la constitution de l'âme humaine, telle qu'elle s'est formée, non isolément, mais solidairement avec le monde moral et social auquel elle appartient, il n'y a pourtant rien là que de contingent et d'artificiel. Tout ce que l'homme établit est variable et sujet au changement, et l'âme humaine, élément essentiellement ductile et malléable, se prête à tout avec une telle souplesse, qu'il est bientôt impossible de distinguer l'habitude de la nature elle-même.

En dehors des quelques préceptes naturels qui font à l'homme un devoir de se conserver et d'être bon pour ses semblables, et qui ne sont, après tout, que la traduction raisonnée des lois qui le régissaient obscurément à l'état brut, et qui restent des principes inviolables dans quelque état que l'on se place ; il n'y a pas dans la distribution des biens, ni dans les distinctions sociales, de justice absolue. Sans doute, il appartient à la société de consacrer ou de fonder, entre ses membres, un ordre de choses quelconque, et de réprimer sévèrement toutes les atteintes à cet ordre établi, qui sont bien réellement des crimes à son point de vue : mais des crimes seulement, tant que la force majeure, résultante de toutes les activités conscientes ou inconscientes, qui est la voix de la Nature et qui seule est LE DROIT, n'aura point bouleversé ces institutions pour en élever d'autres sur leurs ruines.

Toutes les institutions humaines ont été légitimes à leur heure : même le servage, même l'esclavage ; sans quoi elles ne se fussent point consolidées. (Je n'entends point, bien entendu, excuser les abus particuliers et les traitements inhumains, qui sont toujours des crimes contre la nature.) Ces institutions sont tombées quand leur fonction sociale a été remplie.

Et c'est même là ce qui achève de me démontrer que la fin de l'homme n'est point dans le bonheur, ni dans la vie morale individuelle. Car, si seulement aujourd'hui, nous avons des notions justes sur la dignité et la liberté humaines (et qui sait si c'est encore là le dernier mot du progrès !), comment expliquer que tant de générations en aient été privées ? Et que pendant des milliers d'années les hommes ne se soient point doutés de leurs droits respectifs ? Il a fallu trente siècles de tâtonnements et de luttes, sans compter les temps dont l'histoire ne nous a point gardé le souvenir, pour conquérir, sur un coin seulement du monde civilisé, la *liberté individuelle,* qui pourtant devrait être le premier droit et le premier bien de l'âme humaine, étant donné sa constitution intime ; et encore la pratique est-elle loin de la théorie !

Non ! ce n'est pas pour eux, que les hommes, ni même les générations travaillent. Nouveaux Tantales, ils courent sans cesse après un idéal qui fuit devant leurs pas. Leurs institutions ne sont que des MODUS VIVENDI. Ce qui est le droit aujourd'hui, ne sera plus le droit demain. Mais, en attendant, ils marchent ; cela suffit : ils vont où la Nature les conduit.

Que le philosophe, maintenant, admire les étranges dispositions de l'âme humaine qui engendrent, d'une part, la domination et, de l'autre, la servitude même volontaire ; que, comparant les hommes aux bêtes, il s'étonne de trouver à celles-ci plus de sagesse dans la simplicité de leurs instincts naturels ; de les voir ardentes à défendre leur liberté, ne cherchant point à prendre l'empire les uns sur les autres, ne se soumettant point à travailler entre elles pour engraisser de leurs sueurs quelques privilégiés : je me bornerai à répondre que les bêtes ne sont point destinées à accaparer, à leur profit, le domaine de la vie.

Quoi qu'il en soit, de la donnée de l'âme humaine, je vois découler logiquement l'idée du tien et du mien et l'appropriation, par l'initiative et l'activité individuelles, des biens et des choses nécessaires à la vie. Je vois, en même temps, par le simple jeu de ces activités, les inégalités se produire, et s'établir la hiérarchie des rangs, à l'origine des sociétés et avant toutes règles positives.

Sans doute, ces éléments ont dû se combiner diversement suivant les influences extérieures, des milieux, des climats, de la manière de vivre, des préjugés acquis ; suivant l'enchaînement des circonstances et des événements ; car tout cela, je le répète, n'est au fond qu'artifice et expédient; mais la communauté des biens, l'égalité parfaite entre les âmes, leur indépendance entière, au regard les unes des autres, ne sont que des chimères.

Et quand les progrès de l'esprit humain auront mieux fait ressortir l'excellence individuelle de l'âme; quand, par l'éducation et le travail, la dernière molécule sociale aura conquis le sentiment de sa dignité et de sa valeur, ce n'est point à niveler les têtes que devront s'attacher les visées du législateur : car cela est impossible et contre nature; mais à assurer l'égale protection à tous dans le libre jeu de leurs facultés, afin que tous les éléments puissent se classer suivant leur mérite; que ce qui est en bas puisse monter sans obstacle à la surface, si c'est là son poste; qu'aucune force utile ne soit perdue; que la marée monte toujours; car l'immobilité, c'est la mort.

Et vous, ô déshérités de la fortune, n'enviez pas trop le sort des puissants et des riches : car ce n'est pas pour eux qu'ils jouissent; et, s'ils le croient, ils se trompent et se préparent plus d'un mécompte. Qu'ils le sachent ou non, ils remplissent une fonction sociale. Gardez-vous des revendications violentes, qui pourraient faire choir cette fonction en des mains malhabiles. Laissez faire la nature : on ne lui en impose jamais. Quiconque aura démérité à ses yeux tombera fatalement. Votre seul droit, le droit de tous, le droit de chacun : c'est le droit à la vie, et le patrimoine commun en répond. Mais, c'est pour mieux le faire fructifier au profit de tous, qu'il faut rendre la bride aux passions et aux intérêts, et ne point contrarier, par des théories creuses, l'œuvre spontanée et féconde des forces suscitées par la nature !

III

LA FAMILLE.

Les mêmes tendances que j'ai observées dans les rapports de l'homme avec les choses, je les remarque plus accentuées encore dans les relations des sexes entre eux.

Dans l'état de nature, l'union des sexes n'est qu'un fait.

Dans l'état social et par une conséquence logique du sentiment de personnalité, qui est le caractère essentiel de l'âme humaine, cette union engendre un droit.

Par le libre choix des parties contractantes, il y a en quelque sorte acte de propriété d'une partie sur l'autre.

Ceux-là connaissent bien peu, ou feignent d'ignorer le cœur humain, qui viennent nous prêcher l'union passagère des sexes, au gré des caprices du moment!

Il n'y a point d'objet dans lequel le sentiment du choix et de la possession exclusive se fasse sentir avec autant d'énergie et d'intensité, que dans cette union.

C'est qu'en effet, cet objet touche aux fins mêmes de la nature.

L'homme et la femme sont le complément l'un de l'autre. Séparés, ils ne sont que des non-valeurs ; rapprochés, ils forment un tout complet : *l'homme-femme*, l'élément fécond, la véritable molécule sociale, le principe reproducteur et propagateur de la vie. Ils seront, non pas *deux dans une même chair*, mais UN DANS DEUX CORPS.

Si l'homme tend, par une inclination invincible, à étendre sa personnalité jusque sur les choses qui doivent contribuer à son entretien physique, et qui ne sont, après tout, que des accessoires inertes et insensibles; avec quelle force, avec quelle puissance, ne s'attachera-t-il point à la seconde partie de lui-même, à l'être qui comble la lacune de sa propre substance, qui lui donne son entière valeur, qui le rend apte à sa véritable fonction!

Aussi, il n'est point douteux que l'homme, rendu sédentaire par les intérêts qui l'attachent au coin de terre qui le nourrit, sur lequel il a élevé son toit de chaume ; ou celui qui, dans une vie plus nomade, promenant les troupeaux qu'il a élevés, à travers les vastes pâturages qui n'appartiennent à personne, va planter sa tente au gré du caprice qui conduit ses pas : il n'est pas douteux, dis je, que ces hommes, ayant conscience de leur personnalité et des nécessités de leur existence, n'aient d'abord éprouvé le besoin d'avoir auprès d'eux une compagne fidèle, sur laquelle ils se sont attribué le même droit que sur les choses qu'ils se sont appropriées par la main-mise de leur travail. Et, comme cette compagne, elle aussi, est un être intelligent et libre, qu'elle est consciente d'elle-même et de ses droits, et qu'elle se donne par un acte de choix ou d'adhésion volontaire, ce droit deviendra réciproque et le noyau de la famille se trouvera formé.

Bientôt, outre l'inclination mutuelle qui a formé ces nœuds, l'habitude d'une même vie, la possession paisible, les soins réciproques, l'échange des mêmes idées, le mélange des intérêts, les plaisirs goûtés et les douleurs souffertes en commun, l'amour-propre et surtout la survenance de rejetons issus de cette union, en resserreront les attaches ; et ce mariage naturel deviendra, sinon indissoluble, du moins perpétuel et sans durée limitée. Seules, des causes graves et tout à fait inopinées, dans un état où l'homme subit encore la saine influence de la nature et où les passions, filles de l'imagination dépravée, n'ont point encore perverti ses sens, pourront briser ces liens ; et, le plus souvent, la mort seule viendra les dissoudre.

L'homme en société sera généralement monogame. La répartition à peu près égale, que la nature a faite, des individus, entre les deux sexes, indique cette tendance. Mais ce qui lui donnera encore plus de force, ce sera la notion de l'égalité morale entre l'homme et la femme.

Ces deux êtres, compléments l'un de l'autre, ont, dans une action tendant à la même fin, des aptitudes et des fonctions diverses. Ils se suppléent réciproquement et augmentent de valeur l'un par l'autre. C'est une erreur de croire que l'un de ces éléments gagnera en puissance ce que l'autre perdra en dignité. Comme deux foyers jumeaux qui, en se rapprochant, dégagent une lumière beaucoup plus intense que la somme de leurs clartés parallèles tenues à l'écart ; ainsi l'homme et la femme, en s'unissant étroitement, profiteront, chacun de son côté, de leur développement respectif. Aussi, malheur aux peuples, qui auront amoindri le rôle de la femme ; qui ne verront en elle qu'un être inférieur, impropre à d'autre fin que la satisfaction d'un plaisir ou l'accomplissement d'une fonction purement animale ; ils resteront barbares ; leur civilisation demeurera incomplète et frappée d'impuissance et si, sous l'empire de quelque excitation passagère, ils sont amenés à jouer un rôle considérable dans les destinées humaines, ils décherront tôt ou tard, d'un prestige usurpé; ils s'effaceront fatalement devant l'influence prépondérante de ceux qui auront su mieux mettre en valeur toutes les forces sociales.

L'égalité des droits exclut naturellement tout partage injurieux. La polygamie n'a pu s'établir que sur les ruines de la dignité de la femme et au détriment de la population. Elle ne saurait d'ailleurs être généralisée dans les contrées mêmes où elle est permise à peine d'annihiler une partie des agents qui concourent à l'entretien de la vie; et elle y restera toujours à l'état d'exception très rare. Mais, même restreinte à quelques cas spéciaux, elle n'en est pas moins funeste aux peuples qui la tolèrent, à raison de la notion fausse qu'elle leur donne du rôle social de la femme. Et, à ce titre, elle semble prohibée par la nature.

Je vois donc la famille, la famille monogame et perpétuelle, découler logiquement de la donnée de l'âme humaine.

Dans l'état de nature, la mère allaitait et soignait ses petits, par une inclination et un besoin instinctifs. Mais, avec l'âme, cet instinct va devenir l'amour maternel, prodiguant ses soins éclairés et vigilants et son esprit d'abnégation et de sacrifice.

Un sentiment semblable s'éveillera chez le père, par la connaissance de sa paternité. Avec les rejetons, qui viendront compléter la famille, naîtront de nouveaux rapports, à l'égard desquels vont se reproduire, chez les hommes, les mêmes tendances que dans leurs relations avec les choses et dans celles des sexes entre eux.

Tant que la nature se chargea seule de l'entretien de la vie, au moyen des instincts qu'elle avait mis dans les êtres reproducteurs, le père ne dut même pas connaître sa descendance; et les soins de la mère ne duraient sans doute qu'autant que l'être nouveau ne pouvait subsister par lui-même. Mais, du moment qu'ayant conscience de ses actes, l'homme en put suivre les effets, en vivant dans la société constante de la femme qu'il avait fécondée; du moment qu'il put reconnaître son sang, un sentiment puissant et jusqu'alors inconnu dut s'emparer de lui. La même inclination naturelle qui le poussait à s'approprier tous les produits de son activité s'affirma, avec une bien autre énergie, sur ce qui était *la chair de sa chair et les os de ses os*. Il se substitua à la nature, dans le soin d'élever sa progéniture, comme il s'était déjà substitué à elle pour sa propre conservation; et le pouvoir paternel prit naissance. Dès lors, le père exerça son industrie, non plus pour lui seul, mais aussi et surtout pour les êtres qui n'étaient que la prolongation de lui-même. Il comprit que, quand il cesserait de vivre, il ne mourrait pas tout entier; qu'il revivrait dans d'autres êtres qui continueraient après lui la tradition de la vie issue du même sang : et il se mit à travailler sans relâche, pour accumuler les moyens de subsistance; car ses prévisions, qui se bornaient d'abord à lui-même, s'étendirent à d'autres générations.

C'est ainsi que la nature tira, de l'éclosion de l'âme humaine, ce nouvel aliment d'activité, qui tendit à décupler la puissance productrice de ses agents.

Otez à l'homme la notion de la famille et de la transmissibilité des droits du père aux enfants, et vous paralysez du même coup les meilleurs ressorts de son énergie productrice. Qui voudra produire, s'il n'est assuré que les fruits de son travail passeront à sa descendance? Qui ne préférera vivre, au jour le jour, ou épuiser, dans une stérile et énervante jouissance, les quelques biens amassés dans une jeunesse laborieuse? Les plaisirs démoralisateurs prendront la place du travail, principe plus fortifiant encore, par lui-même, que fécond par ses résultats. Le niveau de la vitalité s'abaissera et il se produira une réaction inévitable; ou malheur alors aux peuples qui s'attarderont sur la route du progrès ; car il faudra qu'ils soient balayés par quelque race plus forte et plus vigoureuse.

La famille constitue l'être du second degré. Elle aussi a son âme, qui est dans ses traditions, dans sa continuité, dans la communauté des intérêts et des vues, dans la solidarité de ses membres, dans l'identité du sang, dans l'unité du même principe vital qui fait, que les êtres qui la composent ne sont que la continuation et les prolongements les uns des autres, comme les rameaux qui sortent du même tronc et se partagent la même sève.

Cette étroite solidarité des membres de la famille s'accuse jusque dans les préjugés des hommes. La raison, qui argumente, aura beau dire que nul ne saurait être considéré que par ses propres actes, ni estimé que sur sa valeur personnelle ; qu'un fils vertueux ne saurait porter la peine des fautes d'un père coupable ; et que le descendant indigne d'ancêtres glorieux ne couvre point ses vices et sa bassesse, des vertus de ses aïeux. Cela est vrai sans doute, en pure morale. Ces maximes seront même dans toutes les bouches, de l'aveu de toutes les intelligences. Et cependant voyons un peu comment se comporte le sentiment instinctif des masses. Dans toutes les traditions vraies ou feintes des peuples, les crimes et les hauts faits des individus rejaillissent sur la famille entière. La postérité de Caïn sera maudite ; celle de Cham sera flétrie ; à plus de douze siècles d'intervalle le musulman honorera encore, dans une individualité obscure, le sang de son Prophète. Au sein même de notre civilisation éclairée, que le neveu d'un Lacenaire se présente : il parviendra peut-être, dans un cercle d'intimes, à lever la réprobation qui pèse sur son nom ; mais en attendant qu'il se fasse connaître par ses vertus, toutes les mains éviteront la sienne ; ce nom même disparaîtra, nul ne voudra plus le porter et ceux à qui il appartient tâcheront de le répudier et de rompre l'attache qui les lie à une personnalité infâme. Toutes les têtes, au contraire, s'inclineront devant le descendant d'un grand homme, fût-il l'être le plus vulgaire, et l'œil semblera encore chercher autour de son front quelque auréole de la gloire paternelle. Au milieu de notre société si jalousement égalitaire, l'homme d'élite tirera plutôt vanité d'une origine illustre que de ses talents personnels ; et la première injure que nous aurons à jeter à la tête d'un homme qui, sans antécédents, se sera élevé de lui-même par son propre mérite, ce sera de l'appeler un parvenu.

Certes, ces préjugés ne seraient point si tenaces, s'il n'y avait derrière eux quelque loi profonde, confusément pressentie : une loi physique, peut-être, qui s'impose avec plus de force que tous les raisonnements.

C'est que l'homme ne vit ni seul, ni par lui seul, ni pour lui seul ! Il n'est qu'un atôme composant de plusieurs autres êtres, qui englobent par sphères concentriques sa mince individualité : la famille d'abord, la race ensuite, et puis par degrés l'humanité tout entière. Le sang qui coule dans ses veines dérive d'un filon qui représente une traînée de vie commune. Si ce filon est atteint dans sa source, toutes les branches en pâtiront, tandis que sa richesse et sa générosité s'épancheront sur elles, et, qu'à mesure qu'il grossira, les rameaux en sortiront plus grands.

Dans la famille morale, la participation à un même monde idéal accuse encore davantage cette solidarité. C'est là surtout que la famille est un être un et indivisible. La continuité et la tradition des vertus font présumer l'énergie du principe vital et moral qui l'anime, comme la déchéance de l'un de ses membres en accuse l'appauvrissement et le déclin, qui semble devoir atteindre en même temps le corps entier. Un grand homme isolé qui s'élève n'est qu'un éclair qui passe ; s'il ne tient à rien de notable, ce n'est qu'un accident, et il a besoin de faire souche, pour montrer la réelle puissance de la parcelle de vie qui milite en lui.

Quoi qu'il en soit, l'âme de la famille se comporte exactement comme l'âme individuelle. Elle aussi a ses annexes extérieures, conquises sur la substance commune, par l'activité de son chef et de ses membres. Elles lui sont acquises au même titre que les annexes de l'âme individuelle.

Assurément, la réglementation de la famille, de l'exercice et de l'étendue des droits et des devoirs réciproques d'autorité et de soumission, entre le chef et les membres, pourra varier suivant les lieux, suivant les plis que les âmes auront contractés dans leur développement : car, je le répète, du moment que nous sortons de la nature brute, tout devient factice, quoique les conséquences découlent toujours logiquement des principes posés. Mais la famille, quelle que soit son organisation particulière, la famille avec sa continuité de vie, dans son centre, comme dans ses dépendances externes, m'apparaît comme un résultat direct de la personnalité humaine.

L'accumulation des biens dans la famille et leur transmissibilité des aïeux aux descendants va aggraver, dans des proportions énormes, les inégalités qui ont déjà pris leur source dans la variété des degrés des facultés individuelles. A l'origine, l'occupation personnelle a dû être indispensable, pour constituer le droit de propriété et le maintenir : mais bientôt, avec l'hérédité, nous allons voir apparaître le droit distinct du fait, la propriété indépendante de la possession et de la jouissance ; en un mot le droit d'*aubaine*, ce grand scandale des adversaires de la propriété.

Les économistes nous diront que la propriété, même du

sol, à raison de sa mise en valeur au prix d'efforts assidus, et aussi par suite des mutations successives, représente toujours du *travail accumulé :* c'est-à-dire ce qui est le plus incontestablement susceptible d'une appropriation légitime.

Cela est vrai. Mais il faut considérer cette question à un point de vue plus élevé. Il ne s'agit point de savoir si le droit de propriété, poussé jusqu'au droit d'aubaine, est *juste* (je n'entends pas bien ce mot, en pareille matière), mais s'il favorise l'élan et l'épanouissement de l'activité humaine.

Je l'ai déjà dit : ce ne sont point les règles que l'on peut tirer d'une prétendue égalité naturelle, qui d'ailleurs n'existe nulle part, qui constituent le droit social. Dans la nature, d'abord, il n'y a pas de droit ; il n'y a que des faits. Chacun prend ce qu'il peut de la substance commune. L'individu ne compte que pour composer l'espèce. Si, dans l'état social, l'ordre des choses paraît changé, ce n'est que par suite d'une illusion d'optique propre à l'âme humaine, qui tend à rapporter tout à elle et qui, de ce penchant, tire son énergie productrice, à son profit selon elle, mais au fond et en dernière analyse, au profit de l'ensemble. L'homme, devenu conscient de lui-même, poursuivra avec ardeur la satisfaction de ses intérêts personnels ; mais si c'est là son but à lui, pour la Nature ce n'est qu'un moyen. Elle plane au-dessus de toutes les compétitions particulières, elle réduit tout à son plan par le simple jeu des rivalités qui luttent entre elles, et tout ce qui lui est contraire n'est point né viable. La société sera donc amenée nécessairement à consacrer, comme règle, non telle notion préconçue, enfantée dans tel cerveau, mais ce qui favorisera le mieux son expansion.

Or quels règlements arbitraires, basés sur des conceptions jalouses et restrictives et par conséquent erronées, pourront valoir la profonde et large coulée, que se creuse le torrent des activités se déroulant de lui-même, sous l'influence de poussées secrètes ?

La famille, comme l'individu, n'est qu'une force et un agent social, plus puissant que l'agent individuel, parce qu'il est collectif et que sa portée est plus étendue. Tout ce qui augmentera son énergie créatrice secondera le plan de la nature.

Vous donc qui parlez d'anéantir la propriété et la famille, avez-vous trouvé un moyen plus propre à surexciter chez l'homme l'ardeur au travail ? Car tout est là. Quand vous aurez assigné à chacun son lot tiré au cordeau, ferez-vous que l'indolent ne s'endorme ou que l'impuissant ne se rebute sur son champ demeuré infertile, ou que le vigilant et le fort ne perdent de précieux efforts, sur un théâtre trop restreint pour leurs facultés débordantes ? Perte des deux côtés ! Et qui en sera la première victime ? sinon le faible lui-même qui, n'ayant pas su tirer parti de sa portion, n'aura rien à prétendre sur celle de son voisin plus habile, lequel n'aura déjà pas trop pour lui. Lorsque vous aurez tranché le lien et anéanti l'âme de la famille, en mettant une solution de continuité entre le père et les enfants, qui voudra prévoir au delà de son besoin personnel, et de quels profits ne priverez-vous point la société ?

Ou si vous voulez faire une masse commune, établir une régie sociale des biens, où les parts seront égales, sur les fruits du travail de tous ; je dirai simplement : prenez bien garde à ceci : on donnera son sang pour la patrie ; on lui sacrifiera même, dans des jours de détresse, tout ce que l'on peut posséder : on ne lui donnera pas ses peines et ses soucis de chaque jour. C'est que la patrie n'est pas et ne sera jamais, quoi qu'on fasse et quoi qu'on dise, une simple collection d'intérêts privés. C'est à la fois plus et moins. Plus : car le sentiment, d'essence supérieure, qui constitue la solidarité de la patrie, plane au-dessus des intérêts matériels ; moins : car si dévoué qu'un citoyen puisse être à la chose publique, il ne s'y apportera jamais tout entier. Il gardera toujours quelque chose par devers lui ; et ce quelque chose sera précisément sa personnalité active et militante, dans la lutte quotidienne de la vie, son moi intime, l'honneur et la prospérité de son foyer, son amour et ses préférences légitimes pour lui-même et pour son sang.

Il faut donner à ces tendances, à peine d'en énerver le ressort, un horizon moins vaste, un but plus prochain que le bien-être général de tout un État. Le lien de la patrie et celui de la famille ne sont point de même nature. On mourra avec joie, je le répète, pour la gloire de l'une ; on ne travaillera que pour le bien matériel de l'autre.

Mais il y a une raison plus péremptoire : pour en arriver là, il faudrait auparavant anéantir l'âme humaine.

IV

LA RELIGION.

Lorsque sortant peu à peu de la nuit de l'état de nature, l'humanité commença à jeter un regard intelligent sur elle-même et autour d'elle, elle dut se trouver dans la situation d'un voyageur égaré, qui s'éveillerait au milieu de profondes ténèbres, dans un lieu qui lui est complétement inconnu. Il s'étonne d'abord de ce qu'il rencontre sous sa main : un faible crépuscule lui laisse bientôt entrevoir les objets voisins ; puis les lueurs de l'aube éclairent vaguement les divers points du paysage, et il cherche à s'orienter au milieu de sites qu'il considère pour la première fois, se demandant quelles contrées cachent à ses yeux les horizons qui bornent sa vue.

Mais cette image est trop faible pour donner une idée des incertitudes qui durent assaillir l'âme humaine, quand se prenant à se considérer dans ses actes et dans ses rapports avec les choses et les autres êtres, elle essaya de se rendre compte du rôle qu'elle jouait, au milieu de ce monde nouveau pour elle.

Les premières relations sociales s'étaient sans doute déjà établies par l'effet logique des tendances propres à la personnalité humaine, avant que l'homme fût amené à faire ce retour sur lui-même. Mais, en y réfléchissant, il dut bientôt s'apercevoir que les liens, qui le rattachaient aux choses et à ses semblables, étaient précaires, et que ses établissements ne reposaient que sur la tolérance de ses voisins. Il sentit le vide autour de lui et s'efforça de trouver des points d'appui.

Il ne lui fallut pas une recherche bien longue, pour s'apercevoir de la dépendance dans laquelle il se trouvait, à l'égard des forces supérieures qui le dominaient. Il était libre, mais dans un cercle borné et resserré, et tous les éléments exerçaient sur lui une influence à laquelle il ne pouvait se soustraire. Par le jeu même du mécanisme de son entendement, lorsqu'il constata un fait, il en rechercha la cause; et, comme il rapportait tout à lui, jugeant des choses par ce qui se passait en lui-même, cette cause lui apparut comme une volonté semblable à celle qui dirigeait ses actes. Tout ce qui avait sur lui une action salutaire ou funeste fut doué par lui d'une intention bienveillante ou ennemie. De là, à animer ces causes, à en faire des êtres réels, à leur consacrer un culte, à leur faire des offrandes, afin d'obtenir leur faveur ou d'apaiser leur colère, la pente était toute tracée. Bientôt il s'habitua à les prendre pour les arbitres de ses destinées. Il s'imagina aisément que c'étaient ces êtres qui avaient disposé les choses telles qu'elles se trouvaient; et il vit, dans cette disposition, un effet de leur volonté.

C'est ainsi que la religion prit naissance et devint la base des rapports sociaux. Dès lors, attaquer quelqu'un dans sa personne, dans sa propriété, dans sa famille; porter atteinte à l'ordre établi fut un outrage à l'œuvre des dieux et un crime puni par eux.

On comprend quelle force ces croyances donnèrent aux établissements des hommes. Les institutions ne furent plus des faits arbitraires, mais le résultat d'une destination et d'une distribution faites par ordre supérieur et auxquelles chacun dut se soumettre à peine de rébellion.

Plus tard, l'âme humaine se dégageant de plus en plus, le sentiment de son immortalité s'empara d'elle. Les destinées terrestres et passagères ne lui suffirent plus. Cette vie ne fut plus que le prologue d'une autre vie, où elle devait trouver la récompense ou le châtiment de ses actes ; et cette croyance fournit la plus puissante sanction des règles établies.

La tendance religieuse tient à la forme même et à la portée de l'esprit humain. L'homme a, au sentiment religieux, une telle propension, qu'il n'est point permis de douter que ce penchant ne rentre dans le plan de la Nature. Tout, d'ailleurs, le porte dans cette voie. Il y a d'abord dans toute intelligence, même la plus grossière et la plus obtuse, un besoin de conviction, une prédisposition spéculative, qui cherche à se rendre compte de tout ce qui la frappe. L'esprit humain, d'autre part, est assez clairvoyant, pour remarquer qu'il est dominé par des puissances supérieures, dont il est le jouet : il l'est trop peu, pour distinguer le véritable caractère et l'essence réelle de ces puissances. Il se sent entouré de mystères qu'il est impuissant à pénétrer. Et cependant, il lui faut une croyance pour guider ses pas, pour stimuler son ardeur et asseoir ses efforts, sans quoi le sol manque sous ses pieds, il s'agite dans le vide. A défaut de la vérité qui échappe à ses atteintes, il faut donc qu'il s'en fasse une à tout prix.

Aussi, voyez avec quelle avidité il absorbe tout ce qui est jeté en pâture à cet instinct mystérieux. L'absurdité même ne l'effraye point. Et ce n'est pas seulement au sein des masses ignorantes, mais même parmi les esprits les plus cultivés, que les doctrines les plus étranges trouvent parfois des adeptes fervents et convaincus.

La croyance à une cause supérieure, qui dirige tout, repose d'ailleurs sur un fondement très réel. Que l'on fasse de cette cause un être indépendant, créateur de toutes choses et gouvernant le monde matériel et moral par des lois éternelles ou par une providence de chaque instant ; ou bien que cette cause suprême ne soit que l'ensemble des conditions d'existence de l'Être unique et infini, qui renferme en lui toutes les manifestations secondaires et dérivées de la vie ; il est certain que pour rendre compte de tous les phénomènes physiques, biologiques et moraux, il faut remonter à cette cause.

La religion, c'est-à-dire la notion, partagée par un même groupe de croyants, des rapports qui relient les effets à la cause principale, et qui légitime l'action des êtres doués du libre arbitre, est le couronnement nécessaire de tout édifice moral et social.

Couronnement factice d'un édifice artificiel ! Il n'est point nécessaire qu'une religion soit vraie ; ou plutôt elle est toujours vraie, du moment qu'elle résume le plus parfaitement possible les aspirations et les tendances des groupes humains et qu'elle leur procure l'accomplissement de leurs destinées, dans la lutte universelle pour la vie.

C'est là ce qui explique l'étonnante diversité des croyances religieuses. A l'origine surtout, les religions durent varier à l'infini. Les intelligences primitives incapables de s'élever tout d'un coup à la notion d'un seul Être dominant tout dans une action unique, et d'ailleurs influencées diversement, par les causes et les phénomènes les plus multiples, se firent des dieux de tout. Il y eut des dieux amis et des dieux ennemis. Chaque groupe, chaque famille, peut-être, eut le sien ; et ces dieux, protecteurs d'intérêts rivaux, devinrent les adversaires les uns des autres. Ce ne fut qu'à la longue, lorsque de grands courants sociaux s'établirent, lorsque les idées commencèrent à s'épurer et à s'élever au-dessus des étroits horizons des groupes particuliers, que les âmes se fusionnèrent dans une foi commune à tout un grand peuple, à toute une race, et que se dessinèrent les grands centres religieux, résumant toute une civilisation.

Dans le jeu des destinées humaines, la philosophie ne saurait remplacer la religion.

La philosophie est fille de la raison individuelle. Or, qu'est la raison individuelle pour les âmes incultes qui forment la masse des peuples? Et, en admettant même la plus large diffusion des lumières, les hommes en seront-ils plus véritablement éclairés sur le point qui nous occupe, si ce point reste obscur pour les intelligences les plus hautes, et si, parmi les philosophes les plus profonds, on compte toujours à peu près autant de systèmes que de têtes? Entre les facultés diverses de l'esprit, la raison est sans doute l'élément progressif; c'est une sorte de pointe mobile, qui va toujours cherchant et quêtant l'inconnu, pour doter de nouvelles découvertes le monde intellectuel et moral, et qui, à ce titre, prépare à la longue le progrès de l'avenir. Mais en attendant que toutes les intelligences adhèrent à ce progrès, la raison individuelle n'est qu'un ferment de discorde et de désunion. Or, ce qu'il nous faut, c'est un instrument de cohésion : peu importe lequel, pourvu qu'il cimente les rapports sociaux et qu'il resserre les liens qui unissent les groupes, en les animant du même souffle et de la même croyance.

La religion seule donne satisfaction à ce besoin. Elle s'appuie sur le sentiment. Et j'entends ici, non point cette sorte d'instinct intellectuel qui, comme la raison, diffère chez chaque individu : mais ce sentiment contagieux et communicatif, qui circule à travers les masses comme un courant magnétique, et qui, fondant toutes les âmes dans le même creuset, finit par constituer l'autorité qui plane sur la foi qui s'incline. Ce n'est d'ailleurs que par ce sentiment, que les conquêtes de la raison elle-même arrivent à s'imposer aux foules, incapables de suivre les déductions du penseur.

Ce sentiment est vraiment la qualité maîtresse de l'esprit humain ! C'est à lui qu'il faut s'adresser pour faire vibrer tout ce qu'il y a de puissant et d'élevé dans l'âme humaine. C'est lui qui inspire les grandes œuvres et qui fait les grands hommes. C'est par lui que triomphe le poète, l'orateur, et que le savant lui-même se divulgue et popularise ses découvertes. C'est surtout sur lui que s'appuient, pour fonder ou pour détruire, les prophètes inspirés.

Inspirés ! ils le sont bien réellement ; non de la vérité pure, sans doute : ce n'est point là le fait de l'humanité ; mais de quelque nécessité sociale dont ils sont les interprètes le plus souvent inconscients. Oui, les illuminés sont bien réellement des prophètes ! Imposteurs, habiles politiques, fanatiques de bonne foi, tout ce que l'on voudra, et peu importe ! Ils n'en ont pas moins une mission, et cette mission est véritable, car ils n'ont d'action qu'autant que le terrain est préparé, autour d'eux, pour recevoir la semence qu'ils y jettent, par les circonstances, par la lutte des activités, par l'instinct de réaction contre des abus criants, par l'enchaînement des faits historiques, par le besoin d'une force directrice pour servir les tendances qui se manifestent chez les races, à certaines phases de leurs évolutions.

Les croyances religieuses, en effet, n'ont point seulement pour fin de servir de base aux rapports internes établis entre les membres de groupes homogènes. Ces rapports pourraient subsister sans elles, et l'on peut, quoi qu'on en ait dit, être respectueux des lois morales et des institutions sociales, même sans religion. Mais elles ont surtout pour effet, en animant les peuples d'une foi et d'une pensée communes, d'en faire, au lieu d'associations inertes, des puissances actives et des forces militantes.

Dans le monde moral, comme dans le monde physique, tout ce qui est soumis à un même courant d'action tend à se rapprocher; et en se rapprochant, cherche à s'organiser pour lutter contre les influences rivales. Aussi une religion ne sera point seulement une doctrine partagée par un certain nombre d'intelligences, dans leur for intérieur. Mais elle tendra essentiellement à se former en corps social, avec ses chefs respectés et ses membres soumis et disciplinés; avec ses dogmes, ses préceptes, son culte, son âme en un mot. Elle deviendra un être moral compact et solidaire, ayant son existence et sa personnalité propres.

Instruments d'union et de discipline à l'intérieur, les religions sont des ferments de luttes et de rivalités au dehors. Elles n'ont jamais été étrangères et souvent elles ont servi d'unique mobile aux grands mouvements qui se sont produits dans l'humanité; aux collisions qui, en jetant les races les unes sur les autres, ont entremêlé les flots de la mer humaine. Elles sont un aliment considérable de l'activité des peuples, et, à ce titre, elles prennent place au premier rang des forces vives qui remuent la société et qui, en la secouant sans cesse, la portent où ses destinées l'appellent.

Certes! elles n'ont point failli à cette mission. On peut ouvrir l'histoire, on trouvera à chacune de ses pages la trace souvent sanglante, mais toujours vivifiante, des rivalités religieuses.

Sans parler des peuples anciens, qui marchaient les uns contre les autres, sous la bannière de dieux rivaux et ennemis, et chez lesquels, comme l'a fort bien observé Rousseau, toutes les guerres étaient des guerres de religion, on verra les barbares du quatrième siècle s'élancer hors de leurs forêts, sous l'excitation de leurs divinités, qui leur faisaient des objets de délices des combats sanglants et des expéditions aventureuses. Et ils vinrent ainsi régénérer le monde romain, qui se mourait de toutes sortes de vices et d'excès contre nature.

Pour les Arabes du septième siècle, l'heure de l'expansion avait sonné. Leur tour était venu d'ensemencer largement le champ de la vie. La parole inspirée de leur prophète tomba chez eux, comme une étincelle qui enflamme une mine. Et ils débordèrent sur le monde, pour y faire prévaloir le contingent d'un sang nouveau.

Les barons du onzième siècle croupissaient au milieu d'une vie politique sans ampleur, divisée et morcelée à l'infini. Cette existence meurtrière, dont les éléments intérieurs s'usaient dans une lutte fratricide et inféconde, ne pouvait durer. La foi ardente et contagieuse les précipita sur l'Orient, d'où ils rapportèrent les germes d'une civilisation plus avancée.

Au seizième siècle, la religion joue encore un rôle prépondérant, dans les luttes intestines où s'élabore la société moderne.

Superstitions, dira-t-on ; erreurs déplorables, qui entraînent à leur suite le meurtre, le carnage et tous les fléaux !

Qui sait ?... Je me suis toujours défié, pour mon compte, de ceux qui veulent juger l'histoire au point de vue d'un concept qu'ils se sont formé *à priori*, et surtout de ceux qui veulent tout ramener à ce que l'on appelle le sens commun et la sage raison. Comme si le sens commun, qui est peut-être le dernier raffinement de l'esprit humain, et que l'on ne peut atteindre que par une longue culture, dans le silence et l'anéantissement des passions, pouvait être le mobile des actions des hommes, d'abord abrupts et ignorants et partant, superstitieux ; puis devenant peu à peu plus éclairés, mais d'autant plus passionnés que l'intelligence croissante offre de nouveaux aliments à leurs aspirations.

Non, ce n'est point la sage raison qui préside à la direction des actions humaines ! Cette direction part de plus haut, et elle s'imprime par des moyens qui, pour être plus aveugles, n'en sont que plus énergiques.

Les évolutions de l'humanité sont régies par des lois biologiques qui surpassent la raison de l'homme. Ces lois sont aussi certaines, quoique inconnues, et tout aussi nécessitantes que les lois physiques qui règlent l'action des éléments. Et ces lois physiques elles-mêmes ne sont point étrangères aux destinées morales des peuples. Car, dans la nature, tout se tient, tout s'enchaîne ; et, pour rendre compte du moindre phénomène de la vie du plus chétif des êtres, peut-être faudrait-il scruter à fond, non-seulement tous les mystères du globe qui nous porte, mais aussi connaître l'influence qu'exercent, sur lui, les autres mondes, qui composent l'ensemble infini dont il fait partie.

La plus saillante et la plus évidente, en somme, de ces lois est celle du mouvement qui travaille sans relâche les éléments de la vie. Il se produit dans l'humanité un phénomène semblable à celui qui s'observe dans l'atmosphère ou dans une masse liquide. Si l'air est raréfié et devient plus léger sur un point, si une couche d'eau s'échauffe sous l'action d'une chaleur dissolvante, les masses plus denses y affluent à l'instant. Les compétitions, les rivalités morales des peuples, ne sont que des prétextes et des moyens que la nature emploie, pour alimenter et ravitailler sans cesse le réservoir de la vie. Au milieu de cet énorme ondoiement, les individus, les races même, sont noyés sous les flots envahisseurs ; qu'importe ? C'est là la loi iné-luctable de la lutte, et le progrès est à ce prix !

Or, de toutes les forces sociales, celles qui servent le plus énergiquement cette impulsion occulte, ce sont les religions. Il y a, dans la forme seule des associations religieuses, avec ses initiations, ses solennités, ses symboles extérieurs qui consacrent une idée commune, avec les serments qui lient ses adeptes, et le souffle mystérieux qui les anime, une telle vertu militante, que jamais foyer quelconque d'activité morale et sociale ne s'est formé chez un groupe d'hommes, qu'ils n'aient appelé à leur aide, sinon le dogme, du moins la forme religieuse, avec ses rites, ses emblèmes, ses conjurations et son fanatisme, et qu'au besoin ils feront des religions *positivistes*, et se mettront en religion, rien que pour nier Dieu et la religion.

Sans doute, pour le croyant, la religion est toujours l'expression la plus haute de la vérité. C'est la règle sûre et infaillible, à ses yeux, qui le guide dans l'accomplissement de ses destinées. Cette illusion est nécessaire, sans quoi où serait la force de ce mobile ? Mais ce qui prouve qu'il y a là quelque chose de plus que la simple recherche de la vérité, c'est le caractère ardent et exclusif des croyances religieuses. La contemplation de la vérité devrait être sereine et sans passion. Le croyant, tranquille dans sa foi, peut bien éprouver le besoin de porter ses convictions dans l'esprit de ses semblables : c'est là une inclination naturelle à l'âme humaine. Mais, à quoi bon la violence ? Répand-on le sang pour propager une découverte scientifique ? Tant pis pour l'incrédule, après tout, s'il se complaît dans son erreur.

Mais il semble que, quand on touche aux questions religieuses, on remue les laves d'un volcan. L'esprit philosophique lui-même, lorsqu'il veut combattre la superstition, perd son sang-froid, se laisse entraîner par la passion, et devient agressif et persécuteur.

L'intolérance est de l'essence même des religions. Sans l'intolérance, cette force motrice perd son ressort, et n'a plus de raison d'être. Vouloir une religion tolérante, c'est vouloir un orage sans électricité ; un torrent sans pentes, ni rapides. Quand les religions deviendront tolérantes, elles seront bien près de disparaître, car alors elles auront épuisé leur fonction sociale.

Aucune religion ne saurait être immuable ni universelle ; pas plus que l'âme humaine, en se développant sous l'influence des causes les plus variées, ne saurait être fondue sur un seul type. Toute religion est essentiellement locale et particulière à chaque groupe qu'unissent des tendances et des intérêts communs, et elle change nécessairement au fur et à mesure que se modifient ces intérêts et ces tendances. Elle incline toujours à s'identifier avec le corps politique et social, quand ce corps est formé de groupes homogènes. L'histoire en offre de grands exemples.

L'antique religion des Brahmanes se déchire et enfante le Bouddhisme, pour servir les revendications de nouvelles couches sociales.

Le Mahométisme, après s'être répandu comme une avalanche, se partage en plusieurs branches, pour animer les rivalités de peuples frères, mais divisés d'inclinations et d'intérêts.

Le Christianisme présente le même spectacle. Quand il fit son apparition, notre ancien monde n'avait plus de frontières intérieures. Toutes les barrières des peuples étaient submergées sous le débordement du flot romain. Tout semblait s'être fondu en une seule masse. Mais le besoin de réaction se fit bientôt sentir, et le principal agent de cette réaction se répandit sans obstacle, comme un courant qu'aucune substance réfractaire n'arrête, sur tous les points où son action était nécessaire.

La conquête était le triomphe de la force : une religion, toute de mansuétude, en vint combattre la dureté. Les croyances avaient sombré sous les erreurs grossières du Paganisme ; or, les croyances sont un élément de vie : la foi ardente se substitua à l'indifférence et au scepticisme payens. Les appétits matériels, extraordinairement surexcités par l'affluence des richesses, par les abus d'un luxe sans frein, menaçaient de ruiner la personnalité humaine, et de détendre les ressorts de l'énergie vitale, en la confinant dans les bornes étroites de jouissances malsaines et énervantes : le mépris des biens de la terre, la pauvreté évangélique, l'esprit d'abnégation et de sacrifice, les aspirations vers un autre monde idéal, la rudesse d'une vie simple et dédaigneuse des satisfactions grossières des sens, transformèrent les âmes et imprimèrent un nouvel essor à leur activité, en lui offrant de nouveaux aliments. Les inégalités sociales étaient devenues exorbitantes ; d'un côté le maître tout-puissant, n'ayant d'autre règle que son caprice et sa fantaisie ; de l'autre, courbés devant lui, des multitudes d'êtres, sans aucun droit, même à la lumière du jour, à la vie que la nature prodigue à tous les êtres : et voilà que soudain d'étranges théories se mettent à circuler : tous les hommes sont égaux devant le Maître et le Père suprême ; c'est le même sang, racheté par la vie d'un Dieu, qui coule dans les veines du patricien et de la misérable bête de somme, à face humaine, qui se traîne à ses pieds. Et tel est le pouvoir des doctrines mystérieuses, plus puissantes que Spartacus et ses hordes armées, que le cœur du despote s'amollit, et qu'il finit *par voir des frères où n'étaient que des esclaves.*

Dans les révolutions humaines, comme dans le laboratoire des forces naturelles, toute action appelle la réaction.

La brutalité est combattue et vaincue par la douceur, le déchaînement des appétits sensuels par les aspirations mystiques, l'indifférence sceptique par la foi contagieuse, la richesse et l'orgueil par l'humilité et la pauvreté, la domination et la servitude par la charité et la fraternité. *Contraria contrariis !*

L'action du Christianisme se borna au monde romain, et expira à ses limites. Cela devait être : il n'avait rien à faire ailleurs.

Mais la religion chrétienne, née de circonstances particulières, leur emprunta le caractère de son influence sociale. Elle ne fut point à l'origine, comme d'autres religions l'ont été, le Mahométisme par exemple, une force active favorisant l'expansion d'une race ; mais au contraire une force défensive, contre les abus d'une pareille expansion accomplie. Elle relia, dans un intérêt commun de réaction contre la force, des races de tendances les plus diverses, un moment comprimées sous le même joug. En prêchant le désintéressement des biens terrestres, elle était peu propre à créer un foyer d'activité pour les développements matériels des peuples qu'elle avait éclairés. Elle laissa le monde romain sans énergie contre l'invasion des barbares. Mais elle produisit sur les hordes conquérantes, les mêmes effets que sur les précédents envahisseurs. Elle les transforma, adoucit leur férocité, atténua les rigueurs de l'invasion et prépara la stabilité d'un nouvel état de choses.

Puis, quand l'équilibre se fut rétabli ; quand les nationalités commencèrent à se dessiner de nouveau, à se condenser dans des limites plus précises, à s'asseoir sur de nouvelles bases ; la religion, tout en conservant quelque chose de son empreinte originelle, commença à changer de caractère. D'idéale et de détachée du monde, qu'elle était primitivement, pour réagir contre les tendances matérielles, elle se fit plus positive, pour ciménter de nouvelles attaches sociales et servir de nouveaux besoins. Elle descendit du ciel en terre. De passive, on la vit active et remuante ; d'un instrument de libération, elle arriva à être un instrument de domination ; de persécutée, elle devint persécutrice.

Il n'y a là aucune contradiction ; mais au contraire la conséquence nécessaire des évolutions biologiques et sociales.

En même temps, et par une conséquence tout aussi inévitable, elle commença à se démembrer. Les hérésies apparurent ; les schismes se produisirent. N'accusons pas trop les esprits novateurs et inquiets de ces déchirements intérieurs: les novateurs n'ont autour d'eux que l'influence qui leur est préparée par les circonstances qui appellent leur intervention. Et surtout n'opposons point l'esprit d'erreur à l'esprit de vérité, où il n'y a que la lutte légitime d'éléments sociaux qui s'entre-choquent. En réalité, des intérêts et des inclinations contraires ne sauraient combattre sous le même drapeau.

La conception de Bossuet, qui, d'après Origène, fait aboutir toutes les révolutions des peuples de l'antiquité à un état de choses destiné à favoriser l'établissement et la propagation universelle du Christianisme, est vraie dans une certaine mesure et à un certain point de vue.

En premier lieu, cette universalité n'est, bien entendu, que relative : puisque des races nombreuses sont restées en dehors de ce grand mouvement religieux, par cela même qu'elles se mouvaient dans une autre sphère d'action, et qu'elles y sont toujours, depuis, demeurées étrangères.

En outre, on prend ici l'effet pour la cause. Il est certain que tout, dans l'ancien monde, a concouru à former la religion chrétienne, qui a été la première forme de la civilisation occidentale à son aurore (comme je le montrerai plus loin); car une civilisation est toujours le résultat des évolutions qui l'ont précédée et qui l'ont amenée. Pour celui qui a suivi avec quelque attention le cours des idées, la filiation des doctrines et la succession des événements, dans l'ancien monde juif, asiatique, grec et romain, l'établissement de la morale évangélique et du dogme chrétien n'est nullement un mystère et il n'est besoin, pour l'expliquer, d'aucune révélation miraculeuse. L'ardeur de la lutte a donné, à cette civilisation naissante, la forme mystique de la religion. Il le fallait ainsi, sans quoi elle fut restée à l'état d'école philosophique, comme d'autres doctrines, qui ne lui cédaient en rien en sublimité : le stoïcisme, par exemple. Car ce n'est point par la froide raison qu'on agit sur les masses, mais par l'entraînement de la foi aveugle et par la contagion des passions.

Mais, ce qui restera universel : c'est cette civilisation avec son caractère d'ensemble et pourtant diversement nuancé ; et non la religion dans sa forme primitive et en tant que corps constitué. Car la religion est un moyen et non une fin et, à ce titre, elle se prête nécessairement aux variations qui se produisent dans les marches et les contremarches de l'humanité.

Vainement, en effet, les chefs de la religion travailleront, de tout leur pouvoir, à lui maintenir ce caractère relativement universel, qu'elle tenait de sa libre éclosion à travers le monde romain. Peines inutiles ! L'universalité n'avait été à l'origine que le résultat d'une surprise ; la conséquence d'un ordre de choses qui a cessé d'exister. Du moment que la vie se retire de son ancien centre, pour se former des foyers spéciaux sur divers points ; toutes les forces sociales, et par conséquent la religion, se concentrent autour de ces foyers nouveaux pour les animer et les nourrir. Ces forces revêtent nécessairement un caractère propre et exclusif. Des religions distinctes, ou tout au moins des sectes dissidentes, se formeront donc autant de fois qu'il y aura quelque tendance et quelque mouvement particulier à favoriser. Ici ce sera le Schisme grec ; plus loin la Réforme, qui, dans ses diverses manifestations, détachera des peuples entiers de leur ancien centre religieux. Et tel peuple, qui restera orthodoxe et fidèle à l'unité, ne le sera qu'avec des restrictions : son orthodoxie et sa fidélité affecteront une nuance particulière : la fille aînée de l'Église sera gallicane et non ultramontaine. Les religions se morcelleront même, au sein des peuples, pour servir des rivalités intestines, chaque fois que des abus solliciteront une réaction, ou que les intérêts seront divisés : car, au fond, les religions ne sont que les étendards qui rallient les groupes dans le grand combat de la vie, et sur lesquels chacun croit lire la devise triomphante : *In hoc signo vinces !*

V

LA MORALE.

Propriété, famille, religion! Je ne viens point changer les bases séculaires de la société. Je tâche seulement de déterminer leur vrai caractère et de leur assigner leur réelle portée.

Si j'ai passé en revue ces institutions, avant de parler des lois générales, qui doivent régir les rapports des hommes civilisés, c'est que, dérivées immédiatement des données de la personnalité humaine, elles m'apparaissent comme logiquement antérieures, non-seulement à la société constituée avec des pouvoirs réguliers, mais encore à la morale proprement dite, à la morale universelle.

Quelle a dû être en effet la première pensée de l'homme, lorsque la conscience de lui-même et de ses besoins lui a suggéré la prévoyance de l'avenir? Sans doute, d'assurer autant que possible ses moyens d'existence, ensuite de s'attacher à un être d'un autre sexe, pour perpétuer sa famille, puis de chercher à légitimer les faits acquis, en les transformant en droits.

Assurément, ces institutions ne se sont point créées tout d'un coup. Le premier objet de la propriété a pu n'être qu'un outil, une arme grossière, une simple caverne usurpée par le premier occupant. Les liens de la famille n'ont point acquis de suite toute leur stabilité. La religion n'a été d'abord qu'un obscur fétichisme. Ces manifestations de l'âme humaine se sont produites et dirigées en sens divers, plus ou moins rapidement ou complétement, suivant l'influence des causes extérieures ou intimes : des climats, de la fertilité ou de la stérilité naturelles du sol, des nécessités de la vie, de l'organisation physique plus ou moins parfaite et des aptitudes variées des races et de mille autres impulsions qui échappent à nos recherches. Car ces développements, quoique factices et résultant de l'activité spontanée des êtres raisonnables, sont toujours dirigés, en dernière analyse, par l'action occulte de la nature.

Mais, c'est autour de ces faits primordiaux que s'est groupée peu à peu la morale sociale. Et cette morale, qui n'est en définitive que l'idée que l'âme humaine parvient à se faire, de ses rapports avec ses semblables et qu'elle érige en règle de conduite, est, comme le développement de l'âme elle-même, sujette aux variations, aux préjugés, aux erreurs, aux redressements et au progrès.

On a beaucoup parlé de la loi naturelle, dont les préceptes sont, dit-on, gravés par la nature elle-même au fond du cœur humain : de sorte que l'homme n'a qu'à s'interroger, pour en dégager la notion.

Je voudrais bien que l'on m'expliquât au juste ce que c'est que cette loi naturelle.

Il me semble que, quand on en aura extrait, pour l'homme, le devoir de veiller à sa propre conservation, de donner la pâture à ses petits, tant qu'ils en auront besoin, de ne point faire de tort inutilement à ses semblables, toutes règles que les bêtes elles-mêmes observent par instinct, bien mieux que l'homme, d'après les déductions de sa raison, on aura à peu près épuisé toutes les prescriptions de cette loi naturelle. Mais la loi naturelle ne saurait prévoir le respect de la propriété, puisque la nature n'a point ordonné que tel coin de terre appartiendra à l'un plutôt qu'à l'autre. Elle n'a point prescrit non plus que Paul serait le serviteur de Pierre et lui devrait le respect et l'obéissance. Elle n'a écrit nulle part que telle femme sera exclusivement à tel homme, en vertu de telle formalité, et que ce sera dès lors un crime de s'unir, en dehors de ces alliances factices, qui ne se forment que trop souvent en dépit des convenances naturelles. Le but de la nature est, au contraire, que tout le monde vive de la substance commune, que les mâles et les femelles s'accouplent de la manière la plus favorable à la multiplication de l'espèce ; et, du moment qu'elle obtient des rejetons robustes et vivaces, elle s'inquiète fort peu si elle froisse des convenances sociales ou d'artificiels amours-propres.

La loi naturelle n'est que le pur instinct de la nature. Ce n'est point là la morale. La morale prévoit les relations des hommes non à l'état brut, mais à l'état de société : et telle action, qui sera absolument innocente et même méritoire aux yeux de la nature, sera criminelle au point de vue de la morale, même sans qu'aucune loi positive en prononce l'interdiction, et seulement parce qu'elle répugne aux conquêtes de l'âme humaine. Ce que l'on appelle à tort la loi naturelle n'est déjà qu'un produit factice, inégal et progressif de l'intelligence ; et ce que le philosophe regarde comme la nature, quand il pénètre au fond de lui-même, n'est qu'une *première habitude,* c'est-à-dire : l'âme déjà cultivée et artificiellement développée.

Au reste, il est faux que l'homme trouve, dans son propre fonds, en dehors de toute éducation et par la simple intuition de sa conscience, les notions primordiales de la justice et de la vérité dans les rapports sociaux. La loi naturelle (si l'on tient à cette donnée) sera claire peut-être, pour un philosophe comme Volney. Le sera-t-elle au même degré pour le paysan illettré ? Ou si ce dernier en a acquis néanmoins quelque idée confuse, par le frottement avec le milieu civilisé où il passe son existence, en sera-t-il de même pour le sauvage absolument inculte, qui vit au fond des bois ? Ce dernier, qui n'est déjà plus d'ailleurs l'homme de la nature, n'aura-t-il point même oublié le premier instinct commun à tout être et, pour lui, la morale ne consistera-t-elle point à dévorer l'étranger qui tombera entre ses mains ?

Qui ne voit, en effet, que l'éclosion de l'âme a commencé par tuer l'instinct de nature ? Du moment que l'homme, entrant dans une nouvelle voie, par un effort spontané de sa faculté pensante, s'est mis à raisonner sur lui-même et sur ce qui l'entourait, l'instinct a disparu pour faire place à la recherche libre et hésitante de la vérité. De sorte que cette morale naturelle, qui guidait ses actions dans son état originel, (si l'on peut appeler morale un instinct irraisonné), a dû être plus tard reconquise progressivement par l'intelligence.

Or, une expérience de tous les temps et de tous les jours démontre que l'esprit humain ne va point directement au simple et au vrai, par une pente naturelle. Pressé par ses appétits, ses passions, ses aptitudes, ses inclinations, il s'agite, il cherche, il se trompe, il reconnaît ses erreurs; et ce n'est qu'après avoir parcouru tous les détours des rêveries les plus bizarres, qu'il arrive à démêler quelques lueurs de la vérité. La découverte de la vérité n'est pour lui, en quelque sorte, qu'un résultat négatif. Elle jaillit seulement, après d'infinis tâtonnements, de l'évanouissement des mirages et des imaginations extravagantes que, dans sa hâte de vivre, et poussé aveuglément vers un but qu'il ignore, il se forge *à priori*, sans égard aux plus simples enseignements des faits. Et peut-être est-il vrai de dire que la notion du droit naturel n'est, dans l'ordre moral, comme le sens commun dans l'ordre intellectuel, que le produit du dernier effort de l'esprit humain. Il a fallu sans doute une philosophie profonde et l'anéantissement de bien des préjugés, pour arriver à découvrir ce seul précepte : *Ne fais pas à autrui ce que tu ne voudrais pas qu'il te fût fait.*

La notion de la morale naturelle appartient donc seulement à un état de civilisation avancée et nul, sans doute, ne saura jamais ce qu'il a fallu balayer d'épaves et d'immondices, pour remettre à nu le sol primitif de l'instinct originel !

Quoi qu'il en soit, je me fais aisément une idée, par la marche de la civilisation, de l'établissement progressif d'une loi morale générale, parmi les hommes.

Chacun des éléments devenus conscients, qui composent la société, cherche d'abord sa place et s'efforce de s'amalgamer avec les éléments voisins. J'ai indiqué les tendances principales et nécessaires de cette première évolution, autour desquelles les modes de combinaison varient à l'infini, sous l'influence de causes multiples. Il en résulte, en premier lieu, des communautés et des sociétés restreintes : peut-être simplement le prolongement de la famille. Les données de ce classement, qui sont la résultante des efforts du groupe, dans la lutte pour l'existence, en forment d'abord la loi et la morale ; et les membres vivent entre eux, conformément aux idées reçues et aux préjugés qui s'établissent, lesquels, étant donné l'étonnante faculté d'assimilation que possède l'âme humaine, se substituent à la nature. Puis les groupes divers s'étendent, se communiquent, s'entre-combattent et se pénètrent. Les préjugés se frottent et s'usent l'un par l'autre. Des notions plus générales se font jour. Par un effet de la loi du mouvement qui agite la masse humaine, de larges courants s'établissent, les idées s'épurent, et l'on commence à avoir quelque notion de la morale universelle, indépendante du *modus vivendi* des peuples. Les religions, qui sont les plus puissants véhicules de l'activité humaine, s'emparent de ces notions, et, profitant de ce travail, en quelque sorte analytique et anonyme, et qui s'est constitué pièce à pièce, elles en reprennent et s'en approprient les résultats par la synthèse, et les proclament comme la loi universelle donnée *à priori* par la Divinité.

Je n'ai point l'intention de refaire ici un traité *de Officiis*. Je me borne à sonder les caractères généraux, la nature et la portée des choses. Je me demanderai d'abord comment la notion de la morale arrive à la conscience et quels en sont le *criterium*, le fondement et le principe obligatoire.

Il est incontestable que, dans l'état de société, la première notion de la morale ne se dévoile à la conscience individuelle que par la révélation sociale.

Qu'est-ce en effet que l'âme individuelle, si ce n'est principalement le rayonnement, dans l'individu, de l'âme commune du monde civilisé : âme formée progressivement des conquêtes accumulées des générations? L'âme individuelle n'est-elle point impuissante à se dégager par elle-même des matériaux bruts de la nature? C'est la société qui forme cette âme par l'éducation ; c'est dans l'âme sociale qu'elle puise tous les aliments qui la nourrissent, et, quand elle regarde au fond d'elle-même, que peut-elle y voir, si ce n'est le reflet de la pensée générale qu'elle s'est appropriée peut-être à son insu?

Sans doute, quand l'âme individuelle est formée, elle

tend, par l'effet de l'initiative personnelle qui est en elle, à se mouvoir d'un mouvement propre, à réagir à son tour sur l'âme commune ; à apporter, si l'on peut ainsi dire, sa pierre à l'édifice général ; et c'est de cette réciprocité d'action, du tout sur la partie et de la partie sur le tout, que sort le progrès incessant.

Mais ce progrès même, quelle intelligence individuelle, si puissante soit-elle, peut le revendiquer comme sien? Quel est le génie, quel est le prophète, quel est l'illuminé qui, posant le doigt sur le moindre atôme du monde intellectuel et moral, peut se flatter de dire : « Ceci est mon œuvre ! » Pour mettre cette œuvre en lumière, n'a-t-il point été travaillé lui-même par toutes sortes d'influences étrangères ? Et qui fera la part de ce qui, dans sa propre pensée, est à lui ou à tous ? Quand une idée est mûre, ne la voit-on point surgir inopinément de tous les côtés ? Et n'assistons-nous pas tous les jours aux revendications, sincères d'ailleurs, des inventeurs qui se disputent la priorité d'une découverte, et qui ne voient pas qu'ils n'ont fait que traduire concurremment une donnée, qui flottait déjà confuse dans l'âme commune et qui était près d'éclore? Non! le génie lui-même n'est point absolument créateur, et peut-être n'est-il en somme, dans le concert général des intelligences, qu'une corde qui vibre plus puissamment que les autres, sous le même souffle inspirateur !

Il suit de là que le *criterium* de la morale, si tant est que l'on puisse appeler de ce nom la commune mesure d'une chose jusqu'à un certain point artificielle et flottante, n'est point la conscience individuelle, mais la conscience générale de l'humanité civilisée.

La conscience individuelle, pour être juge infaillible en pareille matière, aurait besoin de faire taire d'abord la voix de ses intérêts et de ses passions : œuvre tellement ardue, que l'on peut dire hardiment qu'elle surpasse les forces de l'homme. Et sans parler même de passions ni d'intérêts privés, que les grandes âmes peuvent fouler aux pieds sans regrets, qui me dit qu'elles ne subiront point à leur insu l'entraînement de quelque préjugé spécial d'éducation ou de classe, l'influence de quelque condition d'esprit particulière, ou même de quelque grande idée systématique et fausse? Qui me dira si telle conception qui germe, si tel jugement qui se formule au fond d'une intelligence solitaire, ne relève point plutôt de la pathologie que de la vérité suprême et transcendante ?

Et qui donc êtes-vous, âme superbe, pour vous prétendre infaillible et pour affirmer que vous ne relevez que de votre propre conscience ? Ne vous est-il donc jamais arrivé, je ne dis point de différer d'opinion avec votre voisin, tout aussi impartial et tout aussi éclairé que vous, mais d'être dissemblable à vous-même dans les jugements que vous portez? N'y a-t-il point d'exemple que vous n'ayez éprouvé d'abord un sentiment de réprobation pour tel acte, de répulsion pour tel principe, et que, plus tard, par suite d'un travail lent et caché, qui s'est opéré en vous, vous n'en soyez venu à voir les choses sous un autre jour et à adorer ce que vous aviez brûlé ? Qu'il y ait une justice absolue, soit, je n'y contredis point ! Mais quelle idée en avez-vous, si ce n'est une idée relative ? Vous voyez le juste et le vrai, comme vous voyez les objets corporels, à travers les perceptions de vos organes, plus ou moins vivement, plus ou moins nettement ou clairement, suivant que ces organes sont plus ou moins affectés par des causes d'illusions ; et, pour être assuré que vous n'êtes point trompé par quelque mirage, vous avez besoin que d'autres yeux les voient comme vous.

Il est, j'en conviens, des esprits impartiaux, qui paraissent inaccessibles aux faiblesses humaines, et qu'on aimerait à prendre pour juges dans leur propre cause. Mais, outre que ce ne sont là que de rares exceptions, dont il ne faut tenir nul compte quand il s'agit de généralités ; qui ne voit que ces grands esprits ne sont élevés au-dessus du vulgaire et que la considération ne s'attache à leurs lumières que parce qu'ils incarnent plus fidèlement que les autres l'autorité de la conscience impersonnelle et universelle?

La morale n'est point une donnée individuelle. L'homme seul ne serait point un être moral. La morale est une donnée sociale, la seule juridiction à laquelle elle ressortisse est donc la conscience sociale.

Non point, peut-être, que la règle proclamée par la conscience générale ait une source plus pure que celle que peut tirer d'elle-même la conscience individuelle, puisque, en définitive, elle n'est que la résultante du travail qui s'opère dans les individus ; mais dans ce travail d'élaboration, outre qu'il est inspiré par une direction supérieure, les conceptions entachées d'erreur se contrôlent et s'éliminent l'une par l'autre, de façon à ne laisser surnager que ce qu'elles contiennent de pur et de vrai.

Il y a d'ailleurs dans la société un sentiment contagieux du juste qui n'est point sujet aux mêmes illusions, ni aux mêmes causes d'erreur que chez l'individu, parce qu'il plane au-dessus des passions et des intérêts privés. Les hommes, pris en masse, sont essentiellement moraux et vertueux. Ils ne se trompent guère que quand ils font sur eux-mêmes l'application de leurs principes.

Il y a, dira-t-on, des préjugés ! Soit, mais qui m'assure que quand je vois là des préjugés, je ne commets point moi-même un préjugé? de quel droit, quand il s'agit de faire acte, non d'individu isolé, mais de personnalité morale et sociable, mettrai-je ma raison particulière au-dessus de la raison de tous ? Suis-je assez éclairé pour être certain de posséder seul la vérité, en une matière qui intéresse, non point moi seul, mais la société tout entière ? Au reste quand un sentiment s'est établi universellement et qu'il a été consacré par le temps, il n'est pas exact de dire que ce soit une erreur, fût-il faux en lui-même : car il a toujours sa source dans quelque grande loi de la nature, qui pousse l'humanité dans ses voies.

Quant au fondement de la morale, il est dans la sociabilité même de l'être humain ; et, en dernière analyse, dans la nature, qui a évidemment façonné cet être en vue de son développement social, et qui reste toujours la grande inspiratrice de ses actes et de ses évolutions.

Le principe obligatoire de la morale, c'est la nécessité de la vie commune et solidaire, et le véritable ressort par lequel ce principe agit, c'est le sentiment communicatif qui se dégage de la participation au même monde idéal.

Les lois, la religion ne sont que la sanction et la mise en œuvre de ce principe social, de cette sorte de fluide vivifiant, qui court à travers les membres de la société.

Le meilleur moyen pour assurer le règne de la morale, c'est l'éducation qui forme des esprits éclairés, des âmes honnêtes, des corps sains et robustes, aux appétits simples et naturels, et qui contractent ainsi une seconde nature dont ils n'ont qu'à suivre l'impulsion correcte et salutaire.

Le respect de la considération publique (qui montre à quel point l'âme individuelle est dépendante de l'âme commune et forme un tout indivisible avec elle), la prévoyance des maux qu'engendre la violation des préceptes de la morale, la crainte des peines portées par les lois, la foi religieuse, peuvent sans doute empêcher bien des écarts : ce sont là de puissants auxiliaires de ce sentiment de sociabilité qui fonde et cimente les rapports sociaux : mais je dis qu'on est sobre, chaste, tempérant, bon père, bon fils, bon époux, bon citoyen, secourable au prochain, parce qu'un heureux naturel ou l'éducation vous ont fait tel ; et que, qui n'est point honnête par lui-même et par sa communion intime avec l'autorité morale qui émane du foyer social risque fort de ne point l'être davantage, ni par la religion, ni par la terreur des maux et des châtiments, ni par le respect de l'opinion.

Il y a dans toute société une force intrinsèque qui tend à sa conservation. Les bandits observent rigoureusement les rapports qui font la force de leur association ; les joueurs entre eux sont plus scrupuleux pour acquitter leurs dettes, que la loi ne reconnaît pas, que l'honnête homme lui-même pour le remboursement d'un prêt, qui a la sanction des tribunaux ; l'honneur était à lui seul le principal lien de la société féodale, comme il l'est encore, bien plus que la discipline en elle-même et que la crainte des châtiments, de toutes les corporations d'hommes qui portent l'épée au côté. Les rapports sociaux s'observent parce qu'il faut que la société subsiste, parce que ses membres se sentent solidaires les uns des autres. Les sanctions pénales, aussi bien spirituelles que temporelles, ne sont que des accessoires.

J'ai entendu souvent reprocher à des systèmes de philosophie de détruire la morale ! Hélas ! détruit-on le soleil parce qu'on fait une théorie erronée sur la lumière ?

Il est curieux quelquefois d'entendre les clameurs dépitées des sectaires, qui prédisent la ruine de la société parce qu'ils assistent à la décadence de leur parti et de leurs croyances. Je suis tenté de leur crier : Hommes de peu de foi ! ne craignez rien ; la société a la vie dure ; il n'est même pas en son pouvoir de se suicider. Si elle déserte la voie qu'elle a suivie jusqu'ici, c'est qu'elle marche en avant. S'il lui faut des principes, soyez tranquilles : elle en trouvera. Elle tâtonnera, sans doute ; car elle-même ne sait où elle va. Mais elle retrouvera son assiette et ce ne sera pas un recul, mais un progrès.

La morale, en effet, n'est point une donnée absolue et invariable. Comme tous les produits de l'activité humaine, elle subit incessamment la loi du mouvement ascendant et aussi le contre-coup des révolutions de l'humanité.

La vie humaine, je l'ai dit, est un concours et une lutte. Tout ce qui sert cette lutte et s'y rattache est instrument de lutte. La morale elle-même ne dépouille point ce caractère. Si une tendance emporte l'humanité vers un excès, une autre tendance la ramène bientôt vers l'excès contraire. Et ce n'est point seulement réaction, comme je l'ai dit plus haut : c'est excès contre excès. De là naît l'équilibre et peu à peu le progrès.

Quand les passions efféminées ou brutales sont parvenues à s'imposer, l'idée aussitôt s'insurge. Et c'est ainsi, par exemple, que la morale stoïcienne a pris le contre-pied de l'abus des appétits sensuels et de la mollesse énervante qui rongeaient la civilisation grecque ; de même que la morale évangélique a été un instrument de combat contre les institutions et les mœurs basées sur la violence et la domination tyrannique.

Le stoïcien, cloué sur son lit de souffrance, ne se bornera point à supporter patiemment les atteintes de la maladie : il jettera son défi à la douleur elle-même et niera qu'elle soit un mal !

La morale de l'Évangile est sublime, sans aucun doute. Quoi de plus beau et de plus grand que ce seul précepte qui semble résumer toute la morale des hommes : « *Aimez-vous les uns les autres comme des frères.* » Mais attendez : « *Faites du bien à ceux qui vous persécutent. — Si l'on vous frappe sur une joue, tendez l'autre joue.* » Est-ce bien là l'application de la justice dans les rapports sociaux ? Non, assurément : mais à un excès, il faut opposer l'excès contraire. La générosité humble et touchante combat la malice bien plus puissamment que la justice elle-même. La soumission et l'humilité désarment mieux la persécution que la résistance ferme et digne. Le dédain des richesses, sous une compensation imaginaire, est une folie d'enthousiasme, qui attaque la passion effrénée de l'or avec bien plus de force, que la pauvreté stoïquement supportée. Une force justement mesurée est impuissante à lutter contre l'élan d'une force en excès. Il faut l'outrer pour obtenir l'équilibre.

Aussi la pratique de cette morale que l'on se plaît à appeler surhumaine, et qui n'est pourtant que l'effet logique des révolutions sociales, a-t-elle pu régner dans sa splendeur pendant quelques siècles : c'est-à-dire le temps qu'il a fallu pour transformer l'ancien monde ; et est-elle ensuite, son but atteint, tombée peu à peu, comme un feu qui s'éteint faute d'aliments, tout en jetant parfois quelques nouveaux éclats quand la nécessité l'a voulu ; et tout en restant encore l'apanage de quelques justes et de quelques âmes privilégiées, comme il en est dans tous les temps.

Et qu'on ne me dise point que l'âme humaine (j'entends ici l'âme de l'humanité), abandonnée à ses seules ressources, est incapable d'idées et de mouvements aussi élevés. Ma conviction est que l'âme humaine est capable de toutes les sublimités comme de toutes les extravagances, de toutes les vertus comme de toutes les erreurs. Toutes les idées ont eu leurs apôtres et leurs martyrs. La nécessité et l'enthousiasme suffisent à les engendrer et à les mettre en pratique. D'ailleurs, je ne nie point l'inspiration ; j'en conteste seulement la source. Sous l'influence de causes profondes, et qui échappent le plus souvent à l'analyse et à l'observation, il se fait continuellement dans l'âme humaine un travail souterrain. Les résultats de ce travail flottent et se condensent peu à peu, puis l'âme de la société a, comme l'âme individuelle, ses moments psychologiques. C'est alors qu'apparaissent les prophètes et les novateurs, impuissants par eux-mêmes, mais forts par l'inspiration qu'ils tirent des circonstances qui les entourent, et bientôt victorieux par les facilités qu'offrent à leur marche des voies obscurément mais depuis longtemps préparées.

Les Confucius, les Zénon, les Socrate, les Jésus, les Épictète n'ont jamais eu en réalité d'autre inspiration ; et quand l'élément mystique et religieux s'en est mêlé, c'est que la force des choses réclamait le concours de ce puissant moyen de propagation.

La morale est donc le résultat longuement élaboré, à travers mille vicissitudes, du développement progressif de l'âme humaine et sociable. Son assise primitive est dans la nature, sans doute ; et c'est aussi dans la nature sans cesse mieux étudiée qu'elle se retrempe en se perfectionnant.

Aussi la voyons-nous grandir et s'élargir sans cesse. La morale de l'Évangile, avec ses préceptes d'abnégation, d'humilité, de soumission aveugle aux puissances, a été le contre-courant destiné à neutraliser, par la loi des contraires le déchaînement des passions, dans des temps profondément troublés. Mais dans une société mieux équilibrée et dont les éléments sont mieux répartis à leur juste place, je n'hésite point à proclamer *la déclaration des droits de l'homme,* une notion morale supérieure à celle qui, pour donner satisfaction à la dignité de l'âme, est obligée de déplacer le but de son existence, pour le reporter dans un monde imaginaire.

Et si, maintenant, arrivé à ce point, j'embrasse d'un regard d'ensemble tout cet objet, je m'aperçois que la morale n'est en somme, elle aussi, qu'une force disciplinante et un moyen de mieux coordonner les efforts de l'humanité, dans l'intérêt de la vie universelle.

VI

LES CONFLITS DE LA MORALE ET DE LA NATURE.

La loi morale, si grande et si élevée que soit sa place, dans les nécessités sociales et dans les hauteurs de la conscience humaine, n'est point le mobile de nos actions. Elle en est la règle et le frein. Les mobiles de nos actions sont nos appétits naturels et surtout les passions et les besoins que l'âme s'est créés en se formant un monde nouveau au-dessus de la nature brute.

Or, ce n'est point sans tiraillements que cette règle s'applique. L'intérêt général se trouve parfois en opposition avec l'intérêt privé. Nos appétits et nos passions sont souvent contrariés par la règle, et la règle n'est que trop fréquemment violée. De là vient ce qu'on a appelé le mal moral.

Ceux qui imaginent que la loi morale a été révélée à 'humanité par un être supérieur ; ceux aussi qui, dans un autre système, la regardent comme une manifestation spontanée de l'intelligence, mais qui sont d'accord pour placer en elle la règle absolue du bien, se donnent beaucoup de peine pour justifier la Divinité ou la Nature, des maux qu'entraîne sa violation. Ils se montrent satisfaits quand ils ont rejeté ces maux sur la faiblesse et l'imperfection de l'homme, qui abuse de son libre arbitre.

Mais la question n'est pas aussi simple! Ni pour vous rationalistes, disciples de Voltaire, qui semblez croire encore que l'on se décide entre le bien et le mal, aussi posément, aussi maturément, qu'Hercule jadis, selon la fable, entre la Vertu et la Volupté; ni pour vous surtout, chrétiens, qui pendant la longue gestation de votre monde religieux et moral avez eu le temps de vous heurter à tous les grands problèmes, qui s'ouvrent comme des abîmes devant la pensée ; qui avez été ballottés de la liberté au fatalisme ; qui vous êtes troublés devant le sombre mystère de la prédestination, à tel point que vous enseignez encore aujourd'hui que la foi qui sauve est un *don gratuit*, un choix qui tombe sur les seuls élus, fussent-ils comme Saul au rang des persécuteurs ; et qui invoquez tous les jours, dans vos hymnes, le Dieu qui dispense arbitrairement la réprobation et la grâce : *qui salvandos salvat gratis!*

Le fait est que tous ne sont point placés dans des conditions égales pour l'observation de la règle. Sans parler des cas pathologiques, où des dispositions maladives influent sur les tendances de l'esprit; où le mal moral se greffe sur le mal physique; il est des natures heureuses qui n'ont qu'à suivre doucement une pente facile pour être honnêtes; à qui tous les sentiers de la vertu paraissent familiers d'instinct; que les mauvais exemples mêmes ne pourront dépraver, et qui réagiront au besoin contre les influences malsaines des milieux où le hasard de la fortune les a placées, pour aspirer au bien, comme à leur pôle naturel. Tandis qu'il est des êtres pervers qui semblent nés pour le mal ; qui, même issus de parents vertueux, portent déjà sur leurs traits, dès le sein de leur mère, je ne sais quel cachet de réprobation que toute éducation est impuissante à redresser, et qui sont poussés au vice par un irrésistible entraînement. Il en est à qui tout sourit dans la vie; qui ne peuvent faire un pas sans rencontrer le succès; pour qui jusqu'aux combinaisons du sort sont des forces amies; qui, avec des talents médiocres, s'élèveront facilement aux honneurs et à la considération: alors qu'il en est d'autres qu'un implacable ou ironique destin semble poursuivre avec acharnement; qui, quoi qu'ils fassent, sont toujours mal inspirés et qui, avec des facultés énergiques et puissantes, n'arriveront qu'à faire des criminels ou des déclassés.

N'est-il point évident que tous sont le jouet, du moins dans une large mesure, d'une influence plus haute que toute volonté librement réfléchie; et que c'est la nature qui, en tissant leurs fibres, en agençant leur organisme, en modelant leur complexion, en les dotant de dispositions plus ou moins heureuses, droites ou malsaines, leur impose leurs vertus et leurs vices, leurs grandeurs ou leurs faiblesses !

Et si l'on m'objecte qu'originairement la nature est toujours saine et correcte; que l'homme est naturellement bon; que les êtres dégradés au physique ou moralement vicieux ne sont que des êtres déchus par leur propre faute, par celle des circonstances ou plus souvent et plus grièvement encore par la faute de leurs ancêtres, j'en conviendrai volontiers; bien que la nature elle-même se plaise parfois à créer, sans antécédents apparents, des êtres infirmes et imparfaits; à déranger l'équilibre des facultés par l'influence de certains climats et de certains milieux; et que, dans tous les cas, elle soit complice des déviations qu'apporte, dans les organismes, la loi de l'hérédité. Je conviendrai encore qu'il n'est nature si ingrate qui ne puisse trouver sa voie normale dans le concours des activités ; qui ne puisse s'épanouir au bien sous le souffle de la civilisation, et dont la société, attentive à tirer parti de toutes les aptitudes, n'arrivât peut-être par une sage direction à faire un héros, au lieu d'un brigand.

Mais que prouve tout cela, sinon que l'homme ne se meut point isolément et en toute liberté dans la carrière de la vie ? qu'il dépend de tout ce qui l'environne, dans le monde moral, comme dans le monde physique, et que ses actes et leurs résultats ne peuvent être appréciés sainement que par rapport à l'ensemble dont il fait partie !

Ce n'est donc pas au point de vue individuel que cette question demande à être envisagée.

S'il nous était donné d'apercevoir, jusque dans les dernières profondeurs de notre être physique, non le jeu sommaire de notre organisme, mais la combinaison de toutes les particules de matière, qui soutirées de la substance commune et coordonnées par le principe vital qui est en nous viennent s'agglomérer et se fondre pour former notre substance particulière, une et indivisible; peut-être assisterions-nous à un spectacle étrange et curieux. Nous pourrions voir toutes ces molécules combattre entre elles pour s'appareiller et s'unir, se modifier au contact les unes des autres, s'éliminer réciproquement quand elles sont malvenues ou que leur fonction est remplie; et dans cette lutte intestine, nous verrions des principes délétères en eux-mêmes comme l'azote et le carbone, devenir vivifiants par leur mélange avec d'autres principes salutaires, lesquels à leur tour seraient mortels s'ils étaient en excès. Nous trouverions des poisons violents dans notre sang et dans nos humeurs; nous découvririons que les maladies qui affectent nos membres et nos organes ne sont qu'un travail d'épuration des éléments malsains, dont la présence en nous est pourtant indispensable à la vie; et que ces maladies, loin d'être des fléaux, sont en définitive utiles à l'équilibre de notre santé générale.

Ainsi sans doute en est-il de ce vaste corps qui est l'humanité. Les individus en sont les atomes, les familles les molécules et les races les membres divers. Tous ces éléments constitutifs ont besoin d'être affectés de qualités variées pour concourir à l'harmonie de l'ensemble. Il en est qui jouent le rôle de poisons. Les efforts en tous sens de ces éléments entretiennent, dans ce corps, comme une sorte de circulation du sang qui en ranime sans cesse la vigueur, en rejetant ce qui est impropre à la vie. Ce corps et ses parties ont leurs maladies physiques et morales qui ne sont sans doute, elles aussi, qu'une œuvre de purification. Et tout, en définitive, les vices comme les vertus, les calamités comme les événements prospères, sert à l'entretien, à l'assainissement, au progrès et à la santé de cet être.

Certes ! j'en conviens : il y a ici de quoi déconcerter la foi la plus robuste. Je ne me charge point d'expliquer comment le guet-apens, l'assassinat, le parricide, l'inceste peuvent servir au bien général ; et j'aime mieux proclamer hautement que ce sont là des crimes abominables contre la société et contre la nature elle-même. J'ignore aussi pourquoi la nature permet que des individus et des races entières se dégradent et s'amoindrissent par la dépravation des appétits naturels, par l'abus criminel des jouissances énervantes, faisant ainsi tourner en instruments de mort ce qui doit servir à l'entretien de la vie... A moins peut-être que ces individus et ces races ne soient entachés de quelque vice originel, et que la nature ne les pousse à se suicider ainsi eux-mêmes, pour faire place à des matériaux plus sains !

Mais il est incontestable que tout ce qui paraît malfaisant dans le monde physique et moral a néanmoins son utilité cachée. Et des docteurs chrétiens eux-mêmes ont pressenti cette grande loi, lorsqu'ils déclarent que *Dieu a déposé au fond du mal le germe profond du bien.*

Toutefois il est permis à l'homme, et c'est en quoi consiste l'excellence de ses facultés, de réagir sur lui-même, d'aider l'œuvre de la nature par une initiative sage et prudente. Et, de même que l'individu peut conserver son corps par des exercices fortifiants, et en observant les règles de l'hygiène ; qu'il peut combattre et atténuer les maladies en opérant des diversions salutaires, en éliminant artificiellement les principes impurs, en corrigeant l'acreté de son sang ; qu'il peut redresser un membre faussé ou brisé et rétablir ses fonctions interrompues ; qu'il peut enfin disputer sa vie aux causes morbides, qui altèrent son organisme : ainsi la société et l'homme intelligent et moral peuvent lutter contre les influences pernicieuses qui les minent, se régénérer et prolonger leur existence menacée, par l'observation des lois morales qui sont comme l'hygiène, tant de l'âme individuelle que du corps social.

Et malgré tout, cependant, l'hygiène ne conserve que ce qui est naturellement sain ; la médecine ne guérit que ce qui n'est point incurable ; aucune science humaine ne saurait conserver un corps au delà des limites qui lui sont assignées dans l'économie de la vie. Quand les indices certains de la décadence, aussi bien au moral qu'au physique, se manifestent chez une famille ou chez une race, rien ne peut les sauver.

Il arrive aussi parfois que la nature est plus forte que la sagesse des hommes et que, comme on voit des malades guérir contrairement aux prévisions de la science et par des moyens empiriques ou même contraires aux prescriptions des docteurs, des sociétés se retrempent et puisent la vigueur dans des principes qui sembleraient devoir les conduire à leur perte. Ce qui est salutaire aujourd'hui peut être funeste demain. Personne n'ignore que le fatalisme, qui paraît annihiler la personnalité et la libre initiative de l'homme, a été l'un des principaux ressorts de l'activité débordante des premiers disciples de Mahomet, comme il est aujourd'hui l'une des causes de leur apathie et de leur décadence.

Il est aisé de voir par là qu'il n'y a rien que d'artificiel et de variable dans les doctrines et dans les établissements des hommes. Il est facile aussi d'observer que des courants divers traversent la conscience humaine, qui n'est jamais bien sûre d'elle-même : diversité qui se traduit souvent par un antagonisme entre des préjugés opiniâtres et les idées fournies par la pure raison. Je parlerai plus tard des guerres et des rivalités sanglantes des peuples, fléaux contre lesquels la raison s'insurge sans pouvoir arriver à les abolir, et sans que la conscience puisse même se résoudre à voir là des crimes. Je pourrais citer bien des exemples de ces contradictions; je ne veux, en ce moment, en retenir qu'un seul, parce qu'il touche plus directement à mon sujet.

Il m'est arrivé quelquefois de me demander à quoi les moralistes peuvent bien faire allusion, quand ils proclament l'impossibilité d'être absolument vertueux sans religion. On sait que cette opinion a captivé Rousseau lui-même, qui l'a développée éloquemment par la plume de sa nouvelle Héloïse. Pense-t-elle donc, cette aimable pécheresse, que l'homme ne puisse, lorsque son intérêt est en jeu et qu'il se croit assuré de l'impunité, s'abstenir de tuer, de voler, de violer la foi jurée ? Qu'il soit incapable de remplir ses devoirs les plus sacrés, s'il ne se sent sous l'œil d'un témoin invisible ? Non apparemment, car ce serait avoir une trop triste opinion de l'humanité. Mais elle sait, par son expérience, qu'il est un penchant bien plus irrésistible et contre lequel, pour peu que le tempérament soit ardent, le cœur le plus honnête et le plus vertueux se trouve souvent désarmé... Eh bien! non : on ne peut être absolument vertueux, sous ce rapport, sans religion ; et je dirai plus : même avec le secours de la religion !

Oui, c'est là la pierre d'achoppement de toute morale sociale ; car c'est là que les institutions artificielles des hommes se heurtent le plus témérairement aux nécessités les plus inéluctables de la nature ; parce qu'elles atteignent le grand œuvre dans ses forces vives, et qu'elles s'attaquent à ce qu'il y a de plus vivace et de plus universel dans le cœur humain.

Certes! loin de moi la pensée de réhabiliter l'adultère et de pousser au mépris des convenances sociales! C'est un devoir strict pour l'âme humaine de se conformer aux lois de la société civilisée ; et la vertu consiste toujours à vaincre ses passions et ses intérêts, en ce qu'ils ont de contraire à l'ordre établi. Mais c'est ici que le sentiment instinctif de la nature et son influence secrète sont restés les plus indestructibles. La conscience humaine, tout épurée qu'elle est, a, sur ce point, en même temps que de légitimes rigueurs, des complaisances qui seraient étranges si elles ne tenaient à quelque racine profonde. Ainsi elle sera sans pitié pour les attentats monstrueux, tels que l'inceste, qui vicie les sources de la génération, et la violence exercée contre l'enfance impubère. Mais quelle indulgence n'a-t-elle point pour les fautes qui, tout en respectant la nature, ne font que s'en prendre aux conventions sociales? Si une femme trompe son mari, le ridicule n'a-t-il point été partout et de tout temps pour le mari trompé ? La séduction, quand elle n'entraîne point à sa suite des désordres graves, n'est-elle point presque un titre d'honneur pour l'homme du monde ? Présentez donc à une jeune fille pure, innocente et modeste, un jeune homme qui se recommande des mêmes qualités qu'elle, n'en rira-t-elle point sous cape, et ne soupirera-t-elle point plutôt pour quelque libertin, qu'elle se complaira d'ailleurs, au besoin, à orner de toutes les vertus ? Ne faut-il point presque toujours *chercher la femme* derrière les plus grands forfaits, comme au fond des exploits les plus éclatants ? L'amour ne règne-t-il point en maître parmi les transactions humaines, et n'est-ce point lui qui, souvent, déchaîne les révolutions, allume les guerres, et préside à toutes les évolutions de la société ?

Assurément, la chasteté et la continence sont des vertus de premier ordre. Elles sont nécessaires aux fins mêmes de la nature. Aussi la conscience humaine reprend-elle toute sa sévérité, en face du dévergondage et de la licence effrénée, destructive de la fécondité. Mais je veux seulement faire ressortir combien les convenances sociales imaginées par l'amour-propre, pour cimenter des unions mal assorties, pèsent de peu de poids dans la balance des nécessités naturelles. Je veux montrer que la conscience elle-même vacille et que la morale est réduite à l'impuissance quand elle contrarie les desseins secrets de la nature : car ce qui prime tout, c'est toujours, même dans ses écarts et ses collusions, l'aiguillon du principe de vie, la sollicitation de la loi suprême du *Crescite et multiplicamini*; et le Lingam reste toujours le maître du monde !

QUATRIÈME PARTIE

L'Homme civil

I

LA PATRIE.

De ce que la société ne peut exister qu'entre personnes intelligentes et morales, il ne suit pas que l'homme à l'état brut ait vécu isolément, comme le suppose Rousseau. Chez beaucoup d'animaux dénués de raison on observe des rapprochements naturels, en bandes, en troupes, en essaims, qui ressemblent fort à la société, quoique l'instinct en soit le seul lien. Il est donc probable que les hommes, êtres doués de facultés supérieures même à l'état de pure nature et dont la société allait être bientôt l'état normal, devaient avoir une propension naturelle à ces groupements, et qu'avant de vivre en société, ils ont vécu au moins en troupeaux.

Il semble même que l'apparition de l'âme humaine qui

a eu pour point de départ et pour résultat l'éclosion et le développement toujours croissant de la personnalité individuelle, ait plutôt tendu à désagréger ces groupes qu'à les former. Et il en serait sans doute ainsi, si l'âme individuelle tout en ayant sa vie propre et sa libre activité une fois qu'elle est en possession d'elle-même ne devait cette personnalité qu'à sa propre initiative, ne relevait que d'elle seule et pouvait se suffire à elle seule. Mais l'âme individuelle, je l'ai dit, n'est point une entité indépendante : elle est surtout une participation à l'âme commune qui la fait éclore et la nourrit, comme la terre fait germer et alimente les corps; et sans l'âme commune, l'âme individuelle ne serait qu'une lueur fugitive, ou plutôt elle ne serait même pas.

La nature, en faisant circuler le même sang dans les veines des êtres issus d'une même souche et en les unissant par l'affinité de l'instinct, forme les groupes physiques. La civilisation, en constituant au-dessus du monde physique un monde idéal fruit de lents et solidaires efforts, et auquel les âmes individuelles viennent puiser et entretenir leur vie intellectuelle et morale, complète l'œuvre de la nature et fait la société.

La société est donc le troupeau transformé : et transformé non point par un dessein prémédité et concerté, mais par la force même des choses et par suite d'un progrès insensible qui modifie peu à peu la nature même de l'homme.

La société n'est point une réunion de personnalités qui se sont entendues pour mettre en commun leurs intérêts, leurs droits et leurs devoirs : ce qui supposerait dès l'abord dans l'âme humaine une autonomie qu'elle n'acquiert précisément que par la vie sociale. La société, au contraire, est un foyer civilisateur et disciplinant, qui rayonne autour de son centre, absorbe, dans un même mouvement, les éléments soumis à son action, façonne les âmes et les coule dans un moule commun, d'où naissent leurs droits et leurs devoirs réciproques.

Ces foyers ont dû, à l'origine, être nombreux et divers : car l'humanité n'est point partout la même et elle est sujette à des conditions variées. De ce que l'âme, en effet, est un produit artificiel de l'activité humaine, il ne suit point qu'elle se prête indifféremment et d'une manière absolue, à toutes sortes de formes. Les évolutions de l'âme et la constitution du monde idéal qui est son domaine subissent l'influence des milieux où ces effets germent et se produisent. Toute malléable qu'elle est, l'âme garde toujours un cachet propre et distinctif qu'elle tient de l'organisation physique que chaque groupe d'hommes a reçue de la nature. Le physique est toujours le support et le générateur de l'idéal. Tout ce qui influe sur le physique influe par conséquent sur les conditions de l'âme. La prédominance de tel tempérament originel chez les individus de telle race, la fertilité ou l'aridité naturelle du sol qui les nourrit et qui sollicite la paresse ou le travail, la nature de ses productions qui alimentent diversement les organes, la douceur ou la rigueur du climat qui convie à la vie en plein air ou qui force à chercher des abris ; l'ardeur du soleil qui allume le sang, ou le froid qui le tempère ; la teinte même du jour qui illumine brillamment les objets, ou qui les laisse dans une brume terne et rêveuse ; en un mot toutes les forces et les conditions multiples de la nature, jointes à la complexion intime des races, pèseront diversement sur le cours de leurs idées et sur la formation de leurs mœurs. Les unes seront guerrières, les autres pacifiques ; elles deviendront indolentes ou industrieuses, nomades ou sédentaires, ardentes et sensuelles ou chastes et pudiques ; les unes auront des conceptions nettes et claires et les autres verront tout à travers un brouillard vaporeux ; les institutions suivront le cours des idées et des sentiments ; puis les aptitudes acquises de l'âme réagiront à leur tour sur l'organisme lui-même et en accuseront encore davantage les qualités et les tendances originelles ; les faits s'enchaîneront et s'appelleront les uns les autres, comme la cause appelle l'effet ; et de ce lent et graduel travail d'action et de réaction, de la nature sur les hommes, des hommes sur la nature, des faits sur les idées et des idées sur les faits, des hommes sur eux-mêmes et entre eux et des générations les unes sur les autres ; des modes différents d'appropriation des ressources naturelles aux besoins de l'existence ; du classement et du fusionnement suivant leur énergie respective, des éléments sociaux, se formeront insensiblement des centres d'activité et de discipline, que personne n'a créés, mais à la création desquels tout, hommes et choses, a collaboré, et qui finiront par constituer un tout compact, solidaire et imposant, qui sera LA PATRIE.

Je ne saurais mieux comparer la genèse de cet être moral qu'à la formation d'une langue : et, en vérité, je ne sais si ce ne sont point là deux choses absolument corrélatives, les deux faces d'un même objet. La langue est la manifestation sensible de ce monde intérieur qui est le patrimoine de l'âme et qui fait l'homme sociable et moral. Les mêmes causes qui agissent sur les évolutions de l'âme, imprimeront par voie de conséquence à la langue, un mouvement parallèle. Elle revêt extérieurement tous les caractères intimes de la pensée, et se prête docilement à tous les besoins divers de l'existence physique, intellectuelle et morale des groupes. Selon que la pensée sera chez eux plus ou moins compliquée, nette ou obscure, la langue sera rudimentaire ou savante, claire ou nuageuse ; suivant les climats, elle aura des sons moelleux ou gutturaux ; chez les peuples qui vivent sur la place publique, elle sera sonore et retentissante et chez ceux dont l'existence s'écoule autour du foyer domestique, elle affectera des consonnances sourdes et étouffées ; elle suivra tous les détours et toutes les finesses de l'idée, tous les aspects des mœurs, toutes les nuances des passions ; en un mot, elle sera l'image toujours ressemblante du génie particulier de chaque peuple : car chaque peuple a nécessairement sa langue, par la raison qu'il a sa nationalité: c'est-à-dire son monde idéal et moral qui lui est propre et qui n'est pas celui du peuple voisin. Et même, quand ce monde idéal et moral, dans l'unité de son ensemble, offrira des variétés, la langue mère, tout en conservant son caractère général et dominant, se morcellera en dialectes.

Sans doute, les mots d'une langue sont des signes conventionnels : en ce sens, du moins, que l'homme ne les a point reçus de la nature comme ses organes, et qu'il a été dans la nécessité de les inventer ; mais personne ne crée une langue ni ne l'impose. C'est un tout indivisible qui se forme en quelque sorte tout seul, d'une manière impersonnelle, par le concours simultané de toutes les mêmes causes qui ont engendré l'âme humaine et l'âme de la Patrie, dont elle est la plus fidèle expression.

La Patrie est donc ce cadre à la fois physique et idéal, naturel et artificiel, dans lequel sont venues se ranger et se discipliner toutes les activités particulières soumises à l'action combinée des mêmes causes. C'est la substance commune qui englobe et alimente les âmes auxquelles elle a donné l'existence et qu'elle a peu à peu façonnées à son modèle. C'est le sol indivis dans lequel chacune d'elles prend et pousse ses racines, où elle a tous ses tenants et tous ses aboutissants, à tel point que, si elle en est arrachée, elle souffre et souvent languit et meurt.

Certes ! il y a dans la Patrie autre chose qu'une association contractuelle de personnes et d'intérêts ! Pour m'en convaincre, je n'ai qu'à considérer ce sentiment, antérieur et supérieur à tout raisonnement, qui rattache tout être sociable à sa patrie. Est-ce que des conventions basées sur des réciprocités d'intérêts engendreraient ces mouvements spontanés du cœur, qui portent aux dévouements sublimes et aux actions héroïques? Rendraient-elles raison de ce culte ardent que le citoyen voue à sa patrie et des regrets amers qui le suivent sur la terre de l'exil ?

Et puis, un pacte peut toujours être brisé. Les volontés qui l'ont formé peuvent le détruire. Or la Patrie est au-dessus de toute volonté. On ne se donne point sa patrie, on la reçoit, comme on reçoit la vie de son père et de sa mère. Sans doute je pourrai, à la rigueur, changer de nationalité ; mais le lien naturel, qui m'unit à ma patrie, ne sera point pour cela complétement rompu. Ce ne sera point sans scandale, par exemple, ni sans violation d'un sentiment plus fort que toute raison, que je porterai les armes contre ma première patrie. D'ailleurs qu'un individu se détache, il n'y a là qu'un incident sans conséquence et sans notable inconvénient, qui peut être toléré par égard pour le libre arbitre individuel : mais en sera-t-il de même des scissions en masse ? Et quel est le logicien qui pourra me convaincre, contrairement à tout sens moral et social, que la Patrie, menacée de mutilation, ne sera point en droit de réagir, même par la force, contre de pareils déchirements ?

Quand on a vu des colonies divorcer avec la Mère-Patrie et se donner une autonomie particulière, c'est qu'un lent travail de désagrégation s'est produit, et que d'autres courants se sont formés autour d'un foyer nouveau. De même, quand des provinces englobées par la conquête et la violence se sont identifiées avec un nouveau centre, c'est que les mœurs se sont modifiées peu à peu et que les tendances et les inclinations du groupe envahi ont fini par prendre une autre direction, et par se mettre à l'unisson de l'activité commune. Ce ne sont point la révolte ni la conquête, même sanctionnées par des traités, qui ont légitimé le démembrement et l'annexion : car ce ne sont là, dès l'origine, que des usurpations et elles restent des usurpations, malgré toutes stipulations consenties ou subies, tant que la force latente et insensible des choses ne les aura point consacrées. Et ces exemples mêmes démontrent que la Patrie n'est point un être de raison, mais un être réel, un et indivisible, qui vit de sa vie propre, simple, quoique collective, et qui est au-dessus de tout pacte et de toute convention.

La Patrie se comporte donc comme un être qui se développe progressivement autour d'un germe et d'un noyau central qui s'assimile ce qui convient à son accroissement, suivant la forme et dans la mesure que comporte le principe virtuel et vivifiant qui est en lui, et non point par agglomération ni par simple juxtaposition.

La Patrie engendre la Cité ou l'État, car ces deux données ne sont point absolument identiques. La Patrie a pu se former sans lois positives : c'est au contraire la loi, ou la concentration, sous une même autorité directrice, de toutes les forces sociales, qui constitue la société civile ou l'État. Peut-être cette nouvelle expression de la société est-elle chronologiquement aussi ancienne que l'autre : car les nécessités, qui l'ont amenée, ont dû se faire sentir dès les premiers moments où les hommes se sont trouvés en rapports libres et moraux. Et, à son tour, la consistance que donne à la société un lien commun resserré par un système organisé d'autorité propulsive et coercitive a dû réagir sur les éléments qui constituent la Patrie et contribuer à les fusionner plus complétement ; à accuser plus puissamment encore la parenté morale qui unit ses membres, et à dessiner plus nettement sa forme et ses contours.

Cependant, l'État n'absorbe point la Patrie. Bien des rapports sociaux échappent au lien civil ; et d'autre part, des peuples unis par la communauté d'idées, d'aspirations, de civilisation et de devoirs fraternels qui composent la Patrie, peuvent jusqu'à un certain point obéir à des lois et à une autorité civile différentes. La Patrie est donc, logiquement du moins, antérieure et supérieure à la Cité.

Mais, ce qui fait la puissance de cette dernière, c'est sa plus complète adaptation possible avec sa cause génératrice. Il faut, pour que l'État acquière la plénitude de la vie et de l'énergie sociale, qu'il soit moulé, en quelque sorte, sur la Patrie. Il faut d'abord qu'il tâche d'amener à lui et de s'assimiler tous les matériaux homogènes qui sont entrés dans un même courant d'activité et de civilisation ; et d'autre part, que les lois et les institutions qu'il se donne soient, non la réalisation de théories abstraites, car l'être humain n'est point une abstraction, ni une valeur numérique partout la même ; mais la résultante de tout le travail lentement accumulé des âges, de toutes les influences supérieures et de tous les efforts particuliers qui ont contribué à former le génie spécial de la Patrie. La science du législateur est peut-être la plus profonde, la plus étendue et la plus compliquée de toutes les sciences !

Il suit de là que le véritable dogme social n'est point l'individualisme ni même le collectivisme, si l'on attache à ce terme l'idée d'un ensemble formé d'un certain nombre d'unités composantes. Au contraire, l'unité substantielle qui fait que la Nature infinie est un être simple et unique ; que chaque monde, avec ses habitants, est un tout indivisible ; que chaque espèce vit d'une vie commune et solidaire, qui rayonne sur ses membres et les relie entre eux, par des liens invisibles et néanmoins réels ; fait également que, dans l'immense famille humaine, qui, elle aussi, a sa vie propre, les groupes alimentés aux diverses sources physiques, intellectuelles et morales, forment respectivement des êtres compacts, qui se comportent comme si tous leurs membres étaient intimement fondus dans l'unité et la simplicité d'une même substance.

L'individualisme ? Il n'existe pas même dans la nature ! Je sais bien que certains savants sembleraient vouloir aujourd'hui ressusciter sous une nouvelle forme l'atomisme des anciens. Ce ne serait point, selon eux, la vie qui descendrait sur les êtres, pour les animer d'un souffle commun : ce serait chaque être qui, dans son indépendance, s'élèverait vers la vie ; et les ensembles ne seraient plus que des collections d'individus. A ce compte et avec un peu de bonne volonté, il ne tiendrait qu'à moi de me figurer que ce n'est point le principe vivifiant qui est en moi ; qui attire à lui, pour se les assimiler, les parcelles de matière qui composent et entretiennent mon corps, mais ces parcelles qui viendraient d'elles-mêmes se combiner et se fondre en moi pour former ma substance ! La science est ici, je le crains bien, dupe de sa méthode. Elle décompose tout et c'est même là ce qui fait sa puissance d'investigation ; car elle ne peut s'élever à l'ensemble que par le groupement des détails : mais ce n'est là qu'un simple procédé subjectif, qu'elle incline trop à prendre pour le procédé créateur. La nature procède par la synthèse, si l'esprit ne peut l'atteindre que par l'analyse. Et si les êtres individuels tendent vers le progrès, l'ensemble de ce progrès démontre qu'ils y sont du moins sollicités par une influence supérieure. L'impulsion part d'en haut, lors même qu'elle se traduit par une évolution montant d'en bas !

Je sais bien aussi que l'extrême civilisation, en donnant à l'âme individuelle un développement excessif, favorise les tendances de l'individualisme. Mais l'extrême civilisation n'a-t-elle pas toujours été un indice de décadence dans la vie des peuples ? N'est-ce point la borne au delà de laquelle la nature, épuisée et en quelque sorte surchauffée et vaporisée par un travail trop artificiel, demande pour se reconstituer, des principes nouveaux et plus primitifs ?

L'histoire nous en fournirait au besoin des exemples frappants. Elle peut, dans tous les cas, nous apprendre que l'individualisme a toujours été un ferment délétère dans l'existence des nations. Qu'étaient donc au point de vue de l'énergie et de l'expansion vitale ces Grecs, même du grand siècle de Périclès, admirables artistes il est vrai, mais qui n'ont jamais pu fonder une république imposante, auprès de ces empires formidables qui les étreignaient de toutes parts ; auxquels ils résistaient à grand'peine, grâce à une vigueur corporelle heureusement entretenue, et qu'ils se plaisaient, avec un dédain qui fait sourire, à traiter de barbares ! Et s'ils ont eu un moment de rayonnement au dehors, n'a-t-il point fallu la main de fer d'un Alexandre, disposant lui-même d'un noyau de forces plus cohérent, pour les discipliner un instant, et leur faire accomplir le seul grand fait de leur histoire, depuis les temps fabuleux de la guerre de Troie ? Puis, revenus à leur naturel séparatiste, ont-ils résisté au moindre choc du colosse romain, si puissant, au temps où malgré les luttes acharnées du forum, les citoyens ne vivaient encore que de la vie commune de la République ? Et ce colosse lui-même ne s'est-il point effondré quand, l'extrême civilisation ayant ouvert la digue aux appétits individuels, chacun ne s'est plus attaché qu'à vivre pour lui-même, au lieu de rapporter tous ses actes à la grandeur de la Patrie ?

Pour qu'une nation soit forte et vivace, il faut donc qu'un même sang, élaboré et distribué par un même cœur, coule dans les veines de tous ses membres ; qu'un même cerveau fasse circuler partout les mêmes principes vitaux ; qu'une même discipline noue le lien social ; que tout concoure à le resserrer : éducation, mœurs, religion, peu importe lesquelles, pourvu qu'elles tendent à l'unité et à l'accroissement de l'énergie sociale. Et c'est ce qu'une assemblée fameuse a fort bien compris, lorsque poussée par la logique des événements et la nécessité, et tout imbue qu'elle était des théories de Rousseau, elle a proclamé sa République : *une et indivisible ;* dogme social seul vrai, seul efficace, seul imposant, seul vivifiant !

II

LE POUVOIR SOCIAL.

Deux causes principales, au milieu des groupements naissant sous l'effort de la civilisation, ont dû concourir à constituer la société civile : d'abord la nécessité d'assurer le jeu intérieur des activités individuelles et rivales par la sanction d'un pouvoir central; et ensuite le besoin qu'ont éprouvé les groupes particuliers de se réunir en armes pour s'imposer aux groupes rivaux.

Tout porte à croire que la seconde de ces causes a même été la plus déterminante et que les nations ont d'abord été surtout et principalement ce qu'elles sont restées depuis : DES PUISSANCES.

Quelles formes primitives de constitution les sociétés civiles ont-elles revêtues à leur naissance ? Il est difficile de faire à cet égard autre chose que des conjectures. Je pense même que ces formes ont dû être multiples. Ici, l'autorité naturelle de l'ancêtre commun sur une nombreuse descendance, jointe à des habitudes pastorales et nomades, a pu suggérer la forme patriarcale ; là, au milieu de champs fertiles commençant à être cultivés, et favorisant la vie sédentaire, les principaux propriétaires ont pu s'allier pour constituer des coalitions et imposer la suprématie aristocratique ; plus loin, en face d'un danger pressant, les colons d'un même canton ont pu mettre à leur tête le plus vaillant d'entre eux, le plus capable de les aguerrir, pour les conduire à l'ennemi et les défendre contre les agressions des voisins ; à côté, c'est peut-être un chef de brigands qui a asservi une population paisible et s'est emparé, par la violence, d'un pouvoir qu'il a ensuite légitimé par des bienfaits ; ailleurs, c'est un ambitieux et un illuminé qui s'est dit inspiré par une puissance supérieure pour donner des lois à ses semblables et qui les a réunis autour de lui, par l'ascendant de son génie. Et peut-être est-ce là même l'événement le plus commun et qui a pu d'ailleurs se combiner avec toutes les origines diverses des sociétés : car, comme je l'ai remarqué, la religion est la forme disciplinante par excellence ; elle exerce une influence irrésistible sur l'esprit humain borné et faible, et par cela même avide de convictions toutes faites et de soutien. Aussi les annales des peuples primitifs nous les montrent-elles presque toujours assujettis à la domination théocratique.

Quoi qu'il en soit, et de quelque manière que ces sociétés locales aient commencé, il apparaît très clairement que par suite du mouvement incessant qui se produit entre les groupes voisins, par les incursions, les collisions, les transactions, les alliances, le groupe le plus fortement constitué ne tarde point à absorber les autres et tend à englober tous les éléments traversés par un même courant civilisateur, pour fonder enfin ces grands empires qui se confondent avec la donnée idéale de la Patrie. Et, sans me préoccuper davantage de leurs origines, c'est dans cet état que je veux les considérer, pour tâcher de déterminer le fondement, la nature et la portée du lien qui les constitue, c'est-à-dire du *pouvoir*.

S'il est vrai que la Patrie ou l'État (car maintenant qu'ils sont identifiés, je ne les distingue plus) soit un être un et indivisible, qui s'est formé de lui-même en dehors de toute volonté particulière, et non une association de parties contractantes, il en résulte que cet être porte, en lui-même et indépendante du droit individuel de chacun de ses membres, la faculté ou la force intrinsèque qui doit lui procurer sa conservation et son développement.

Le pouvoir, dans la société, n'est autre chose que l'exercice de cette faculté qui lui est inhérente et qui existe chez tout être. C'est la manifestation de son droit à la vie et à l'accroissement de la vie, en tant que société.

Le pouvoir social repose donc dans la société elle-même et sur tout ce qui la constitue. Il est impersonnel à chacun de ses membres. Il est la résultante de toutes les forces et de toutes les influences qui ont engendré la société et qui la font vivre de sa vie propre et distincte de celle des autres. L'action occulte des causes majeures et fatales, le résultat général de toutes les activités particulières, qui s'entrechoquent, se pondèrent et s'allient, les aspirations des peuples à servir, le courant des idées, la force de l'opinion qui s'impose ou qui se soumet, les nécessités des circonstances et des milieux, le *salus populi :* voilà tout ce qui fonde et constitue le pouvoir, sous l'impulsion et le contrôle suprême de la nature, qui, par ces moyens, dirige tout, redresse tout, conduit tout.

La théorie fondamentale du pouvoir n'est donc, ni la monarchie, ni l'oligarchie, ni la démocratie : ce n'en sont là que des modes d'investiture et d'exercice.

Lorsque Rousseau a voulu baser la théorie du pouvoir sur la volonté de l'assemblée générale des citoyens, il aurait dû s'apercevoir qu'il ne créait ainsi rien autre chose qu'une forme spéciale de gouvernement.

Et, en effet, si générale que soit cette assemblée, elle ne pourra jamais comprendre tous les membres de la société. Si l'on n'y admet qu'une classe déterminée de citoyens ; si l'on va jusqu'à y donner le suffrage à tous les pères de famille; si l'on y appelle au besoin tous les individus mâles au-dessus d'un certain âge ; si même on pousse jusqu'à l'utopie ultra-radicale de l'émancipation complète des femmes, il restera toujours des membres en dehors de cette assemblée, quand ce ne serait que les enfants, qui ont pourtant leurs intérêts dans les affaires de l'État. Et si l'on objecte qu'ils sont représentés par leurs pères, je répondrai que ces derniers exercent donc déjà une représentation, un mandat social, et qu'ils ne stipulent plus en leur seul nom, de leur seul chef, comme seuls membres composants du souverain. Or, ce mandat, de quelles mains le tiennent-ils ? De la nature ? soit. Et pour les enfants qui n'ont plus de père ? La nécessité leur assigne des mandataires. Et les générations futures qui vont être ainsi engagées ? Mais arrêtons-nous..... La nature ! la nécessité ! Mais alors il y a donc forcément quelque chose d'antérieur et de supérieur à ce prétendu souverain. Il n'est donc pas le pouvoir lui-même, puisqu'il ne fait que l'exercer, au moins en partie, en vertu d'une délégation, et dans un intérêt plus étendu que le sien propre.

Et puis, pour constituer, entre parties contractantes, la volonté commune, il ne suffit point de la majorité. Il faut l'unanimité des voix, tout au moins lors de la conclusion du pacte fondamental. Et cette unanimité doit demeurer constante sur ce point, même quand les avis viennent à différer sur les questions ultérieures et secondaires. L'assemblée qui fait les lois à la simple majorité n'est donc pas le pouvoir. Tout au plus résiderait-il dans l'assemblée primitive et constituante. Mais cette assemblée qui fait les lois, comme tout gouvernement d'ailleurs, et qui n'est pas le pouvoir lui-même, mais son délégué, devra-t-elle tolérer le démembrement de l'État quand une partie des volontés constituantes déclarera nettement se détacher du pacte social ? Qui oserait le prétendre ! Et ce droit d'opposition et de répression, même contre le prétendu souverain, droit plus infaillible que tout principe rationnel, de qui le gouvernement le tient-il ? Je le cherche en vain, si ce n'est d'une puissance supérieure, impersonnelle et indivisible, dont tout gouvernement est investi, mais dont il n'est que le mandataire, et qui est inhérente à la conservation de la société, et, au besoin, contre la société elle-même si elle se partage ou s'égare !

Est-ce à dire pourtant que la théorie du *Contrat social* soit radicalement erronée et qu'il faille la rejeter comme une vaine utopie ?

Non sans doute, et loin de là. Mais il faut ici distinguer soigneusement l'essence même du pouvoir de son mode d'exercice.

Le pouvoir en lui-même, je l'ai dit, est une force latente qui réside indivisiblement dans la société, en tant que société. Ce qui concourt à le former, ce ne sont pas seulement les volontés individuelles, mais aussi les circonstances et les nécessités majeures qui courbent ces volontés et les disciplinent. Les influences indirectes y ont même souvent une plus large part que les desseins les mieux concertés.

Quant à l'exercice du pouvoir ou au gouvernement (et j'entends ici ce mot dans son sens le plus large, qui est de constituer même la forme de l'État, de faire des lois et de les appliquer), il a toujours appartenu à qui, homme, caste ou assemblée de citoyens, a le mieux incarné en soi la force prépondérante qui s'est dégagée au sein de la société, résumant dans son action la plus grande somme de satisfaction pour les besoins sociaux. Longtemps les hommes, grossiers et incultes, ont pu subir l'action de cette puissance qui s'est souvent intronisée d'elle-même, sans chercher à en analyser les éléments. Ils ont même pu, lorsque venant à faillir à sa mission primitive, elle n'a plus été le vrai moteur social, continuer à la respecter en vertu de l'habitude acquise et de préjugés soigneusement entretenus. Mais il est arrivé un moment où la raison, scrutant plus attentivement le fond des choses, s'est aperçue qu'aucun gouvernement ne peut subsister qu'à la condition de s'appuyer sur la majorité des influences sociales. Cette majorité a pu n'être, à un moment donné, que celle de la somme des forces. Mais, par suite du mouvement civilisateur, qui tend sans cesse à développer la personnalité individuelle de l'homme et à niveler les classes, il s'est fait que cette majorité est devenue enfin celle du nombre. Dès lors, la force du gouvernement a consisté dans l'adhésion de la majorité des citoyens. De là à tenter de régulariser cette puissance par des procédés normaux, il n'y a qu'un pas. En dernière analyse et avec nos idées modernes, c'est la majorité des volontés et des opinions, de quelque manière qu'elles se forment, qui mène l'État. Comment dégager cette majorité ? En réunissant les citoyens dans leurs comices et en recueillant les avis. Rien n'est plus simple ni plus rationnel ; et il semble même qu'ainsi tous heurts, toutes secousses, toutes révolutions devraient être coupées dans leurs racines.

Et pourtant elles ne le sont pas ! Ce qui prouve qu'il n'y a pas là un principe d'une vérité absolue, mais un essai progressif inspiré par un certain état de civilisation, et qui appelle d'autres perfectionnements.

La vérité est qu'il y a incessamment, au sein de la

société, des forces qui travaillent, des idées qui germent, qui croissent, qui s'étendent, qui sont la minorité aujourd'hui et qui seront la majorité demain, qui, du domaine de la spéculation, passeront dans le domaine des faits; que la volonté générale, même formellement exprimée par le vote, n'est souvent qu'une surprise et un leurre, un acte purement passif et irréfléchi; que dans la civilisation, même la plus éclairée, ce n'est pas toujours le nombre qui domine, mais des influences censées particulières qui sont, au fond, ou qui deviendront plus générales, que le nombre lui-même; qui luttent d'abord contre le nombre et finissent par en triompher et par le rallier.

Tout gouvernement, quelle que soit sa forme, même le gouvernement populaire du souverain imaginé par Rousseau, a commencé et n'a pu nécessairement commencer que par l'usurpation. Et en effet, si le pouvoir réside indivisiblement dans la société, et si la société est un être indéterminé qui, tout réel qu'il est, ne peut se circonscrire dans l'enceinte d'un forum, qui d'ailleurs n'est point en état de formuler une volonté unique, décisive, mûrement réfléchie et nettement arrêtée; il faut bien que celui qui exerce le pouvoir l'ait pris, fût-ce même l'assemblée du peuple. Et, en fait, l'histoire des gouvernements et des peuples n'est que la succession des usurpations, des conquêtes, des révolutions, qui se sont accomplies sous l'influence de la force dominante qui a tour à tour prévalu au sein des sociétés.

L'usurpation n'est donc point par elle-même une cause d'illégitimité; de même que la délégation de tout un peuple ne fixe point définitivement la légitimité. Ce qui fait la légitimité des gouvernements, c'est uniquement le bien qu'ils font. Ce qui a été illégitime à l'origine, comme la violence et la force brutale, peut devenir légitime par la suite en devenant la force morale. Et la légitimité de tout gouvernement cesse dès qu'il ne représente plus la force morale qui domine, suivant les circonstances, au sein de la société ; en d'autres termes, lorsqu'il n'est plus le porte-enseigne des tendances et des besoins sociaux.

On a beau me dire, d'un côté, que l'homme, par sa nature bornée et sujette à toutes les défaillances, a besoin d'un frein et demande à être gouverné et qu'il est dès lors, sans droit contre les puissances établies par un fait supérieur à la société elle-même ; et, d'autre part, au contraire, qu'il est seul juge de ce qui lui convient, et qu'on ne peut lui imposer une volonté, sans qu'il se soit préalablement soumis à la subir. Tout cela part, au fond, de la même idée fausse, qui est l'individualisme considéré tantôt au point de vue passif, tantôt au point de vue actif.

Ce qui est vrai, c'est que toute société est un combattant, qui lutte pour l'existence comme tous les autres êtres ; qui lutte avec tous les moyens qu'il tient de sa nature propre, des choses extérieures et de son activité, et que cela est seul légitime, qui contribue à discipliner ses forces et ses facultés, pour augmenter son énergie vitale à l'intérieur et l'imposer au dehors.

Et maintenant, subissez le despotisme d'un seul ou serrez vos rangs autour d'une monarchie tempérée par des corps héréditaires ou électifs, ou simplement par l'opinion publique ; appelez à votre tête quelques-uns des meilleurs d'entre vous et reportez même votre confiance sur leurs descendants ; établissez des républiques avec des rouages savamment pondérés ; divisez l'exercice du pouvoir : que ceux-ci fassent les lois, que ceux-là les appliquent, que les uns rendent la justice, que cet autre commande la force commune ; délibérez vos décisions sur la place publique ou par la bouche de vos élus ; étendez le suffrage à tous les citoyens ou restreignez-le aux principaux, il n'importe ! Tout cela sera bon ou mauvais, c'est-à-dire légitime ou illégitime, selon que, dans ces institutions diverses, la machine sociale jouera à l'aise et produira ou non la plus grande somme d'efforts dont elle est capable dans la bataille de la vie.

La question de la forme de gouvernement n'est point une question de droit, mais une simple question de fait.

Et si quelques-uns viennent me dire qu'il y a des principes supérieurs, qui dominent la vie publique et dont il faut tenir compte ; que les citoyens ont toujours le droit de se gouverner par eux-mêmes ; je répondrai : oui, s'ils en sont capables... si l'état de civilisation, où ils sont arrivés, a dégagé suffisamment ces principes ; s'ils ont passés définitivement dans le courant des idées et s'ils constituent, par la diffusion des lumières, la règle actuellement et universellement admise de la vie sociale. Et même, soyez tranquille, s'il en est ainsi, il faudra bien que, de gré ou de force, ces principes s'appliquent ; rien ne pourra l'empêcher : car ils seront alors la force morale dominante. Mais si ces spéculateurs insistent et me disent que le peuple a, quand même et toujours, le droit de régler ses destinées comme il l'entend, même quand il est hors d'état de rien entendre ni d'avoir une volonté à lui, qu'il est bien libre après tout de se faire du mal à lui-même et de se suicider au besoin, si la fantaisie lui prend ; je les prierai d'aller conter ces sornettes ailleurs ; pour moi, elles ne me touchent point.

III

LA PORTÉE LÉGITIME DU POUVOIR SOCIAL.

Quant à la portée du pouvoir social et à l'étendue légitime de son action, tant sur la nation prise en masse que sur les relations des citoyens entre eux, c'est là une question dont la solution n'a rien d'absolu, mais est au contraire essentiellement variable, à quelque point de vue que l'on se place : soit que l'on considère le pouvoir en lui-même, comme droit impersonnel résidant en puissance dans la société, car cette donnée elle-même subit l'influence de la civilisation, qui modifie et transforme peu à peu les éléments sociaux ; soit qu'on l'envisage dans son exercice, comme pouvoir constitué.

Chez un peuple primitif ou en voie de formation, où l'esprit public flotte encore indécis et cherche sa voie ; ou bien chez lequel de graves désordres et des abus intolérables ont désorganisé la vie sociale et menacent l'État d'une ruine imminente, l'action du pouvoir central devra être toute puissante.

C'est ainsi que Lycurgue a pu et dû réformer, non-seulement les institutions, mais les mœurs mêmes des Spartiates; remanier les assises de la propriété particulière et les bases fondamentales de la famille ; prescrire à chaque citoyen sa manière de vivre jusque dans l'intimité de sa vie privée ; fonder les rapports d'une existence en commun qui choquerait aujourd'hui nos susceptibilités les plus légitimes, habitués que nous sommes à l'exercice de la liberté individuelle.

C'est ainsi encore que Numa, pour former les Romains, ne s'est point borné à leur donner des lois, pour régler leurs rapports civils; mais qu'il a dû pénétrer jusque dans le for intérieur de leurs consciences, s'ingérer dans leurs croyances religieuses, fixer leurs dogmes et leurs rites sacrés, prescrire les plus minutieuses cérémonies de leur culte : en un mot, toucher à tous les ressorts qui mettent en branle l'activité d'un peuple.

Et il est à remarquer qu'à l'origine de toutes les nations qui ont fait quelque bruit dans le monde, c'est toujours un homme, souvent un despote, un chef de guerre, un législateur, un prophète qui, en vertu d'une autorité qu'il ne tenait assurément pas de lui-même mais dont il n'était que l'instrument suscité par la nature et la nécessité, et qui s'est révélé par l'ascendant d'un génie supérieur, a imposé à la société sa cohésion et lui a insufflé son énergie vitale. Ce qui prouve, en passant, que les grandes nations sortent toujours des fortes disciplines.

Par contre, dans une société où une longue pratique d'institutions consacrées par le temps, l'usage et l'opinion, a facilité le jeu spontané de la vie sociale ; où les mœurs sont bien assises, où les lois respectées sont tout aussi conformes que possible au génie du peuple qui les a adoptées, le pouvoir central pourra se désintéresser de son action propulsive. Il tendra à gouverner de moins en moins et à abandonner la fortune commune au concours des initiatives privées.

Toutefois le pouvoir n'abdique point pour cela : car il est toujours de sa nature également déterminant. Il se décentralise seulement ; il y a pondération dans ses principes constitutifs et c'est alors la sagesse populaire qui l'exerce d'elle-même, sur elle-même. C'est précisément en quoi consiste la véritable liberté, qui est non l'indépendance absolue, théorie antisociale, mais la moralité spontanée, qui peut se passer d'une direction étrangère. De sorte qu'il sera toujours vrai de dire, que plus les peuples seront moraux et vertueux, plus ils seront libres. Et en effet, aussitôt que les rapports sociaux se troublent, la tendance à la concentration du pouvoir se fait impérieusement sentir ; et les nations dégénérées, comme les nations qui se forment, ont besoin, pour les conduire, d'une verge de fer, dont elles doivent avoir la sagesse de subir les rigueurs, si elles ne veulent se résigner à périr.

Les pouvoirs constitués sont d'ailleurs sujets à d'autres oscillations que celle du plus ou moins d'intensité de leur action. Ils peuvent se déplacer radicalement : c'est ainsi que l'insurrection qui renverse un gouvernement discrédité, qui a cessé de représenter l'influence majeure qui domine dans la société, n'est en réalité autre chose qu'un acte du pouvoir.

Quand il y a lutte d'influences au sein de la société, le pouvoir est en suspens. Mais c'est là un état violent qui ne peut durer, et il faut que bientôt le pouvoir reprenne une assiette quelconque, sinon c'est l'anarchie, c'est-à-dire la mort.

Et, qu'on ne s'y trompe point ! les factions elles-mêmes qui s'intitulent anarchiques et qui font de l'anarchie un dogme social, peuvent bien à la rigueur repousser l'intervention d'un gouvernement central, dans la conduite de la société. Mais quant à répudier toute autorité, c'est-à-dire une action dirigeante quelconque et assez puissante pour maintenir la cohésion et la vie dans la société, c'est une autre question. Ou elles ont une formule pratique pour arriver à ce résultat, ou elles ne caressent qu'une chimère insensée. Et que font-elles donc elles-mêmes quand, poussées par une même idée, vraie ou fausse, elles unissent leurs forces dans un but commun, obéissent au même mot d'ordre, se rallient autour des mêmes chefs de file?... Qui souvent (remarquons bien ceci) se sont imposés à elles, sans mandat positif, mais qu'elles subissent docilement de par les exigences de la pensée qui les domine, et de la fin qu'elles poursuivent! Ne prouvent-elles point, par leur exemple, qu'aucune action collective ne peut se produire efficacement sans une autorité disciplinante? Et le fait est que ce qu'elles veulent, sans le savoir peut-être, ce n'est point se passer de l'autorité, mais s'en emparer : car, au fond, les attaques les plus violentes contre le pouvoir n'ont jamais été autre chose que la convoitise du pouvoir! Et si ces factions arrivent à leurs fins, non par surprise, ce qui ne signifierait rien, mais par un progrès lent et régulier accompli dans les idées, il n'y aura rien à dire; car alors c'est qu'elles auront pour elles la force morale prépondérante : c'est-à-dire le pouvoir.

Au reste aucun pouvoir constitué n'absorbe jamais pleinement la donnée tout entière du pouvoir social. Aucun gouvernement n'est radicalement absolu : fût-ce le despotisme asiatique, fût-ce le gouvernement de celui qui s'impose par la foi aveugle au nom de la Divinité dont il se dit l'interprète infaillible. Il y a toujours quelque chose qui limite son action ; et quand on y regarde de près, on trouve que cette limite est précisément ce qui dans le pouvoir ne peut jamais être complétement assimilé; c'est-à-dire cette force latente qui réside dans la société, qui milite par toutes les voies, au besoin par le crime et la révolte, pour sa conservation et sa défense et sur laquelle tout gouvernement doit s'appuyer et qu'il doit respecter et ne jamais heurter de front, s'il veut vivre.

On met souvent en opposition le droit du pouvoir et le droit des peuples : le principe d'autorité et le principe de liberté. Il y a là une confusion. Au fond, il n'y a point deux principes distincts : car autorité et liberté ne sont que les deux aspects, variables suivant les circonstances, d'une seule et même chose. La liberté des peuples n'est que la forme démocratique du pouvoir. Il peut y avoir lutte entre les divers éléments qui tendent à composer le pouvoir; et cette lutte peut se résoudre par la prépondérance exclusive de l'un de ces éléments, ou par leur accord dans une transaction. Mais il n'y a point là réellement antagonisme de principes.

L'antagonisme, s'il y en a un, est entre le droit social et le droit individuel. Et encore, quand je parle du droit individuel comme opposé au droit social, je n'entends que le droit de l'individu se mouvant pour son propre compte et dans un intérêt purement privé, et en tant qu'il représente une entité particulière distincte de l'entité sociale. Car l'individu lui-même, dès qu'il agit comme membre de la société, soit directement par l'exercice de ses droits de citoyen, soit indirectement quand il tend à exercer une influence générale, par la propagande des idées, par exemple, devient une force sociale, et dès lors l'antagonisme de principes cesse pour revêtir la forme de la lutte intestine des éléments générateurs du pouvoir.

Quoi qu'il en soit, je n'hésite point à déclarer que le droit social prime le droit individuel et que celui-ci ne peut subsister qu'à la condition de vivre en paix avec celui-là. Le gouvernement le plus démocratique est forcément tout aussi absolu à cet égard que le despotisme le plus tyrannique; sans quoi il n'y a point de société possible. Sans doute le droit individuel peut avoir plus ou moins de latitude, suivant le degré de développement de la personnalité humaine. C'est l'honneur de la civilisation d'agrandir cette personnalité et d'augmenter sa légitime importance, en la moralisant; mais, dans toute société forte et compacte, le droit individuel a toujours été le très humble esclave du droit social. Et lorsque ces rôles sont renversés, c'est que la société se dissout comme un corps qui se desagrége quand les lois de l'affinité se relâchent, ou comme un cadavre où le grouillement des vers se substitue à la vie centrale.

Soit donc que le pouvoir social se manifeste par une poussée tumultueuse et irrésistible, comme celle d'un fleuve débordé qui, selon la pente modifiée du terrain, abandonne son ancien cours, pour se creuser un nouveau lit; soit qu'il s'exerce par l'action régulière d'un gouvernement bien assis, fidèle interprète des besoins sociaux; il a toujours été et sera toujours, suivant la nécessité, souverain de la personne et des biens, de la liberté et de la vie même des membres de la société.

Certes, la propriété privée est chose respectable ! J'ai montré qu'elle est le prolongement nécessaire de la personnalité humaine, et qu'elle prend ses racines dans un penchant invincible, antérieur même à toute loi positive. Mais l'homme, englobé dans la société, s'y trouve incorporé avec toutes ses conditions et dépendances. Il ne vit plus seulement pour lui et de sa vie propre, mais surtout de la vie commune sans laquelle il ne serait rien, puisque cette personnalité elle-même qui lui est propre, il la tient de la société. La société est donc propriétaire ou du moins suzeraine des biens de tous ses membres.

Si la propriété privée peut être parfois disproportionnée avec les besoins de l'individu, il n'en est point de même de la propriété territoriale de tout un peuple. Il y a toujours équation à peu près parfaite entre les ressources et les besoins d'une population entière ; ou, si les ressources sont en excès, la population ne tarde point à croître jusqu'au même niveau. Le territoire d'un peuple est sa substance matérielle, et si jamais propriété fut établie sur des bases légitimes et indiscutables, c'est bien celle-là. Or, chacun doit trouver sa vie dans la substance commune. Tout dans la société doit tendre à ce but. La seule question à décider est de savoir comment ce but sera le mieux atteint. Certes, encore une fois, il faut y regarder, je ne dis pas à deux fois, mais à mille fois, avant de toucher à la propriété privée, sous peine de voir tarir la source de la richesse publique, dont elle est évidemment la meilleure ménagère, aux yeux de quiconque a quelque peu étudié le jeu des lois économiques. Mais je ne doute point qu'en présence des nécessités sociales, le pouvoir n'en puisse légitimement modifier les assises ou tempérer les rigueurs.

Cela s'est fait de tout temps et l'histoire en fourmille d'exemples. Sans parler de Lycurgue qui procéda à un nouveau partage des terres ; sans parler des nombreuses lois agraires et des abolitions de créances chez les Romains ; n'avons-nous point vu de nos jours, quoique dans une mesure plus restreinte, un dictateur sans autre mandat que celui qu'il tenait de la nécessité pour le salut de la Patrie, en face de l'invasion étrangère, suspendre le cours des lois, modifier les contrats, faire la remise des dettes et légiférer par de simples décrets, auxquels toute une nation se soumettait sans murmurer, par la seule raison qu'il le fallait ainsi ?

Je ne crois pas à la réalisation des utopies communistes. Il ne suffirait pas pour cela d'arriver à établir par surprise un régime précaire. Il faudrait bouleverser de fond en comble et remanier radicalement les conditions psychologiques de la personnalité humaine, telle qu'elle s'est dégagée des efforts constamment ascendants de la civilisation; et tout tend à démontrer que, dans cette évolution la personnalité humaine a suivi une pente irrésistible, qu'il lui est aussi impossible de remonter qu'à un torrent de rétrograder vers sa source. Mais enfin, si par une nouvelle contre-marche, le courant des idées et des tendances venait à changer de direction et à s'acheminer vers un autre ordre de choses, il n'y a nul doute que le régime de la propriété ne se modifiât légitimement d'une manière correspondante.

Le pouvoir a toujours été également omnipotent sur la personne et la condition des citoyens. La société m'apparaît comme un vaste laboratoire, dans lequel, sous l'action de toutes sortes de causes, se travaillent incessamment tous les matériaux que doivent concourir à former l'être social. Cette élaboration passe par différentes phases ; et comme les particules de métal en fusion, qui se transforment dans le creuset ou par la flamme, changent d'aspect suivant les degrés de l'opération ; de même, les éléments qui composent l'être social passent par différents états, dont chacun a sa légitimité, parce qu'il a sa nécessité. Le pouvoir, qui n'est autre chose que la mise en œuvre de toutes ces forces constituantes, consacre ou modifie légitimement tour à tour ces états divers et sous sa poussée victorieuse des priviléges séculaires s'écrouleront dans une seule nuit.

Il s'est formé au siècle dernier une école de philosophes qui, éblouis par l'éclat soudain de la pensée récemment émancipée, se sont mis à saper les vieilles institutions et les vieilles croyances du genre humain. Mais, non contents d'attaquer des abus condamnés par un état nouveau de civilisation, ils se sont attachés à déverser la raillerie sur les faits de l'histoire et les actes passés de la vie des peuples.

Il ne faut pas leur en vouloir de cette erreur, car eux aussi, sans trop s'en douter peut-être, accomplissaient une mission révolutionnaire et réformatrice à brève échéance. Ils étaient les premiers pionniers d'un autre ordre de choses et, comme toujours, ils exagéraient leurs principes. Je m'amuse bien souvent des saillies de Voltaire, tournant si malicieusement en ridicule les institutions et les superstitions d'un autre âge; narrant avec une si agréable légèreté des événements, dont il n'a ni embrassé la portée, ni sondé les causes et les dépendances profondes. Il avait raison, sans doute... Mais comme j'aurais raison de le railler lui-même, de ses bévues sur la *nature du feu*.

Chaque chose a son temps. Nul ne devance son siècle, nul n'est plus sage ni plus savant que lui. Pour arriver à la liberté et à l'égalité, il a fallu passer par l'esclavage et le servage. Pour devenir raisonnable, il faut avoir été superstitieux.

« *L'homme naît libre*, dit Rousseau, *et partout il est dans les fers.* » Mais s'il est réellement dans les fers, il ne naît donc point libre, et cette affirmation de sa liberté native ressemble fort à une pétition de principe ! La vérité est que l'homme naît vivant et viable, voilà tout. Il n'est autre chose, en ouvrant les yeux à la lumière, qu'une matière animée, ductile et malléable jusqu'à un certain point, à laquelle la société insufflera une âme, qui, une fois en possession d'elle-même, tracera son sillon suivant qu'il résultera de ses aptitudes innées, du milieu où elle vit et des circonstances extérieures qui seconderont son activité. Jusqu'à ce que cet être ait une âme, il n'est qu'un jeton dans la vie universelle, et si la société lui reconnaît des droits dès sa naissance et même dès le sein de sa mère, ce n'est que par pure fiction et en raison de ce qu'il est appelé à devenir un jour. Et la société le sait si bien, qu'elle considère comme non né ce qui n'est point né viable. Le seul droit de cet être, qui n'est pas même un droit, mais un fait, est de vivre comme tout être animé ; propre d'ailleurs à faire, suivant qu'il dépendra du milieu social où il vit, un esclave, s'il y a des esclaves ; un homme libre, s'il n'y a que des hommes libres : en attendant, n'étant ni libre ni esclave, mais un être vivant susceptible de prendre toutes les formes sociales.

Est-ce à dire, cependant, que la société ne lui doive rien ? qui pourrait avancer une proposition aussi monstrueuse ? Au reste, soyez sans inquiétude, la destinée de cet être n'est point abandonnée au hasard. La nature y a bien pourvu. En mettant, au fond des entrailles des pères et des mères, l'impérieux instinct, éclairé plus tard, sinon avivé, par l'intelligence, de l'amour et des devoirs paternels, plus vivaces que le soin même de leur propre conservation, elle a bien su assurer le sort de cet être, tant elle a veillé sur les sources de la vie ! Et quant à la société elle-même, personnalité indivisible qui se prolonge par la continuation du même sang et par l'accession incessante de nouveaux rejetons issus de son sein, il n'est point nécessaire de lui prêcher ses devoirs envers ses enfants ! Seulement je dis que cet être rudimentaire sera ce que la société le fera et qu'elle le fera à son modèle : plus ou moins parfait, suivant qu'elle-même sera plus ou moins parfaite, et suivant l'état de ses institutions et le degré de la civilisation.

La vie de l'homme est sacrée pour l'homme. C'est pour lui le premier des biens, qui comporte tous les autres et c'est pour la nature l'une des manifestations par lesquelles elle entretient le grand œuvre de la vie universelle. Par un instinct mystérieux, les êtres de même sang se respectent entre eux. Attenter à la vie d'un homme est donc pour un autre homme, dans la sphère des relations privées, le plus monstrueux des attentats. C'est faire couler son propre sang et déchirer les entrailles de la mère commune. C'est plus qu'un meurtre, c'est, à la fois, un fratricide et un parricide.

Mais il y a quelque chose de plus sacré que la vie d'un homme, c'est la vie de la société. La patrie a le droit de demander à ses fils le sacrifice de leur existence pour sa sûreté et même pour son utilité. C'est au nom de ce droit, qu'elle leur met les armes à la main, non-seulement pour défendre ses frontières, mais encore pour assurer son épanouissement moral, au milieu de la lutte des peuples et des races. Dans ce nouvel ordre de choses, la vie de l'individu ne semble plus compter : elle se noie et se confond dans celle de l'être social. Mais, d'où vient que la vie individuelle sacrée pour l'individu ne l'est point pour la société ? Est-ce que les collisions entre les peuples, qui tranchent le fil de tant de milliers d'existences humaines, n'attentent point, à plus forte raison, à l'œuvre de la nature ? Sombre problème ! j'essayerai plus loin d'en scruter les obscurités.

En attendant, il n'est point douteux que la société n'ait le droit de sacrifier aux nécessités de son existence les intérêts, la liberté et la vie même des particuliers; au même titre que le particulier, soucieux de sa conservation, peut s'imposer un régime, condamner l'un de ses membres à l'immobilité, ou même le retrancher pour le plus grand bien de sa santé générale.

On a beaucoup discuté sur la légitimité de la peine de mort, dont la loi frappe certains criminels. Mais la vérité est qu'il n'y a point là une question de légitimité, mais de nécessité sociale. Si la peine de mort est nécessaire non-seulement au salut, mais au repos public, elle est par cela même légitime. Le plus grand poète de notre siècle (et peut-être de tous les siècles) s'est complu à décrire les derniers instants d'un criminel voué à l'échafaud. Il a cru faire un plaidoyer habile contre la peine de mort, en montrant combien elle renfermait de terreurs et d'angoisses pour le cœur du coupable : et il ne s'est point aperçu qu'en démontrant ainsi l'efficacité de ce frein du crime, il en prouvait, par là même, la légitimité.

Au reste, vous proscririez de vos lois la peine de mort, que vous n'échapperiez point, par là, à son application, si elle est nécessaire. Car, à défaut même des lois, quelque chose veille toujours au salut de la société : et ceci montre combien cette force latente, qui milite, sans jamais désarmer, au sein de l'être social, pour sa conservation, et qui n'est autre chose que le pouvoir, est indépendante de toute convention, de toute idée contingente de droit, de tout mandat régulièrement conféré : si la loi est sans force pour assurer la sécurité publique, il surgira, des entrailles mêmes de la société aux abois, une puissance tutélaire, sans mandat apparent, mais avec un mandat très réel qu'elle tient de la nécessité ; et au lieu de la peine de mort régulièrement appliquée, vous aurez la justice du peuple et les horreurs de la loi de Lynch.

Et ne croyez point que ceci soit particulier à certaines mœurs, dans un certain état de civilisation. Demandez aux agents de la force publique, des pays les mieux policés, quelle peine ils ont parfois à arracher aux étreintes d'une foule indignée les coupables surpris, la main dans quelque odieux attentat ; et calculez combien les effets de cette irritation seraient plus terribles si cette foule, en somme, n'était souvent désarmée par la pensée que justice sera faite au nom de la société.

Le pouvoir social s'arrête au seuil de la conscience individuelle : non point peut-être parce que là expire la légitimité de son action, mais parce que c'est là la borne de sa puissance. Quand la pensée intime se traduit par des actes, elle devient tributaire du pouvoir. Loin de moi la pensée d'attaquer les libertés glorieuses qui ont ennobli la personnalité humaine et qui sont le fruit légitime du progrès : car ces libertés, qui permettent au citoyen de manifester hautement ses pensées et ses croyances, ne sont même autre chose que l'un des principes générateurs du pouvoir. Mais il faut reconnaître que le pouvoir, une fois bien affirmé, a une action organisatrice sur les éléments, même purement intellectuels et moraux qui contribuent à la composition de la société ; et qu'il doit tendre, par tous les moyens qu'avoue la prudence, à les ramener à l'unité qui, seule, fait la force ; qu'il a le droit de proscrire les manifestations extérieures de la pensée et de la conscience individuelles, quand elles tendent à troubler l'ordre public ; et qu'il a surtout le devoir de les prévenir en veillant à l'éducation de la jeunesse.

Qu'importent les prétendus droits du père de famille ? Est-ce que la famille elle-même n'entre point, comme l'individu, dans la constitution et la discipline plus compacte de l'État ? Et, d'ailleurs, est-ce qu'en face du droit et de la liberté du père, il n'y a point la liberté et le droit au moins éventuels de l'enfant, futur citoyen de la patrie, et qui ne doivent point être laissés à la merci d'un caprice obscur, sujet peut-être d'amers regrets dans l'avenir ? Respectez la famille, resserrez-en les liens autant que possible, c'est bien : mais tout cela n'empêche point de la discipliner.

Il est à remarquer, au surplus, que ceux qui font sonner si haut le droit du père de famille sont précisément ceux qui en tiennent le moins de compte, quand il s'agit pour eux de se faire des prosélytes, et qui l'annihilent même complétement devant les exigences plus hautes de leur propagande : ce n'est donc que par hypocrisie, ou tout au moins par suite des nécessités du moment, qui, dans toute lutte, font toujours fléchir les prétendus principes, qu'ils s'enveloppent du drapeau de la liberté : liberté de résister à la loi, pour se mieux laisser asservir à une autre loi ! Au fond, la lutte n'est point ici entre la société et le père de famille ; mais entre deux influences rivales qui se combattent par-dessus la tête de ce dernier.

Certes ! il y a des tempéraments à garder dans l'action du pouvoir social sur la vie intime de l'individu ! La civilisation a marché depuis les temps de Lycurgue et de Numa. La personnalité humaine a bien changé d'aspect, et parconséquent, avec elle, la notion du pouvoir social. L'âme humaine a ses conquêtes légitimes qu'il faut respecter, parce qu'elles sont respectables, et aussi à peine d'écraser dans leur germe les progrès de l'avenir. Mais aussi il faut bien se garder de la tendance à l'individualisme, ce principe dissolvant qui semble attaché à un développement excessif de la civilisation et qui paraît être le trait caractéristique de certaines races. Dans une certaine mesure, il favorise le progrès, puisqu'en définitive ce n'est que par les individus que la société pense et agit ; et que, si les gouvernements constitués représentent l'élément immobile et consolidé du pouvoir, la pensée toujours remuante en est l'élément mobile et progressif. Mais, poussé à l'excès, il a des conséquences néfastes. C'est lui, ou son dérivé, le fédéralisme, qui a frappé d'inertie le régime féodal au moyen âge ; qui a réduit à l'impuissance, ou du moins à un rôle secondaire, l'action politique de l'Empire germanique et de l'Italie, presque jusqu'à nos jours ; c'est cet orgueil malsain de la personnalité individuelle qui a anéanti des nationalités tout entières, comme la Pologne. Et si la France est devenue grande et forte, elle le doit surtout à ses despotes, qui ont comprimé en un solide faisceau ses forces vives, sans pitié pour les tendances

rebelles : Louis XI, Richelieu, la Convention, Napoléon !
Hélas, ce principe funeste semble nous menacer, à l'heure
où nous aurions le plus urgent besoin de serrer nos rangs !
Principe d'ailleurs erroné et absurde : car l'homme,
même pris individuellement, n'est quelque chose que
par son étroite solidarité avec son centre social ; et
nul n'est véritablement grand que par la grandeur de la
patrie !

Quoi qu'il en soit, ce n'est pas au point de vue des principes abstraits, et sujets à contradiction, qu'il faut se placer pour juger de la légitimité du pouvoir, de son mode d'exercice et de ses actes. La société ne peut attendre pour vivre que la lumière soit faite sur des questions qui passent peut-être l'entendement humain et qui, pour cette raison, ne peuvent affecter les nécessités de son existence.

La légitimité, en matière sociale, c'est la nécessité et l'opportunité. Non point cette nécessité et cette opportunité qui résultent des plans, des calculs et des visées particulières de l'homme d'État ou du politicien (car sous un tel prétexte, ce serait donner carrière à tous les attentats des ambitieux sans vergogne) ; mais cette nécessité et cette opportunité qui s'imposent par la force générale des choses et qui ne se connaissent guère que par les résultats : de sorte que ce n'est peut-être qu'après coup que l'on peut juger de la légitimité du pouvoir et de ses actes.

En attendant, et sauf à subir l'étreinte de cette nécessité, la conscience sociale n'a, pour se conduire, que les lumières progressives de la raison ; et ceci m'amène à confronter le pouvoir social avec une autre puissance qui a fini par le dominer ; car elle n'est elle-même qu'une autre sorte de pouvoir plus étendu et plus élevé, bien qu'il soit dépourvu de sanction positive. Je veux parler de la morale et de la raison universelles, telles qu'elles ont jailli des progrès séculaires de la civilisation, et que j'appellerai, en ce qu'elles affectent la vie des peuples : LE POUVOIR HUMAIN, ou de l'humanité.

IV

LA RAISON UNIVERSELLE.

Il y a dans la vie de l'humanité et dans le cours de la civilisation, qui a pris l'homme à l'état brut pour le conduire par degrés à un épanouissement moral et social de plus en plus accentué, des phases diverses et des périodes bien tranchées.

C'est ainsi que pour l'observateur impartial qui se place au-dessus de l'esprit de secte et de parti, qu'il soit croyant, libre-penseur ou athée, il est impossible de méconnaître l'importance de la grande révolution qui s'est opérée dans le monde avec le Christianisme. Ce n'est point arbitrairement que les générations nouvelles se sont habituées à voir là une sorte de recommencement dans la marche des destinées humaines, le point de départ d'une ère nouvelle.

Les premiers effets de la civilisation ont dû être, comme je l'ai déjà remarqué, partiels et locaux. Les différents groupes ont d'abord suivi chacun séparément la pente indiquée par leurs tendances et leurs aptitudes particulières. De là sont résultées des formes diverses de développement pour la personnalité humaine et sociale, restreintes chacune dans son milieu spécial. C'est ce qui explique pourquoi les sociétés anciennes nous apparaissent comme parquées isolément dans leur principe propre et exclusif. Et comme, dans tout centre d'activité, toutes les forces morales tendent au même but, nous apercevons, par la même raison, ces sociétés, chacune avec se formes politiques, ses croyances et sa religion, qui n'excèdent point les bornes dans lesquelles se renferme tout l'idéal des individus taillés sur le même type et réunis par le même lien social. En un mot dans les sociétés anciennes, et sauf quelques rares exceptions que nous offrent quelques personnes privilégiées, on voit toujours *le sujet* ou *le citoyen*, mais *l'homme*, non.

C'est du rapprochement des groupes, de leurs luttes, de leurs communications et du contrôle qui s'est nécessairement opéré, peu à peu, par le rapprochement et la comparaison entre les idées locales, que se sont dégagées insensiblement les notions générales qui s'appliquent à l'humanité tout entière.

Nul doute que les expéditions guerrières, les invasions causées par le besoin d'expansion chez certaines races, les migrations des peuples que quelque commotion de la nature chassait hors de leur territoire, n'aient puissamment contribué à ouvrir ainsi à la raison humaine des perspectives plus vastes. On aperçoit déjà, chez certains peuples de l'antiquité, à des époques fort reculées, les premiers vestiges de cette raison supérieure qui plane au-dessus des préjugés particuliers. C'est ainsi que, dans une civilisation apparemment déjà fort avancée, Confucius paraît avoir, le premier, tracé les préceptes d'une morale universelle. C'est ainsi que les philosophes grecs, grands voyageurs, et plus tard ceux de Rome, qui se sont inspirés de leurs maximes, se sont élevés au-dessus des superstitions vulgaires, et sont parvenus à dégager l'essence véritable de la personnalité humaine dépouillée des accidents locaux qui la diversifient. Mais ces notions supérieures étaient restées l'apanage de quelques intelligences d'élite ou, tout au plus, de quelques écoles de philosophes; et il n'apparaît point qu'elles aient influé sensiblement, même d'une manière indirecte, sur les tendances spéciales et exclusives des peuples, qui conservaient toujours leurs croyances et leurs institutions héréditaires.

Pour faire pénétrer ces notions dans les masses, il fallait une influence plus puissante que celle de la raison éclairée mais inaccessible aux intelligences grossières. Il fallait mettre en jeu les passions des hommes, parler à leur imagination, à leurs sens aussi bien qu'à leur soif d'idéal, à leurs besoins de lutte, de mouvement, de progrès; il fallait agir sur eux par l'enthousiasme de la foi aveugle, ardente et communicative; il fallait que les résultats à poursuivre se présentassent à eux sous un aspect tangible; qu'ils se sentissent, non dans la faiblesse de l'isolement individuel, mais dans l'énergie de l'action collective, contagieuse et solidaire; en un mot, il fallait la forme de société propagatrice et disciplinante par excellence : la religion.

Non-seulement les circonstances étaient devenues merveilleusement propices, pour favoriser ce grand mouvement de la pensée humaine : ce serait trop peu dire ; mais elles l'appelaient impérieusement.

La domination romaine pesait comme un joug de fer sur tout le monde connu. Tous les peuples se trouvaient réunis dans la communauté de la servitude. C'était le règne de la force avec son caractère le plus odieux, de la force qui s'impose par les moyens matériels et non point au nom de quelque grand principe civilisateur qui rallie les esprits, de la force qui, sans être même tyrannique, est plus intolérable que la tyrannie la plus dure, parce qu'elle humilie les peuples sous l'orgueil étranger. Contre cette force écrasante toute résistance était devenue impossible. Alors l'activité humaine qui n'abdique jamais, car elle représente ce besoin de vie et d'expansion qui est le principe de tout, se chercha d'autres issues.

Toutes les fois qu'il y a un grand mouvement populaire à servir, les prophètes inspirés ne font jamais défaut. Celui-ci eut le sien. Le succès prodigieux de sa mission tient dans une seule formule : « *Mon royaume n'est pas de ce monde.* » Il y a ainsi des formules qui résument toute une situation. Les esprits, comme je l'ai observé plus haut, travaillent d'abord sourdement sans but précis, en proie à un besoin vague dont nul ne se rend un compte bien exact. Puis, quand ce travail de termites a gagné de proche en proche, le prophète paraît : son génie ou son inspiration (peut-être au fond est-ce le même chose) lui dicte la formule lumineuse comme un éclair qui répond à tous ces désirs, jusqu'alors inconscients, et aussitôt tous les éléments disséminés des efforts particuliers viennent se condenser autour de cette formule, comme la limaille de fer éparse vole à l'aimant.

Le monde matériel était fermé. Si le prophète se fût borné à prêcher la résignation aux souffrances, le dédain des biens terrestres, le pardon des offenses, la grandeur de l'idéal opposé à la force brutale, il eût pu sans doute rallier à sa doctrine quelques esprits privilégiés et fonder une école de sages comme l'école stoïcienne, ou une société mystique fermée, comme celle des Esséniens, ses précurseurs. Il n'eût peut-être fait après tout qu'une médiocre impression sur les masses travaillées par des aspirations plus sensibles et des besoins plus prochains. Mais, en ouvrant à ces aspirations tout un monde nouveau, distinct de celui où l'homme se sentait si misérable ; dans lequel il devait trouver la compensation de toutes ses tortures ; où la force haïe et détestée n'avait plus aucune prise sur lui ; qui offrait à ses regards avides un objet radieux, facile à saisir, à la portée de tous, de l'ignorant comme du savant ; où il devait précisément arriver par le mépris de ce monde abhorré, qui lui pesait tant ; le prophète découvrait à l'activité humaine une nouvelle voie, par laquelle elle se précipita avec un indescriptible entraînement, comme un torrent longtemps barré et grossi auquel on ouvrirait une soudaine échappée.

Alors il arriva ce qui ne s'était point encore vu dans le monde, du moins d'une manière générale ; ce qui était resté jusque-là le privilége de quelques esprits supérieurs : la personnalité humaine se dédoubla. Elle se divisa en quelque sorte en deux parts bien tranchées : l'une resta la proie de la force matérielle, l'autre s'envola vers des régions plus heureuses, où tous étaient égaux et frères, où il n'y avait plus de tyrans ni d'opprimés, plus de maîtres ni d'esclaves. Il y eut le monde de la matière et le monde de l'idée.

Quels scrupules eussent donc pu arrêter ce mouvement émancipateur ? Les anciennes croyances religieuses ? Elles avaient été jusque-là intimement liées aux destinées et aux évolutions morales des nations. Mais, par conséquent, les dieux de Rome étaient des dieux vainqueurs, partant exécrés ; les dieux nationaux étaient des dieux vaincus, responsables des amertumes et des horreurs de la défaite, qu'ils n'avaient point su empêcher ; eux-mêmes courbaient la tête devant les maîtres du monde, ils étaient convaincus d'impuissance et définitivement condamnés.

Il courut donc comme une traînée de poudre à travers le monde romain. Et, comme toujours, le merveilleux ne manqua point pour accélérer sa marche. Il ramassa sur son chemin tout ce qui ressortissait à l'idéal, tout ce qui planait au-dessus des tristes horizons de ce monde odieux. La sagesse des anciens philosophes, les mythes profonds de l'Orient, la générosité du sang barbare, tout cela vint se fondre et s'amalgamer dans ce courant. De sorte qu'après quelques siècles d'élaboration, le monde de l'idée, enrichi de tout ce qu'il y avait de grand et d'élevé dans la personnalité humaine, avait conquis son indépendance.

Ce succès faillit lui être fatal. Au fond, l'activité humaine a beau se créer des objets plus ou moins spécieux, tout cela n'est que prétexte à mouvement. Elle retombe toujours dans l'ornière des destinées terrestres. Seulement elle a marché, elle a lutté, elle a vaincu, et le résultat de son triomphe est tout autre que celui qu'elle s'était proposé. L'idée a fini par amollir la force elle-même ; elle s'allie à la force et la force s'enrôle sous son drapeau. Le Christianisme devient la religion de l'Empire.

Si l'Empire romain eût vécu, c'en était peut-être fait de ce grand mouvement d'affranchissement de l'idée. Le Christianisme fût devenu sans doute, comme toutes les religions ses devancières, une religion d'État. Déjà, on le voit user lui-même de la force, pour réprimer les tendances de l'esprit ; pour combattre les hérésies et essayer de comprimer la pensée au bénéfice du pouvoir social.

Mais voilà que tout à coup la force elle-même se déplace. Des nuées de barbares fondent sur l'Empire et le mettent en lambeaux. Le Christianisme ou plutôt dès lors l'Église se souvint de son premier principe, et sous la forme de la séparation du temporel et du spirituel, elle proclama avec plus d'énergie que jamais l'indépendance de l'idée au regard de la force. Elle triomphe une seconde fois. Mais peut-être encore eût-elle péri ou se fût-elle dispersée au milieu du démembrement de la société féodale, si elle n'eût eu un centre d'activité puissant et indépendant, dans le pouvoir temporel des papes.

Tout ce qui est nécessaire arrive, a-t-on dit. Le pouvoir temporel des papes, que les partisans de la libre-pensée attaquent si ardemment de nos jours, et qu'ils attaquent avec raison (car c'est le sort de toutes les institutions d'être tour à tour bonnes ou mauvaises, utiles ou nuisibles), fut peut-être en ce temps-là l'un des plus fermes soutiens de la liberté du monde.

Patrie du monde idéal, au milieu du chaos de l'époque barbare, il était le pôle vers lequel se tournaient toutes les aspirations de la pensée, de nouveau comprimées par la force. L'influence de l'opinion qui aujourd'hui constitue le vrai pouvoir social, et qui limite l'action légitime des gouvernements, faisait alors complétement défaut. L'opinion des peuples, c'était leur religion. Et c'est en qualité de représentant autorisé de cette opinion et comme seul interprète efficace des besoins et des griefs des peuples, que le chef de la religion intervenait à juste titre dans leurs démêlés avec le pouvoir social ; ou plutôt, il était lui-même l'un des éléments de ce pouvoir. Et, quand je réfléchis aux entreprises des papes contre les abus de la force, au lieu de condamner leurs usurpations je serais bien plutôt tenté de leur reprocher leurs compromissions et leurs défaillances !

Mais ils aspiraient eux-mêmes à la domination et à la tyrannie ! Et, que m'importe ? Que me font les visées des hommes, qui tout grands qu'ils sont comme un Grégoire VII, par exemple, ne sont après tout que des pantins dans la main de la Nature, et dont une puissance plus haute que toute volonté humaine, la nécessité, tient les fils ? Les résultats comme toujours ont trompé leurs prévisions : mais l'objet légitime a été atteint. Il en est resté ce qui en devait rester.

Le règne de l'idée sur la force triompha donc encore une fois, et encore une fois il pencha vers le despotisme. Alors un événement considérable se produisit. Tout l'Occident fut lancé contre l'Orient. Deux civilisations furent aux prises et s'entremêlèrent pendant plusieurs siècles. La pensée en revint singulièrement élargie. L'armure religieuse qui l'avait protégée dans sa lutte contre la force devint bientôt trop étroite et craqua de toutes parts. Déjà, dès cette époque (car il est à remarquer que, malgré l'intolérance de l'Église, jamais société ne fut plus travaillée par les conflits de la pensée, qui s'y était réfugiée tout entière), déjà, dis-je, on se met à agiter les grands problèmes qui intéressent l'essence même de la personnalité humaine, sans distinction de nationalité, ni même d'enseignement religieux. La philosophie grecque revient en honneur. Une vaste lice s'ouvre aux débats de la pensée. Saint Thomas s'y rencontre avec Averrhoës, l'Europe avec l'Afrique, l'Orient avec l'Occident. Par l'effet de l'élan donné, on reste enfermé encore dans la forme théologique ; mais la foi par elle-même ne suffit plus, on essaye de l'appuyer sur la raison et la raison bientôt n'est plus d'accord avec la foi. L'Église sent sa puissance lui échapper. Elle veut sévir, car il est de la nature de toute institution humaine de germer, de grandir ; et une fois qu'elle a atteint son apogée, de croire qu'elle a trouvé le dénouement et de chercher à s'immobiliser dans son triomphe. Une société est comme un individu : quand par ses efforts, il s'est fait une grande situation, il devient conservateur et voudrait que rien ne marchât plus autour de lui. Mais la vie universelle a bien d'autres exigences que celle d'un individu, ou même d'une société, si parfaite qu'elle se prétende, et qui n'est toujours qu'un moyen et non une fin.

Les efforts de l'Église furent vains. Quinze siècles avaient passé sur le grand principe déposé dans son berceau, et tant de fois affirmé, de la séparation des deux mondes, de la force et de l'idée. Ce principe porta de nouveau ses fruits. La Réforme proclama les droits de la raison au regard de la foi. Et bientôt, par une nouvelle et nécessaire évolution, la raison se dégagea de ses dernières entraves, sa complète émancipation fut accomplie.

Deux grands résultats sont acquis :

Le premier, qui est l'œuvre directe du Christianisme, est le règne d'une morale universelle, non plus consignée seulement dans les écrits des philosophes, comme les Traités de Platon et les Offices de Cicéron, mais réellement et profondément entrée dans les mœurs et dans la conscience des peuples, et planant au-dessus des relations civiles des hommes entre eux.

Le second, qui est l'effet dérivé, puis combattu et enfin répudié du principe chrétien du dédoublement de la personnalité humaine, est la prédominance d'une raison générale sur les intérêts matériels et locaux des hommes et des peuples. Et cette puissance, accrue de toutes les découvertes de la science moderne, a conquis une telle prépondérance, que les religions elles-mêmes, qui, à l'origine, résumaient tout l'idéal de l'entendement humain, sont obligées, non-seulement de compter avec elle, mais encore de la subir comme critérium de leurs enseignements ; puisqu'on les voit attacher leurs efforts à prouver qu'elles ne sont point en désaccord avec elle.

Morale et raison universelles ! Voilà donc l'autorité qui domine et limite le pouvoir social et les religions elles-mêmes qui s'intitulent universelles. C'est en leur nom, c'est au nom de l'humanité, placée au-dessus des nations et des races, comme celles-ci le sont au-dessus de l'individu, que l'idée transcendante s'insurge contre les abus obscurs de la force ; qu'elle voue à l'exécration des institutions aujourd'hui abhorrées comme l'esclavage, le servage et les castes, qui outragent la dignité et la fraternité humaines; qu'elle raille les superstitions surannées; qu'elle gémit sur les victimes sanglantes qui couvrent la route de l'humanité vers le progrès; qu'elle acclame la liberté de la pensée et les droits de l'homme, au-dessus de ceux du citoyen !

Aujourd'hui cette grande puissance s'est tellement imposée, que tout pouvoir social, qui voudrait se soustraire à son influence, tomberait fatalement dans l'impuissance et le mépris.

Un progrès reste à réaliser. C'est de faire bénéficier le monde entier de ces glorieuses conquêtes, qui sont restées jusqu'ici réservées aux races occidentales. Ce résultat sera sans doute obtenu par un nouvel effort de l'activité des peuples, qui prend son essor vers les régions lointaines, par la colonisation, l'industrie et le commerce cosmopolites. Et c'est peut-être là le commencement d'une ère nouvelle dans la carrière de la civilisation et dans la vie de l'humanité.

En attendant, la raison affranchie va à la découverte du droit, non plus en se traînant péniblement dans les sentiers de la routine et à travers les entraves et les obstacles semés sur sa route par la force brutale et la superstition, mais d'un vol libre, comme l'aigle, en regardant le soleil.

Et pourtant, ce soleil a encore bien des taches ! Ou plutôt les yeux qui essayent de l'envisager en face sont bien faibles et sujets à bien des illusions. Si l'accord s'est fait sur les grands principes de la morale universelle, bien des questions qui touchent à la vie intime des peuples restent encore dans le domaine de la dispute et de la contradiction. Et Pascal pourrait encore dire de nos jours que *trois degrés d'élévation du pôle renversent toute la jurisprudence*.

C'est qu'il n'est donné à l'homme de connaître que le droit relatif, approprié à l'infirmité de ses facultés perceptives, et tel qu'il résulte des lumières croissantes, mais toujours bornées et vacillantes, de la civilisation.

Au-dessus, sans nul doute, il y a le droit absolu. Mais ce droit a un grand défaut, c'est qu'il n'est point donné à l'homme de le connaître avec exactitude. Il lui est seulement permis, imposé peut-être, de le chercher et de le chercher toujours. Le droit absolu et la vérité absolue sont un même point placé à une distance infinie, vers lequel aspirent sans cesse la raison et la conscience humaines, comme la ligne brisée, en se fractionnant indéfiniment, tend constamment à s'identifier avec la ligne courbe... mais sans y parvenir jamais!

Et il y a pour cela, ce semble, plusieurs raisons.

D'abord l'état de l'homme est de chercher, non de trouver. Il n'est peut-être même pas bon qu'il trouve. Car alors le ressort, qui le fait mouvoir et le pousse en avant, serait paralysé. L'homme doit chercher sans cesse la vérité et le droit, comme les mondes graviter autour de leurs centres attractifs. S'ils atteignaient un équilibre stable, l'harmonie des lois de l'univers serait rompue.

En outre, la vérité et le droit absolus sont sans doute des objets disproportionnés avec la capacité de l'âme humaine, simple faculté vitale, hésitante et téméraire, destinée, quoique libre, à procurer à l'homme l'accomplissement fatal de son humble fonction.

Et, enfin, je crains bien que la raison humaine ne cherche le droit absolu où il n'est pas!

Le droit absolu, je le soupçonne du moins, n'est point dans telle institution sociale, dans tels rapports précis des êtres entre eux. Il n'est point dans la liberté, dans l'égalité, plutôt que dans tel autre dogme social. Ce ne sont là que des notions relatives. Il est où jamais intelligence humaine n'aura la puissance d'aller le dévoiler, où il n'y a plus de monde moral ni intellectuel distinct du monde physique, où tout se confond dans les conditions incréées et éternelles de l'Être unique et suprême; en un mot, il n'est autre chose que l'ensemble, insondable à l'œil humain, des lois nécessaires et inflexibles qui président aux évolutions de la vie universelle.

Le droit absolu s'impose, en tout temps, en tout lieu, à toute heure : car c'est une loi nécessitante. Tout ce qui arrive à l'homme ou à la société, en bien ou en mal : ses grandeurs et sa prospérité, fruit de circonstances heureuses ou de peines laborieuses; comme ses déchéances et ses misères, résultats d'imperfections natives, d'influences fatales ou condamnation et redressement de ses erreurs, en est l'inévitable effet.

Les théories plus ou moins savantes et raisonnables que l'intelligence humaine se fait, suivant le cours des idées et de la civilisation, ne sont donc pas le droit absolu, mais le droit relatif. Ce ne sont après tout que des sollicitations tendant à provoquer des progrès dans la marche des destinées humaines : progrès dont le dernier mot reste toujours à l'action occulte de la Nature, qui se traduit par les événements.

La société doit donc se contenter du droit relatif. Qu'elle s'en console, la part est encore assez belle. La conscience humaine y trouvera, pour ses recherches et ses essais, une carrière inépuisable et des perspectives illimitées. Mais si elle ne veut point trop s'égarer, qu'elle se garde bien des opinions toutes faites et des préjugés qui ne reposent que sur des pétitions de principes. Qu'elle observe les événements; qu'elle tâche de déduire l'enchaînement des causes et des effets; qu'elle remarque ce qui la fait forte et heureuse, ou faible et misérable ; et qu'elle règle sa conduite, non sur des théories creuses, mais sur l'enseignement des faits. C'est ainsi qu'elle pourra peut-être dérober à la nature quelques-uns de ses secrets. Car ce qui est important, après tout, ce n'est point le triomphe de tel ou tel principe abstrait, qui n'est vrai ou faux que par les résultats heureux ou néfastes qu'il procure ; mais c'est uniquement que la société soit grande, puissante, vivace, progressive, expansive, traçant vigoureusement son sillon dans le champ de l'activité universelle.

Hélas! dans ce rude labeur, elle tombera parfois, sans doute ; puis se relèvera, pour tomber et se relever encore! Mais c'est la loi inexorable de la vie. Qu'elle n'espère point y échapper pour trouver enfin le repos dans un dénouement : car un dénouement serait, non le repos, mais la fin!

V

LA GUERRE.

Les peuples ne sont point entre eux dans l'état de nature. Il suffit qu'ils aient été touchés par le souffle de la civilisation, pour qu'ils aient, ainsi que les individus, même en dehors de toute loi positive, des droits et des devoirs réciproques, indépendants de tous traités, et bien que ces relations n'aient d'autre sanction que la force respective dont ils sont armés pour leur défense.

Il est incontestable, par exemple, que les lois qui obligent les hommes civilisés à s'entr'aider mutuellement, à ne rien faire qui leur soit réciproquement préjudiciable, d'observer entre eux les règles de la justice et du droit, telles que la raison les leur montre, s'imposent tout aussi bien aux peuples qu'aux individus, au nom de la morale universelle.

Et cependant, ce n'est pas sans un profond étonnement que l'on voit les nations civilisées, au lieu de marcher d'accord dans une même voie, de se prêter la main et d'unir leurs efforts pour le bien général, se précipiter sans cesse les unes sur les autres; sans profit réel, même pour le vainqueur et au détriment du bonheur commun.

Les compétitions pour quelques lambeaux contestés de territoire, pour le monopole d'une industrie et d'un commerce, pour un vain point d'honneur, sont-elles bien des motifs suffisants pour justifier ces collisions formidables qui ensanglantent presque continuellement l'humanité? Alors qu'il serait si facile de s'entendre, en écoutant la simple voix de la raison et l'intérêt bien entendu de tous!

Je sais bien que l'amour-propre s'en mêle; que les rivalités d'influence, que la soif de dominer l'emportent le plus souvent sur l'intérêt matériel lui-même : mais tout cela, au lieu d'éclairer le problème, ne fait au contraire que le rendre plus obscur.

Car, enfin, si la raison civilisée condamne à juste titre les violences exercées d'hommes à homme, même de nationalités différentes, d'où vient que la violence exercée par un peuple sur un autre peuple constitue, quand elle réussit, un titre de gloire? Que les peuples s'honorent du sang versé de leurs ennemis? Que nous admirons toujours les conquérants, qui, comme un Alexandre, ont subjugué des royaumes pour le seul plaisir de transmettre à la postérité un nom fameux? Ou qui, comme les Romains, par esprit de domination, ont assujetti sous leur joug la moitié du monde, non pas même pour acquérir des richesses, mais pour l'honneur *de commander à ceux qui en avaient?* D'où vient que toutes les forces sociales tendent à cet objet? Que les religions y poussent? Que les Dieux, non point des dieux rivaux, mais le Dieu commun que différents peuples adorent et qui devrait être leur père à tous, devient le Dieu des armées? Que tous l'invoquent, chacun de son côté, avant de se ruer les uns sur les autres dans leurs luttes fratricides, et lui rendent ensuite de sacriléges actions de grâces du sang répandu de leurs frères? Vit-on jamais un père placé dans une telle situation et associé au meurtre de ses propres enfants ? Quel motif de querelle peut bien légitimer un si horrible attentat? Quel préjugé monstrueux peut frapper l'esprit d'un pareil vertige ?

Et cependant le préjugé est plus fort que la raison! Cependant tout cela est grand, tout cela est glorieux... pourquoi?

Quand je vois deux hommes se disputer un héritage, celui auquel les tribunaux donnent raison a obtenu, quoi? Justice. A défaut de tribunaux, je suppose qu'ils en viennent aux mains et que celui qui a le droit pour lui remporte la victoire, qu'a-t-il obtenu ? Justice encore, justice seulement. Il a fait valoir son bon droit, il a triomphé : voilà tout. Mais qui parlerait de gloire et d'honneur, pour avoir vaincu?

Et pourtant entre nations, il faut bien le reconnaître, il ne s'agit point seulement de se faire droit à soi-même. Il n'y a point seulement profit (profit toujours trop chèrement acheté) pour le vainqueur, il y a surtout honneur et gloire, et la pensée humaine a beau s'élever, elle est toujours dupe de cet indéracinable préjugé.

Et il ne faut pas dire que ce sont les rois qui, par ambition personnelle, excitent leurs peuples les uns contre les autres. C'est au contraire au sein des peuples que cette hostilité fermente et bouillonne, et les rois le plus souvent, quand ils se résolvent à la guerre, ne font qu'obéir à la clameur qui monte du fond de la société.

Je n'ignore point qu'à l'heure qu'il est, l'esprit humain a une noble tendance à se hausser vers d'autres idées. Déjà quelques apôtres d'une paix universelle ont fait entendre leur voix et même ont proposé des projets d'organisation sociale, pour arrêter l'effusion du sang. Mais je crains bien que ce ne soient là des utopies, car le vieux ferment bout toujours au fond des cœurs. Le préjugé l'emporte sur toutes les théories humanitaires. Et je ne serais point étonné que tous ces grands pacificateurs, si on leur mettait une arme à la main et pour peu qu'on échauffât leur enthousiasme, ne devinssent facilement eux-mêmes des héros.

Et d'où vient, que moi, rêveur solitaire, qui m'efforce de m'élever à la sérénité des hautes contemplations, je sens mon cœur bondir et mon sang s'allumer dans mes veines à la seule pensée de la patrie mutilée ? D'où vient que je me prends à rêver de meurtre et de carnage au seul soupçon des dédains de l'étranger ? D'où vient que je compte pour rien le bonheur domestique et la jouissance personnelle de tous les biens, si tout cela n'est encadré dans la grandeur de la Patrie ? Et pourquoi cette grandeur ne peut-elle s'élever que sur la ruine, ou tout au moins sur l'abaissement de celle des autres nations ?

Hélas ! il n'y a point à se le dissimuler ; il y a là un redoutable et profond problème ; ces vieux préjugés nationaux, qui résistent aux conquêtes les plus légitimes de la raison, sont ici, à n'en pas douter, complices de quelque grande loi naturelle, à laquelle l'humanité ne saurait échapper. Les guerres sont une nécessité physique et sociale. C'est la nature elle-même, et non les passions humaines, qui les impose. Les passions humaines n'en sont tout au plus que les prétextes.

Condamner la guerre, détester l'effusion du sang, prêcher la concorde universelle, au moyen de la tolérance réciproque des peuples : c'est bien. C'est là le rôle de la raison s'éclairant de plus en plus aux lumières du progrès. Mais pour l'observateur, qui se place au-dessus de toutes choses et qui cherche à en démêler le principe, peut-être y a-t-il là une autre étude à faire.

Si je jette un coup d'œil sur le monde animé qui

s'agite à la surface de notre globe, je vois que la guerre est partout. Elle est dans tous les éléments ; elle est même la grande loi économique qui sert à la répartition de la vie entre les groupes. La guerre n'est point entre les individus d'une même espèce, il est vrai, mais elle est à l'état normal et permanent entre les espèces différentes. Il est manifeste même que la nature les a organisées en vue de cette lutte, car certaines espèces sont évidemment destinées à servir de pâture à d'autres, qui ne peuvent subsister qu'à ce prix.

Cette rivalité et ce carnage conservent l'équilibre entre les espèces, dont chacune par la puissance de multiplication qu'elle possède, tendrait à envahir le domaine entier de la vie.

La lutte a aussi pour résultat d'entretenir la vigueur et même d'augmenter l'intensité vitale chez les groupes belligérants. Que deviendraient le lion et le tigre, si, sans avoir besoin de recourir aux péripéties d'une chasse fatigante, pour conquérir leur proie, ils n'avaient qu'à étendre leur griffe pour trouver une pâture assurée ? La gazelle conserverait-elle longtemps ses jarrets nerveux, ses membres sveltes et cambrés, si elle n'avait rien à redouter des carnassiers ? Ne verrions-nous pas bientôt toute la gent ruminante acquérir les formes disgracieuses de ce chien domestique, traînant péniblement entre quatre jambes grêles un ventre qui va balayant la fange des ruisseaux ?

La guerre, la guerre incessante entre donc dans le plan de la nature. Et il est évident que le genre humain, malgré les progrès factices de sa raison, n'échappe point à cette grande loi qui semble régir tous les êtres.

La lutte, il est vrai, je le répète, n'existe point du moins en général entre les individus d'une même espèce : et il est permis de supposer qu'il en a été de même pour l'espèce humaine, à son origine. Les guerres des premiers hommes ont dû être dirigées contre les animaux sauvages. Mais il est arrivé que l'homme, malgré son apparente infériorité physique, a bientôt pris le dessus sur les animaux les plus redoutables; et qu'à l'aide de cette faculté supérieure, qui est son intelligence, ayant multiplié ses moyens d'existence, il a pullulé au point de se trouver à l'étroit dans les régions qui lui ont servi de berceau. Alors des races diverses se sont formées : soit que ces races émanassent d'ancêtres distincts bien qu'appartenant à la même espèce ; soit que l'action différente des climats et des milieux eût diversifié les êtres issus d'une même souche. Les races humaines, vu leur multiplication et leur variété, se sont dès lors trouvées entre elles, dans la même situation respective, que les espèces d'animaux au regard les unes des autres. Des rivalités d'intérêts, d'influences, de croyances ou de mœurs et sans doute aussi une impulsion naturelle et instinctive (car la nature est toujours complice de tous ces mouvements) les ont portées à se considérer comme des ennemies, et à se faire la guerre entre elles.

Et il est curieux d'observer comme les lois qui président à ces conflits sont toujours le reflet des lois physiques qui régissent l'équilibre des éléments et des corps. Ces luttes ne sont point arbitraires, même quand elles sont conçues dans le cerveau remuant de quelque ambitieux. Elles répondent ordinairement à un besoin dont les peuples et leurs chefs ne se rendent pas compte eux-mêmes. Ce n'est point, d'autre part, la communauté des idées et des aspirations qui forme les alliances entre les peuples. Chacun d'eux cherchera à s'appuyer sur les forces qui contre-balancent l'influence de son rival. Le Pape au besoin s'alliera avec le Grand Turc. Exactement comme un principe chimique trouve son auxiliaire et son contrepoids dans un principe contraire ; ou comme, dans l'entrecroisement de mes nerfs, je devrai, pour agir sur un de mes organes, opérer une diversion sur une partie opposée de mon corps.

La guerre entre les groupes humains répond aux mêmes exigences physiques de la vie universelle que la lutte entre les êtres inférieurs. Elle établit le niveau et l'équilibre entre les races, et elle les fortifie par la fatigue et le danger.

Il y a assurément dans la civilisation, ou plutôt dans son excès et ses abus, un effet énervant et débilitant qui a besoin de correctifs, pour maintenir l'énergie de la vitalité. Sans parler même du luxe et de la mollesse, de l'abus des jouissances et des plaisirs, de tous les vices qui sont inséparables d'une civilisation avancée, et qui émasculent et déforment ce beau type du barbare, toujours sur pied, à l'œil vif, aux flancs évidés, au jarret d'acier, aux bras solides et vigoureux, toujours prêt à payer de sa personne ; on a de tout temps observé que l'extrême culture des facultés intellectuelles altère le principe de la vie. Les grands esprits n'ont jamais fait souche. Il semble que ce soient des victimes sacrifiées, des éléments sociaux, qui amenés à la surface de l'espèce s'y évaporent en éclairant la masse au-dessus de laquelle ils s'élèvent, comme les particules qui s'échappent par ébullition des matières travaillées par le feu. Mais le véritable nerf, la réserve vitale de la société est dans la gent grossière, encore soustraite à l'action à la fois excitante et dissolvante de l'extrême civilisation.

Il est de vieux préjugés dont nous nous moquons aujourd'hui, et que je serais bien plutôt tenté de considérer comme des vérités profondes, qui se sont imposées à l'instinct intellectuel de l'homme, plus sagace et plus clairvoyant que sa raison elle-même, armée de la logique de ses déductions. Il n'y a pas longtemps encore, la main qui tenait l'épée dédaignait de savoir se servir de la plume. Il y a là une évidente exagération ; mais si les familles des anciens preux se sont conservées nombreuses et vivaces pendant tout le temps qu'elles ont eu la lance à la main, le casque en tête et la cuirasse sur le dos, pour s'émietter ensuite et disparaître comme de simples familles bourgeoises quand le souffle de la civilisation les a touchées, ne doivent-elles point cette large continuité de vie à leur mépris de la science et aux durs exercices de la guerre, malgré la moisson abondante que le fer des batailles fauchait dans leurs rangs!

Oui ! il faut aux races et aux nations humaines quelque chose qui les tienne en éveil et en haleine, qui les empêche de s'endormir dans les délices enivrantes de la paix et de la jouissance repue ! Il ne faut pas que ce soit impunément qu'elles laissent abaisser chez elles le niveau de la vitalité! Et la guerre est sans doute l'un des moyens que la nature emploie pour maintenir chez les races, le mouvement nécessaire à leur conservation.

Un homme d'État célèbre, dans l'ivresse d'un triomphe qui avait sans doute dépassé ses espérances, a laissé un jour échapper une parole qui a paru scandaleuse : « *La force prime le droit,* » a-t-il dit. Et, en vérité, quand j'y songe, je ne sais si cet homme n'a point raison, et si je ne dois point aller plus loin que lui et dire : la force c'est le droit lui-même.

Certes ! Je n'entends point réhabiliter ici des doctrines exécrées, ni reprendre pour mon compte les maximes si décriées des Hobbes, ou des Machiavel. Je déteste et je condamne au nom de la morale universelle toutes les violences et tous les abus de force brutale, aussi bien de peuple à peuple, que d'homme à homme. Mais je crains bien que la nature ne soit point aussi scrupuleuse et qu'elle ne dise aux hommes par la voix des événements : ayez pour vous le droit tel que vous le concevez. C'est bien. Mais si vous voulez que ce droit soit efficace, tâchez d'avoir aussi pour vous, mon droit à moi, qui est de maintenir virilement le dépôt de la vaillance vitale que je vous ai confié. Soyez forts, courageux, indomptables, sinon vous n'avez pas mon droit pour vous, et vous méritez toutes les injustices dont vous êtes accablés !

Assurément, l'homme est libre, en sa qualité d'être moral, de poursuivre son bien à ses risques et périls; et personne n'a rien à lui dire, tant qu'il observe les lois sociales. De même, les peuples sont maîtres de leurs destinées et ont incontestablement le droit de les régler avec une parfaite indépendance, au regard des autres peuples. Aucune nation n'est recevable à s'ingérer dans les affaires de ses voisines, si elle n'y est directement intéressée, et toute agression qui n'est pas motivée par une violation du droit international est injuste. Mais, prenez garde ! Ce qui est illicite aux yeux des hommes ne l'est pas toujours aux yeux de la nature. Vous pourrez avoir des mœurs douces et polies, aimer la justice et la pratiquer, chercher le bien-être par des voies pacifiques, être respectueux des droits de vos voisins : tout cela est bon, mais ne suffit pas. La nature exige de vous autre chose : elle veut avant tout et surtout, que vous soyez des hommes : que vous ne vous laissiez point amollir, ni envahir par une graisse malsaine. Et si un peuple, au lieu d'être sain, robuste et vaillant, prêt à toutes les luttes, dédaigneux du danger et de la mort même (car ceux-là seuls sont dignes de la vie, qui savent la mépriser); s'il devient obèse et sans vigueur, se laissant alanguir par les jouissances débilitantes; si, au lieu de fer, c'est de l'or qu'il roule dans son sang, il aura beau se réclamer des droits les plus incontestés de la conscience humaine ; il a violé un droit plus haut, le droit véritable ; il a faibli dans le concours de la vie ; il a laissé faire le vide dans son sein ; qu'il ne s'étonne donc point que des masses plus serrées s'y précipitent à l'instant et l'envahissent : car c'est là une loi tout aussi claire que celle de la statique.

Peut-être y a-t-il des moments dans la vie d'un peuple, où il conviendrait d'imiter Alexandre et de mettre le feu aux bagages qui ne contiennent que de vaines richesses. La décadence a toujours commencé pour les peuples avec l'opulence. Les peuples forts sont ceux auxquels la nature, sévère marâtre, a départi un sol ingrat, ou qui tout au moins nécessite de laborieux efforts. La fertilité spontanée de la terre fait les peuples lâches et efféminés ; et peut-être est-ce un bienfait de la nature de n'avoir point le nécessaire, pour être forcé de le conquérir.

Quoi qu'il en soit, quand je vois une nation se livrer au luxe, porter ses facultés vers tout ce qui peut augmenter ses trésors, rechercher avidement tout ce qui peut rendre la vie agréable et molle, au lieu de s'aguerrir, d'être dure pour elle-même, disciplinée, prête à tout, sans pour cela être agressive et injuste (car à défaut de la guerre peut-être est-il bon qu'il y ait toujours au moins la menace de la guerre), je ne puis m'empêcher de me dire : voilà une proie qui s'engraisse pour quelque carnassier qui la guette !

Ce n'est point une défaite, ni même une guerre malheureuse qui peut faire préjuger l'amoindrissement de la vitalité chez un peuple. Une petite puissance peut être opprimée un instant par une grande. Des fautes peuvent être commises dans la conduite des armées. La prépondérance du génie d'un seul homme peut faire passagèrement pencher la balance d'un côté. Une nation généreuse dont un honteux espionnage a surpris la faiblesse momentanée, due à l'incurie coupable de son gouvernement, peut être attirée dans un odieux guet-apens, où on l'attend dix contre un. Elle peut être, par surcroît, victime de la lâcheté d'un chef méprisable ou de la trahison de ses généraux. Elle est vaincue : elle n'est point pour cela abaissée. Les Romains ont subi bien des défaites, mais ils n'ont jamais désespéré de la patrie : même quand le Carthaginois était à leurs portes, même quand Brennus campait au pied du Capitole ! Et voyez en effet : voici Camille qui se lève ; en face de la fortune d'Annibal, voici grandir celle de Scipion, et Zama, d'un seul coup, effacera la Trébie, Cannes et Thrasimène.

Gloire à toi qui, dans des jours tragiques, ne désespéras point non plus de la patrie ; qui, à l'heure où l'âme même du soldat semblait prise de vertige et de défaillance, sus tenir haut et ferme le drapeau de la France et sauver du moins l'honneur ! Notre espoir reposait en toi. Hélas ! il s'est trouvé des insensés pour te méconnaître ; et quand tu voulus rallier les cœurs que faisait battre à l'unisson l'amour viril de la patrie, sans mesquine distinction de partis ; quand tu voulus grouper autour de toi ce qui s'offrait encore de mâle, d'énergique et de vaillant, tu n'arrivas qu'à soulever de honteuses clameurs, comme celles de chiens hargneux qui grognent quand on touche à leur os. Tu en mourus ! C'en est fait pour longtemps peut-être de nos plus chères espérances. Ah ! puissent du moins tes dépouilles revenir bientôt au milieu de nous ! Puisses-tu venir t'asseoir sous la glorieuse coupole, à côté du grand patriote qui t'attend, du chantre sublime de la colonne et des soldats de l'an II, en face de cet autre dôme où repose *le Dieu dont il fut le prêtre !* Peut-être devant vos grandes ombres, retrouverons-nous quelques restes de vigueur au fond de nos âmes, hélas ! si bas tombées, que nous en sommes venus à marchander à la patrie le généreux impôt du sang ; à renier pour de basses intrigues d'intérêts et d'ambition cupide, les gloires de notre drapeau et à calculer, comme des usuriers sordides, ce qu'il en pourra coûter d'hommes et d'écus, pour payer ce qui n'a point de prix : le prestige national !

Une défaite est quelquefois un avertissement à une nation qu'elle prend une fausse route ; si elle sait le comprendre, elle peut se relever plus forte et plus énergique. Le mal n'est sans remède que quand elle subit la défaite. Alors c'est qu'elle la mérite et quand elle garde le soufflet sans redresser le front, elle peut s'apprêter à courber la tête sous d'autres hontes.

L'indice le plus infaillible qu'une nation décline ou qu'elle va décliner, c'est la décroissance ou l'état stationnaire de sa population. Quand on la voit se concentrer en elle-même et ne plus chercher à se répandre au dehors, alors, malheur sur elle ! C'est qu'elle est atteinte dans les sources de la vie.

L'accroissement incessant de la vie est, en effet, la fin même de la nature. Tout, dans la nature, est disposé pour une vie exubérante, intensive, excessive. Une seule espèce animale, une seule plante possèdent une vertu propagatrice qui les conduirait à couvrir bientôt toute la terre, n'étaient le concours et la lutte qui, par les éliminations réciproques, les renferment dans leurs limites normales.

Certes, les lois de Malthus sont mathématiquement vraies. On pourrait même les généraliser et dire : la matière vitale est limitée, la tendance à l'accroissement de la vie est illimitée. Or, quand la matière manque (et elle manque à chaque instant, car le banquet de la vie, d'une manière ou d'une autre, est toujours plein), il faut bien que l'équilibre s'opère par exclusion. C'est là une loi générale, et si la nature a voulu que ces exclusions se fissent par la lutte et la violence, et non par une balance exacte entre la matière vitale et la puissance propagatrice des êtres, c'est sans doute que la lutte maintient bien mieux l'énergie de la vie. L'espèce humaine n'échappe point à cette loi. La lutte lui est donc nécessaire, et pour qu'elle ne puisse s'y dérober, la nature l'a douée d'une faculté d'expansion, accrue encore par l'excellence et la fécondité de ses fonctions intelligentes. Quand, chez une race, cette faculté décline, elle doit nécessairement succomber : car elle sera fatalement débordée. On peut le prédire avec la précision d'une démonstration géométrique.

Malthus, qui a si parfaitement saisi cette disproportion entre les ressources vitales et la faculté expansive de la vie, a tâché d'indiquer des remèdes à ce prétendu mal. C'est d'un bon naturel et d'un citoyen vertueux. Mais il n'a point vu qu'il se heurtait à une loi supérieure à toute sagesse et à toute prudence humaines. Ses conseils peuvent être bons pour assurer momentanément le bien-être et l'aisance de quelques populations. Il n'est point défendu à l'homme de chercher son bien et de tenter d'être heureux. Mais, qu'il prenne garde que ce bien-être, cette aisance et ce bonheur ne soient un mal aux yeux de la nature, quand il s'y attache comme à une fin, au lieu de n'y voir qu'une sollicitation à marcher sans cesse en avant ! Hélas ! la nature a bien souci de votre bien-être et de votre aisance ! Ce qu'il lui faut, ce sont des races fortes, dures, viriles, fécondes; et c'est pour cela qu'elle a pris ses mesures pour éliminer les faibles et les dégénérés.

Je dirai donc aux nations : ne vous préoccupez point d'établir, par des moyens humains, un équilibre qui serait mortel pour vous. Engendrez et produisez sans cesse. L'équilibre viendra comme il pourra, fût-ce par la guerre, fût-ce par la violence, fût-ce par la faim; car, dans tous les cas, il est nécessaire à votre salut qu'il vous vienne par élimination et non par équation !

Et puis... (hélas ! il y a des choses dures à dire, mais je suis ici pour tâcher de surprendre les secrets de la nature et non pour faire de la sensiblerie), et puis, qui me dira si la substance commune n'a point quelquefois besoin de résorber un engrais vivant pour retremper sa fécondité ? Les lois de la nature sont insondables à notre intelligence bornée ; et peut-être y a-t-il quelque sens mystérieux au fond de l'étrange fable de Cadmus, qui fait pousser une nouvelle et plus robuste moisson d'hommes sur le sol arrosé du sang de ses compagnons !

Ce qui est certain, c'est qu'au lendemain des guerres et même des guerres civiles, les nations éprouvées se relèvent presque toujours plus fortes et plus vaillantes, à moins qu'elles ne portent en elles un germe de mort et qu'elles ne succombent à un mal interne et incurable plutôt qu'aux atteintes de l'ennemi.

La guerre, il est vrai, a de ténébreuses horreurs, qui tendent d'ailleurs à disparaître devant les lumières croissantes de la civilisation. Mais il est incontestable aussi qu'elle recèle une puissante vertu régénératrice. C'est une école de discipline, d'abnégation, de sacrifice et de toutes les mâles vertus qui font la force des races et des peuples. Le guerrier est porté d'instinct à toutes les actions généreuses. Si du fond d'un gouffre, si d'une maison en flammes il sort un appel désespéré, qui s'élancera au secours des victimes au péril de ses jours ? Sera-ce le bon bourgeois abêti derrière son comptoir ; ou cet être sans nom, cette espèce de mollusque qui encombre les boulevards dans une coquille tantôt trop vaste et tantôt trop étroite ? Non, assurément ; mais, si ce n'est le rude travailleur qui joue quotidiennement sa vie sur les échafaudages branlants, ce sera l'homme d'épée, familier avec tous les dangers, prompt à tous les dévouements.

Il est faux d'ailleurs que la guerre entrave la marche de la civilisation. Ce qu'elle empêche, c'est la sécurité qui engendre les mœurs molles et relâchées, les jouissances malsaines du luxe. Mais quant à l'essor de l'intelligence vers le progrès de la morale, vers les vertus qui fortifient, vers les découvertes de la science et même vers la culture des arts virils, il n'a rien à redouter de ces collisions, où il puise au contraire un nouvel élan. La lutte imprime à tous les ressorts de l'activité humaine une nouvelle énergie. Tout ce qui est mouvement sert cette activité; tout ce qui est repos l'endort.

Les arts florissaient au milieu des républiques grecques, toujours les armes à la main. C'est le résultat de ses guerres qui en a doté la République romaine, et c'est aux temps des plus affreuses discordes civiles qu'ont apparu les Offices de Cicéron et les premiers chants de Virgile. C'est en pleine lutte que la renaissance des arts s'est produite du quinzième au dix-septième siècle. La science a profité des expéditions lointaines pour augmenter ses trésors, et ses plus importantes découvertes sont peut-être dues à l'invincible besoin qui presse les peuples énergiques de se surmonter dans toutes les voies. Et maintenant, que l'on suppose la Grèce ensevelie dans une paix profonde, au siècle de Périclès, est-il bien sûr qu'au lieu d'un Socrate élevé à la dure école de la pauvreté et de la liberté, nous n'eussions pas eu quelque gras et insouciant épicurien ? Plus tard, Démosthène eût été réduit à développer des sophismes dans les carrefours; et la Grèce eût été dès lors ce qu'elle est devenue plus tard, quand elle fut asservie aux Romains.

Les sciences et les arts sont, dit-on, les fruits de la paix ! Je le nie. Peut-être faut-il en effet une paix relative pour favoriser leur entière éclosion. Mais les sciences et les arts, comme tous les produits de l'activité humaine, ont besoin pour germer et grandir d'être couvés par les causes puissantes qui travaillent fortement les sociétés. Que l'on prenne une société paisible, tranquille, heureuse, satisfaite de son sort ; sans doute les sciences et les arts y seront cultivés, plus qu'ailleurs peut-être : mais comme passe-temps et pour la satisfaction platonique qu'ils peuvent procurer à l'esprit. On obtiendra ainsi une foule de petits chefs-d'œuvre qui feront l'agrément des salons et les délices de la belle compagnie. On fera de petites découvertes fort intéressantes qui donneront lieu à d'ingénieuses dissertations dans les académies. De beaux rhéteurs viendront parader devant de jolies dames bien parfumées et jalouses d'étaler leurs diamants. Mais il ne sortira de là rien de grand, rien de généreux, rien de ce qui passionne ardemment les cœurs. Vous n'aurez point ces larges et grandioses épopées qui célèbrent les exploits d'un peuple. Vous n'aurez point ces grands accents qui tonnent du haut de la tribune aux harangues. Vous n'aurez point ces audacieuses conceptions qui remuent violemment l'humanité et la lancent dans de nouvelles voies. Vous n'aurez point ces fiers chefs-d'œuvre de la plume, du pinceau, du ciseau, devant lesquels on sent tressaillir la fibre de l'enthousiasme. Vous aurez peut-être des stances charmantes sur la mort d'un perroquet, sur la fuite d'un oiseau, quelques Vénus Callipyge. Vous n'aurez à coup sûr, ni *l'Iliade*, ni *les Philippiques*, ni *le Cid*, ni *la Marseillaise*, ni, taillés dans la pierre, *le Moïse* et *le Chant du Départ* !

C'est qu'il faut autre chose que des loisirs et du bel esprit pour pousser l'intelligence dans n'importe quelle voie, au paroxysme de sa puissance. Il faut l'inspiration qui naît des commotions profondes. L'homme n'est point un être double qui puisse se scinder, autrement que par analyse métaphysique, en deux parts, dont chacune se suffise paisiblement à elle-même, indépendamment de l'autre. En lui au contraire, tout se tient, tout est indivisible, tout tend à la même fin. Son intelligence n'est point une superfétation, ayant un objet distinct de son existence physique et sociale : une sorte de miroir destiné à refléter le vrai et le beau, par simple amour du vrai et du beau. C'est avant tout et surtout, je le répète, un instrument de combat, une faculté vitale et militante, dont les ressorts se tendent sous l'impulsion des grandes crises qui agitent les peuples, et à travers lesquelles s'élaborent leurs destinées. Or ces crises, qui dénotent la vitalité surabondante d'un peuple, ne vont jamais sans quelque éclat et quelque violence. Et c'est pourquoi les époques tourmentées et laborieuses, époques aussi de luttes et de convulsions, ont toujours vu naître et grandir, sinon s'épanouir, les grands hommes et les grandes œuvres.

Au reste, il n'y a de grands hommes qu'autant que le besoin et les milieux les créent.

J'ignore si certains milieux sociaux, si certaines races sont naturellement plus fertiles que d'autres en grandes individualités, et si les grands hommes réagissant sur la société la forment insensiblement à leur mesure ; ou bien si la société fortement constituée par des causes extérieures donne à son tour des hommes taillés à son modèle : en un mot, si c'est la fréquence des grands hommes qui fait les grandes patries, ou les grandes patries qui font les grands hommes. Mais ce qui est certain, c'est qu'il y a entre ces deux termes une relation étroite. Qui a entendu parler d'un grand génie belge ou d'un grand génie suisse ? Et « *l'immortel vagabond parti de Genève* » eût-il vu éclore ses talents, s'il fût resté enfoui dans les murs d'une petite ville bourgeoise et mercantile ?

Or, les grandes patries, jusqu'ici du moins, se sont

faites à coups d'épée. Il a fallu, pour les consolider, la lutte, le mouvement incessant, la solidarité du péril et la fraternité du sang exubérant versé sur les champs de bataille.

Eh quoi ! l'on ne verra donc point croître de grands hommes, s'ils ne trempent leurs pieds dans un sol humecté de sang humain ! s'ils ne mûrissent au sein d'une atmosphère orageuse, et sans cesse secouée par des courants furieux ! Peut-être... Mais en attendant, éteignez ce souffle héroïque qui court sur un grand peuple, d'une frontière à l'autre ; ôtez tout ce qui fait battre les cœurs à l'unisson au grand nom de la patrie ; supprimez ce vaste horizon qu'embrasse l'œil de l'homme, et vous verrez aussitôt les petits intérêts chercher à s'arranger petitement dans leur petit coin. Au lieu du colosse puissant, à la vie large et grandiose, vous aurez de tristes tronçons vivant obscurément d'une vie morcelée et incomplète, et les hommes bientôt se mouleront fatalement sur cette empreinte.

Hélas ! tout cela est rude, tout cela déconcerte la faible et étroite raison humaine... Il est vrai ! mais n'est-ce pas le cas de dire avec le grand poëte : *Qui sait comment Dieu* (ou la nature) *travaille ? qui sait,*

> Si la trombe aux ardentes serres,
> Si les éclairs et les tonnerres,
> Seigneur, ne sont point nécessaires
> A la perle que font les mers !

VI

LE PROGRÈS COSMOPOLITE.

La guerre d'ailleurs a subi, elle aussi, l'influence de la civilisation. Ce fléau s'est adouci et humanisé. Ce n'est plus l'agression brutale des hordes sauvages et dévastatrices, traînant à leur suite le viol, le pillage, l'incendie, le sac et le meurtre inutile. C'est un duel viril entre hommes armés. Il est soumis à des lois qui, pour n'être point formellement inscrites dans un code international, ne s'en imposent pas moins à tous rigoureusement, au nom de la morale et de la raison universelles. Il semble qu'au-dessus des nations qui ont conservé leur personnalité propre avec leurs intérêts respectifs, il se dégage peu à peu une personnalité plus haute et qui les domine toutes : l'âme de l'humanité dont chacune se sent tributaire.

Et en effet, quand un conflit s'élève entre deux peuples civilisés, on ne les voit plus se ruer aveuglément l'un sur l'autre, confiants uniquement dans leurs propres forces ; mais ils s'attachent, même en dehors de toute sollicitation d'alliances effectives, à mettre au moins les apparences du bon droit de leur côté ; à plaider leur cause auprès des neutres ; à faire appel à l'APPUI MORAL des autres peuples.

De même, le droit de conquête a été soumis à des restrictions. Ce n'est plus le droit d'imposer brutalement la servitude aux populations conquises. On tient compte jusqu'à un certain point de la liberté des hommes, en leur laissant la faculté d'opter pour la nationalité de leur choix. On ne s'annexe plus que des territoires.

Je n'ignore point que tout cela cache bien des hypocrisies. Le bénéfice de l'appui moral des autres peuples n'est souvent que le triomphe d'une diplomatie habile et astucieuse, qui sait faire jouer des ressorts cachés en s'adressant plutôt à des passions intéressées qu'au sentiment d'une impartiale justice. Et d'autre part, s'il est vrai que le sol natal fait en quelque sorte partie de l'homme lui-même, qui s'y trouve lié par des attaches profondes, matérielles et morales, *celui qui tient le territoire tient aussi les hommes;* et le droit d'opter, qui se trouve forcément restreint à quelques rares exceptions, n'est qu'une assez vaine concession au principe de la liberté civile de l'homme et de la souveraineté des populations sur elles-mêmes.

Mais enfin le principe est reconnu. Il consacre un immense progrès dans les idées. Ce progrès se fortifiera, et passera sans nul doute graduellement dans les faits. Et peut-être n'est-il pas trop téméraire d'espérer qu'une évolution insensible fera ce que n'ont pu faire jusqu'ici les projets savamment concertés et qu'un temps arrivera (que nos générations ne verront point) où les peuples civilisés se trouveront régulièrement constitués en aréopage pour vider leurs différends sans effusion de sang ; où la souveraineté et l'indépendance respectives des peuples seront un axiome de droit inattaquable et où enfin ce formidable fléau de la guerre cessera d'ensanglanter l'humanité.

Mais ce sera à une condition : c'est que ce besoin

impérieux de lutte, de mouvement, d'expansion, qui fait le fond de la nature humaine, comme de tout ce qui vit et respire, trouvera une autre carrière où il pourra s'exercer. Car s'imaginer que l'homme pourra atteindre ce progrès par la seule amélioration de ses facultés morales, par pur attachement à la règle idéale du juste et du vrai, ce n'est là qu'une chimère : c'est méconnaître le principe, les moyens d'action et la fin de son être.

Ce sera à condition aussi que les nationalités subsisteront, fortes, personnelles et bien tranchées, et que leurs rivalités réciproques, qui les maintiennent respectivement les unes en face des autres dans une cohésion salutaire, trouveront d'autres aliments. Car, si l'homme est essentiellement sociable, s'il n'est rien et ne peut rien autrement que dans une action solidaire avec son centre, sa sociabilité a néanmoins besoin de se cantonner dans un milieu plus ou moins restreint, à peine de voir se relâcher le lien qui l'unit à ses semblables. Les tentatives d'association internationale que nous avons vues se produire de nos jours ne sont que d'impuissants essais d'organisation de sociétés particulières sur d'autres bases que la nationalité. Ce ne sont que des projets de groupements de certaines classes pour la lutte contre d'autres classes; mais elles n'ont point pour but d'englober l'humanité entière dans un mouvement d'ensemble marchant sous une poussée commune. En somme, ce n'est toujours, quoique sous une autre face, que la rivalité et la guerre; seulement c'est la guerre intestine; c'est la guerre des classes au lieu de la guerre étrangère ; et souvent, bien autrement terrible, odieuse et sanglante que cette dernière!

C'est que l'humanité est trop vaste et trop diverse et la capacité de l'âme humaine trop étroite pour s'adapter à une commune mesure. Il faut à l'activité de l'homme, à peine de se perdre et de s'évaporer en efforts stériles, un champ plus borné. Sans doute, il y a dans l'humanité tout entière, par le fait même qu'elle tend comme espèce à une même fin, un fonds commun d'aspirations et de tendances régi par des lois générales : et c'est même là-dessus que sont basés les préceptes de la morale universelle. Mais il n'est point donné à l'homme de concourir à cette fin unique par un rapport direct de l'unité au tout. La nature en diversifiant à l'infini les besoins, les passions, les inclinations et les aptitudes des hommes, les a renfermés, chacun dans son centre social particulier. Là seulement l'homme a ses attaches fécondes et puise les aliments spéciaux qui conviennent à sa nature propre. Il faut donc à l'activité humaine, pour qu'elle se développe dans toute sa puissance, un milieu plus ou moins étendu, mais limité toutefois, et surtout homogène. Et pour que cette homogénéité se maintienne vigoureuse et énergique et produise tous ses effets vivifiants, il faut de plus la rivalité et l'émulation entre les divers centres sociaux. C'est donc le concours des peuples et des races, et non l'agglomération des individus, qui compose l'humanité. Les prétendus citoyens de l'humanité, s'ils sont parfois des âmes d'élite, ne sont plus souvent encore que d'enthousiastes insensés; comme il en faut d'ailleurs pour réagir contre une tendance contraire et pour maintenir le juste équilibre entre deux sollicitations également pernicieuses (qui du reste se touchent par plus d'un point et pourraient bien finir par se confondre) : l'individualisme et le cosmopolitisme.

Les peuples trouveront-ils ce débouché nouveau qui leur permettra de s'accroître sans se nuire réciproquement?

Il faut convenir au moins que l'excellence des facultés de l'homme le place à cet égard dans une situation plus favorable que celle des êtres inférieurs.

Les espèces inférieures, renfermées dans la sphère de leurs instincts purement passifs, ne vivront jamais qu'à l'état de nature. L'intiative intelligente leur faisant défaut, elles ne peuvent se créer d'autres ressources que celles que la nature leur offre spontanément. Toujours le carnassier vivra aux dépens de l'herbivore et toujours l'herbivore essayera de se soustraire aux atteintes du carnassier. Sur le domaine restreint du sol qui les porte, la lutte pour l'existence se perpétuera ainsi sans fin ni trêve : mangeurs et mangés continueront à tourner fatalement dans le même cercle.

Il n'en est point ainsi de l'homme. Il sait se créer des ressources artificielles, stimuler à son profit la libéralité de la nature et réparer ses pertes. Trop pressé sur un point, il émigre vers d'autres climats. Il transforme les déserts en champs productifs et fait reculer devant lui les espèces qui lui sont nuisibles. Il conquiert peu à peu le monde entier.

Plus l'intelligence de l'homme se perfectionnera, plus il pénétrera profondément les secrets de la nature, pour les tourner au profit de son extension ; et plus les luttes de peuple à peuple deviendront rares. La lutte changera de théâtre et d'aspect. Ce sera toujours la lutte : mais au lieu de la guerre entre les hommes, on aura la guerre contre les choses.

En un mot, le grand dérivatif à la nécessité de la guerre, c'est le travail : le travail par lequel l'âme humaine a commencé, qui est sa vie propre et qui doit lui procurer son entier épanouissement.

Il est aisé de voir que nous assistons à une nouvelle et grande évolution qui tend à modifier la condition des hommes et leurs relations réciproques. On peut facilement en noter l'origine et en suivre les progrès dans l'histoire de la civilisation.

Le travail était généralement méprisé chez les peuples anciens. C'était pour eux œuvre servile. Peut-être l'agriculture, à raison de son urgente nécessité, fut-elle quelquefois en honneur à des époques où régnait une grande simplicité de mœurs et des mains libres ne dédaignèrent-elles point, quand elles n'avaient rien de plus noble à faire, de remuer la terre et de guider la charrue. Mais, si Fabricius cultivait lui-même son champ, c'était pour sa seule subsistance et celle de sa famille. Rien au contraire de ces grandes entreprises agricoles et industrielles qui multiplient les produits utiles, pour les écouler au loin sur les marchés à l'aide des échanges. Les nations qui se livraient au commerce étaient considérées comme des races mercenaires et d'une nature inférieure. Aussi les annales des peuples de l'antiquité et même du moyen âge ne sont-elles que le récit monotone de guerres et de pillages continuels. C'était de la guerre que les peuples belliqueux vivaient, qu'ils tiraient des tributs et des bras réduits à la servitude pour l'entretien de leur existence matérielle; et cet état violent, en ôtant toute sécurité à la propriété, paralysait l'essor du travail.

Les hommes apparemment étaient encore trop près de la nature brute, pour soupçonner d'autres ressources que celles qu'à l'instar des bêtes féroces, les plus forts pouvaient se procurer en opprimant les plus faibles. Et c'est à travers cet état douloureux que se sont sans doute déroulées les destinées obscures de l'humanité pendant des multitudes de siècles.

Il y avait peut-être à cela une cause plus profonde encore.

J'ai déjà noté cet étrange penchant de la raison humaine à se forger des systèmes *à priori* qu'elle fait découler de certains principes que, dans sa hâte de se créer des points d'appui pour baser et justifier ses actes, elle accepte comme choses hors de discussion. Le monde de la pensée fut longtemps un monde purement subjectif et fictif, que l'âme humaine s'était créé de toutes pièces sans égard pour la réalité. Et satisfaite de ces conceptions, qui suffisaient à la rigueur aux besoins de son existence morale et sociale, elle s'endormit pour longtemps dans la contemplation exclusive et stérile de ce rêve, sans soupçonner les merveilles et les ressources du monde réel.

Cette illusion soigneusement entretenue par toutes les forces qui militent pour la conservation telle quelle de la société : gouvernements, religions, intérêts de castes et de classes, tint longtemps captive l'intelligence humaine et l'empêcha de se livrer à la recherche de son véritable objet.

Mais il vint peu à peu une époque où les lois de la nature commencèrent à laisser percer quelques-uns de leurs secrets. L'esprit humain s'en empara avidement. Il modifia sa méthode. Au lieu de chercher la vérité en lui-même, il la chercha où elle était : c'est-à-dire au dehors. Alors une nouvelle carrière de découvertes vraiment utiles s'ouvrit devant lui. La sphère de son activité commença à s'étendre avec sa connaissance plus approfondie des choses. Ses moyens d'action devinrent plus puissants. Son industrie se perfectionna et multiplia ses produits. Et des peuples qui pouvaient à peine nourrir une population misérable, sans cesse en proie à la disette et au plus affreux dénuement, virent en peu de temps cette population doubler et tripler au sein de l'abondance, sans rien usurper sur autrui.

Et, chose digne de remarque ! cette abondance produite par le travail resserra bien plus puissamment le lien social et eut un effet bien autrement moralisateur que tous les préceptes tirés d'un monde imaginaire, qui n'étaient propres qu'à justifier la domination et la servitude, ou à motiver tout au plus la résignation à la misère. Les conquêtes du travail ont vraiment engendré la liberté et la dignité de l'homme. En dépit des apologies intéressées d'un ordre de choses suranné, je ne puis m'empêcher de préférer, même au point de vue purement moral, le paysan de Michelet à celui de La Bruyère.

C'est qu'en effet, il ne s'agit point, pour moraliser l'homme, de réprimer sévèrement ses tendances, ses appétits, ses passions, qui sont le nerf de son activité : mais, au contraire, de les diriger et d'en tirer le meilleur parti possible en leur donnant un aliment utile. Il y a une grande et profonde idée dans le système de *l'attraction passionnelle*, malgré les développements puérils que lui a donnés son auteur.

Le travail, le travail intensif, qui centuple les produits à l'aide des découvertes et des ressources de la science et sous l'effort accumulé des intelligences tournées vers ce but fertile en résultats de toutes sortes ; les conquêtes de la civilisation sur la barbarie et la solitude, au moyen des colonisations lointaines destinées à servir d'épanchement aux races fortes et débordantes ; et l'émulation des peuples civilisés dans la poursuite de cet objet grandiose : voilà la nouvelle voie offerte à l'activité humaine et dans laquelle elle tend à s'élancer. C'est là qu'est le progrès. Déjà de hardis pionniers de la civilisation tentent de périlleux chemins à travers des régions à peine connues. Cet apostolat a ses martyrs, tout aussi et même plus glorieux que les martyrs de principes stériles. Mais si l'initiative individuelle est féconde, c'est à la condition de se sentir appuyée sur la force sociale. Il faut donc que les nations civilisées s'arrachent à leurs dissensions intestines pour s'attacher à augmenter dans leur sein, par le travail, l'énergie vitale, afin de la répandre sur tous les points du globe.

Assurément, ce concours pour un même objet n'ira point

sans collisions, et sans collisions sanglantes entre d'avides compétiteurs. Mais qu'y faire? s'il en est ainsi disposé dans l'économie des lois naturelles; et si ce n'est qu'à ce prix que les rivalités peuvent se maintenir ardentes et fructueuses!

Il n'ira point non plus sans l'absorption des races faibles par des races plus fortes... Mais c'est là précisément la loi génératrice de toutes les évolutions de la vie universelle.

Si l'on considère les êtres inférieurs, on voit que les espèces luttent perpétuellement les unes contre les autres et que, comme en font foi les découvertes paléontologiques, elles disparaissent tour à tour devant d'autres espèces mieux organisées. L'espèce humaine, la dernière venue peut-être dans cette genèse successive et progressive, est-elle destinée, elle aussi, à s'évanouir quelque jour, pour faire place à d'autres êtres d'une nature plus parfaite? Qui le sait? Car qui peut sonder les mystères de la nature?

En attendant, il est certain qu'elle s'achemine, sinon par un progrès constamment régulier, du moins par une série ininterrompue d'oscillations, vers un type plus élevé: comme le prouve le caractère supérieur des civilisations succédant après quelques intervalles de barbarie, nécessaires pour retremper la vigueur native, à d'autres civilisations inférieures; ce qui implique nécessairement des facultés plus puissantes, ou tout au moins mieux cultivées. L'espèce humaine, répandue comme elle l'est sur la surface du globe entier, et en possession de la royauté de la vie, qu'elle doit à l'excellence de ses facultés, n'a point à craindre, sans doute, comme les autres espèces, du moins selon les prévisions les plus lointaines, cette élimination au profit d'une espèce rivale. Mais ce ferment fécondant de rivalité, qui élève sans cesse le niveau la vie, l'humanité, à raison de sa prodigieuse extension, le porte dans son propre sein.

L'humanité s'épure et grandit par la lutte des races. De tout temps, des races inférieures ont disparu devant d'autres races mieux douées, ou se sont régénérées par l'infusion violente d'un sang nouveau. Autant qu'on peut s'en rendre compte à travers les obscurités des traditions, des annales et des monuments des peuples, on voit que l'histoire de l'humanité n'est que le triomphe de certaines races qui, alimentées à des sources biologiques plus généreuses, ou pourvues de facultés plus puissantes, débordent hors de leur berceau primitif, et envahissent peu à peu tout ce qui est soumis à leur contact, couvrant ainsi d'une nouvelle couche le sol inférieur de la vie. Puis, du milieu de cette dernière couche elle-même, diversement travaillée par les forces de toute espèce qui influent sur les conditions vitales du genre humain, il arrive que de nouveaux soulèvements se produisent et que d'autres couches rayonnent en s'élargissant autour d'un centre plus vivifiant, superposant ainsi et toujours les éléments supérieurs aux éléments inférieurs ou dégénérés.

C'est ainsi que la vie se transforme progressivement et que son énergie s'accroît par un inépuisable travail de fécondation, qui fait monter à la surface, pour de là s'épancher au loin, les flots régénérateurs. Et de même que les espèces rudimentaires des âges géologiques ont fait place insensiblement à d'autres espèces plus parfaites ; ainsi, au sein même de l'humanité, les races disparaissent successivement sous d'autres races que la nature prépare sans cesse par son action occulte et qu'elle tient en réserve, pour les appeler à leur tour à faire fructifier plus fortement le champ de la vie.

Telle est sans doute la loi des destinées humaines. Et il

est évident aux yeux de quiconque, se mettant au-dessus des préjugés, envisage de haut les révolutions de l'humanité dans leur ensemble, que toutes les forces naturelles et morales collaborent à l'accomplissement de ce grand œuvre. Les tendances diverses des races, leurs rivalités instinctives, la force expansive des foyers sociaux, les influences qui disciplinent les peuples : mœurs, institutions, religions, portent toutes au plus haut degré le caractère d'instruments de lutte et de propagande. C'est la marche en avant, fatale, infatigable, sans arrêt, au milieu des conflits qui raniment constamment la vitalité et ne lui permettent point de faiblir, ni de s'alanguir. C'est une vaine chimère de rêver pour l'humanité un état définitif, dans lequel elle s'endormira, tranquille et souriante, au sein d'une paix et d'une fraternité universelles. Ce qu'il lui faut ce n'est point le repos, mais la lutte et le mouvement. La vie est à ce prix. Et la lutte, hélas ! ne va point sans crises douloureuses et sanglantes ! Tout ce qu'on peut attendre du progrès de la civilisation et du sentiment de haute justice qui se dégage de la morale universelle, c'est d'atténuer ces crises en les rendant moins sensibles, en épargnant les pertes inutiles, en utilisant mieux les moyens pacifiques, propres à maintenir et à relever sans cesse l'ardeur de l'activité humaine.

Et malheur à ceux qui seraient tentés de se reposer dans ce perpétuel combat de la vie ! malheur à ceux qui s'attarderaient dans la jouissance stérile du fruit de leur travail ! Car le travail, encore une fois, n'est salutaire et fructueux que par l'effort même qu'il exige. Guerre intestine ou guerre contre les choses, il faut que les hommes aient toujours le fer à la main : que ce soit le fer de l'épée, ou le fer de l'outil !

CINQUIÈME PARTIE

Résumé. Conclusion

Je m'arrête ici. Je n'ai voulu que jeter un regard sommaire sur l'ensemble des choses, et tâcher de déterminer le cadre dans lequel s'agitent les destinées des êtres.

Pour atteindre ce but, je me suis d'abord attaché à faire taire en moi, autant qu'il est possible à un être vivant en société et n'ayant même de pensée que par elle, la voix des préjugés et des passions ; à me constituer en observateur impartial et désintéressé, de tout ce qui m'environne.

Je n'ai point cherché à faire œuvre utile ou hostile à quoi que ce soit. Je ne me suis point inquiété si le résultat de mes recherches pouvait servir ou contrarier tels ou tels intérêts. J'ai voulu simplement me rendre compte de l'ordre universel, quelque conséquence particulière que l'on en pût tirer pour ou contre la légitimité des tendances et des aspirations qui entraînent l'humanité dans un sens ou dans l'autre.

Qui d'ailleurs peut se dire juge de ce qui est bon ou mauvais? Galilée ne fut-il point persécuté comme perturbateur de l'ordre social, pour avoir osé soupçonner le véritable système astronomique du monde? J'ai donc essayé de dégager ce que j'ai cru être la vérité, en tant qu'elle peut être accessible à un esprit borné; je ne me suis pas soucié du reste.

Le moyen qui m'a paru le plus sûr pour cette recherche, c'est l'observation des faits. Non point seulement l'observation personnelle d'une intelligence solitaire et chétive et qui n'est rien par elle-même, en dehors du milieu social qui l'alimente : mais celle de la science constituée peu à peu par les patients efforts de l'esprit humain. Et parmi les objets à observer, j'ai compris, au même titre que les objets externes, les croyances mêmes des hommes, leurs inclinations, leurs besoins, les résultats de leurs actions, et même leurs préjugés instinctifs et invincibles, qui par fois démentent et contrarient leurs doctrines théoriques : ce qui permet, jusqu'à un certain point, de démêler ce qu'il y a dans leurs idées, d'artificiel et de naturel, de voulu et de subi.

Je n'ai point fait, comme d'autres, sortir la théorie de l'univers du mécanisme intérieur de mon entendement. Car je ne suis point de ceux qui se complaisent dans la prétendue infaillibilité de leur *moi*, autour duquel ils font tout rayonner et graviter et d'où ils prétendent faire jaillir la vérité tout armée; comme si ce moi était le centre du monde ou quelque mystérieux réceptacle dans lequel serait condensée la quintessence des choses; comme si encore, il pouvait jamais être complétement isolé et dégagé et ne tenait toujours par des attaches indissolubles à l'âme commune de la société, en dehors de laquelle il est visiblement réduit à la plus radicale impuissance.

Je me suis appliqué, au contraire, en ne cessant de m'appuyer sur les notions acquises à la raison générale, à considérer les choses en elles-mêmes ; à les observer dans leur existence concrète, dans leurs qualités, dans leurs rapports, dans leurs conditions d'être et de développement, afin de les faire entrer dans ma pensée, telles qu'elles sont et non telles que je puis les créer par l'imagination. En un mot, j'ai pris mon intelligence pour ce qu'elle est réellement (en tant du moins que faculté contemplative) : c'est-à-dire comme un œil ouvert sur le monde visible, dont les perceptions n'engendrent de conviction, que sur ce qu'il perçoit clairement et distinctement dans une vue commune avec les autres yeux et sous le contrôle de l'observation générale ; sans nier toutefois à cette faculté le don d'apercevoir les rapports invisibles et l'enchaînement logique des choses, et la latitude légitime de conjecturer l'inconnu derrière le connu : à condition que cet inconnu soit nécessairement impliqué ou déduit, comme principe ou conséquence des faits observés.

C'est ainsi qu'au premier coup d'œil jeté autour de moi, je me suis trouvé en face de l'immensité de l'univers ; que regardant plus attentivement, j'en ai vu les limites reculer successivement et sans cesse devant chacune de mes observations nouvelles ; et que j'en ai pu conclure logiquement que ces limites étaient celles de ma faculté perceptive, mais non celle de la réalité, et que cette réalité était infinie.

Observant ensuite que les corps peuvent bien changer de forme, se décomposer pour se reconstituer en d'autres corps ; mais que tous les procédés de l'industrie, que toutes les commotions de la nature sont impuissantes à annihiler la substance dont ils sont formés ; j'ai vu que cette substance ne pouvait cesser d'être, qu'elle était indestructible dans ses éléments primordiaux et par conséquent sans fin. J'ai remarqué, en outre, que si je pouvais apercevoir cette substance sous des figures et des aspects contingents, il m'était impossible de me la représenter comme non existante en elle-même et de concevoir son passage du néant à l'être ; et que, par la même raison qu'elle ne peut avoir de fin, elle n'a pas eu de commencement.

Si elle est infinie et éternelle, elle existe donc par elle-même et se suffit indépendamment de toute cause étrangère. Tournant en effet mes recherches vers ses qualités intrinsèques, j'ai constaté que ce que j'en puis observer est en perpétuel mouvement : non-seulement de translation d'un lieu à un autre (ce qui n'est que l'un des modes du mouvement), mais en état constant de fermentation, de gestation, de végétation ; engendrant et alimentant perpétuellement la vie, sous toutes les formes, à tous les degrés, à toutes les hauteurs, à toutes les profondeurs ; que tout y est organisé : germant, croissant, se décomposant, se reconstituant suivant des lois infaillibles, agissant sans interruption ; et que si je pouvais, à la rigueur, feindre un corps dans un repos relatif : ce qui n'est même qu'une illusion dans mes sens, bientôt détruite par un examen plus attentif, je ne pouvais me figurer la substance matérielle dans un repos absolu, sans anéantir l'idée des conditions essentielles attachées à son existence et à sa conservation. Et j'ai ainsi reconnu que cette substance, non seulement se meut d'un mouvement incessant et nécessaire, mais qu'elle vit par elle-même : car qu'est-ce que la vie, si ce n'est le mouvement spontané ?

Il ne m'a point été difficile en outre de constater que tout, dans la nature, se rapporte à un principe et à une fin uniques. Que tout y agit suivant des lois communes qui y entretiennent un ordre universel et inaltérable ; que rien n'y est isolé, que tout s'y tient, que tout y est solidaire. Et en présence de cette intensité d'être et de vie, dont mes investigations les plus lointaines, comme mes recherches les plus minutieuses, sont impuissantes à atteindre les sommets et à scruter les abîmes, je me suis refusé à admettre le néant et le vide à quelque point que ce fût de l'étendue et de la durée. Et en effet, mes observations m'ont partout montré la présence incontestable d'une substance quelconque, modification si atténuée et si déliée qu'on voudra la supposer, de la substance commune, mais qui n'en est pas moins réelle et qui relie l'Être unique dans une étroite continuité d'être et de vie.

J'en ai donc conclu que j'étais en présence d'un être unique nécessaire, sans bornes, emplissant tout et éternellement vivant.

Par contre, si un être existe nécessairement, s'il est infini, si par suite IL EST TOUT ET ABSORBE TOUT, il est clair que rien ne peut coexister en dehors de lui, car alors il ne serait plus infini. Je n'ai donc point trouvé de place à ses côtés pour un autre infini, d'ailleurs absolument inaccessible à mon entendement. J'ai vu que ce n'était là qu'un *postulatum*, une notion négative, une idée sans objet, obtenue par voie d'exclusion des qualités de l'être réel, et imaginée pour expliquer l'existence de ce dernier réputé, par erreur, inerte, corruptible, borné et contingent, mais qui s'évanouit devant les qualités mieux observées de l'Être matériel. Je n'ai point trouvé d'ailleurs que ce fût un problème plus insoluble de considérer cet être matériel, comme éternellement vivant par lui-même, que de supposer, pour rendre compte de son existence, un autre être incompréhensible avec lequel (et c'est là le moindre défaut de cette conception) il ne pourrait avoir par son essence même, aucun point de contact, aucune communication possible.

La vie, la vie spontanée et nécessaire, animant tout, vivifiant tout, immuable dans son centre unique et infiniment variée dans ses dégradations et ses ramifications sans nombre : la vie éternelle et universelle, en un mot, m'est apparue comme le principe et la fin de tout.

Lorsque, dans le concert sans bornes, sans commencement et sans fin de cette vie universelle, j'ai voulu savoir ce que j'étais, je me suis attaché à me considérer comme un être extérieur et étranger à moi-même. Je me suis observé dans ma manière d'être et d'agir. Je me suis vu d'abord, comme un atome presque imperceptible dépendant de l'un de ces mondes sans nombre qui composent le grand Tout, partie de la substance du globe terrestre et noyé avec lui dans l'immense foyer de la vie centrale ; mais ayant néanmoins mon individualité et ma vie propre, par laquelle je participe un moment à la vie commune et éternelle. J'ai vu que cette individualité n'était pas incompatible avec l'unité et la simplicité de l'Être principal et infini ; puisque, si j'examine attentivement une parcelle de mon corps, une sécrétion de mon sang, j'y entrevois d'autres êtres organisés doués d'une vie et d'un mouvement propres, faisant partie de moi-même, sans altérer l'unité et la simplicité de ma substance.

Me scrutant ensuite intérieurement comme être libre et actif, j'ai reconnu que cette faculté, qui pense en moi, suit toutes les modifications de mon existence matérielle ; que mon corps ne peut être affecté sans qu'une modification correspondante se manifeste immédiatement dans ma faculté de penser. J'ai remarqué d'ailleurs que l'objet de ma pensée, que je ne puis atteindre que par des moyens matériels, se rapporte exclusivement aux corps et aux êtres sensibles, à leurs propriétés, à leurs rapports, aux lois qui les régissent et qui ne sont après tout que les modes abstraits, métaphysiques, si l'on veut, suivant lesquels ces êtres se comportent et agissent réellement, mais non des substances immatérielles. Et lorsque j'ai voulu fixer mon attention sur un autre être qui serait en moi, sans participer en rien aux qualités de la matière, je me suis vu dans l'impossibilité absolue de m'en faire une idée directe et positive.

Observant au surplus les différents êtres placés au-dessous de moi, sur l'échelle de la vie, j'ai vu très clairement qu'ils n'étaient pas des amas de matière inerte, mais qu'ils étaient doués de vie ; que quelques-uns sentaient et avaient même des connaissances ; et que si l'être matériel peut sentir, ce qui ne serait pas moins immatériel que de comprendre, on ne voit point pourquoi, en remontant un degré de plus, il ne pourrait penser. L'idée de l'Être matériel et vivant, percevant les êtres matériels et leurs modifications par la pensée, m'a paru du reste moins incompréhensible que celle d'une substance qui devrait être l'intelligible par excellence et qui ne peut se saisir elle-même ; et qui d'ailleurs serait séparée de l'être matériel par un abîme infranchissable.

J'en ai donc conclu que j'étais un être simple de substance, vivant, sentant, pensant, mais pouvant être affecté de diverses manières par les objets qui sollicitent mon activité ; un être dont tous les appétits, toutes les tendances, toutes les actions, pour sembler parfois se contredire, n'en obéissent pas moins à un principe unique, qui les pousse par des voies diverses au même but: lequel est la conservation, l'entretien et l'amélioration de mon être, à la fois physique, intellectuel et moral, mais toujours indivisible et identique à lui-même.

Quand, enfin, j'ai voulu me rendre compte de la fonction de l'homme dans la société de ses semblables, des lois qui président aux évolutions de sa vie morale et sociale, des destinées auxquelles ces évolutions aboutissent et des moyens par lesquels il les accomplit, j'ai évité de chercher les éléments de ma conviction au fond de moi-même, craignant d'y rencontrer les préjugés personnels et, d'autre part, de n'avoir qu'une idée imparfaite d'un pareil objet, en ne portant mon attention que sur une seule unité, partie infime du tout que je voulais étudier.

Comme un observateur qui, d'un lieu élevé, étend sa vue sur l'Océan, contemple les vaisseaux qui sillonnent les flots, observe le travail de ceux qui les manœuvrent, constate la direction qu'ils essayent de suivre, calcule l'influence des vents et des courants qui secondent ou contrarient leurs efforts, note les résultats obtenus et suppute pour quelle part ces résultats sont dus à l'initiative de l'équipage et aux forces supérieures qui règnent sur le milieu où ils s'agitent : ainsi je me suis attaché à me placer par la pensée au-dessus de mon objet ; à le considérer de haut, à travers le temps et l'étendue ; à déterminer ce qu'il y a dans l'humanité, de constant et de variable, d'actif et de passif, de libre et d'imposé ; pour tâcher par là de dégager d'abord le but auquel elle tend et, à la lueur de ce flambeau, d'éclairer ses conditions d'être, ses modes d'agir, leur efficacité, leur légitimité et enfin ses destinées réelles, qu'elle en soit consciente ou inconsciente.

Et d'abord, un coup d'œil d'ensemble sur les effets généraux de l'activité humaine m'a convaincu que cette activité était en somme plutôt instinctive et aveugle que véritablement clairvoyante ; que le but qu'elle se propose n'est jamais atteint suivant ses prévisions ; mais que ses efforts n'en sont pas moins féconds pour produire d'autres résultats que ceux qu'elle avait poursuivis. J'en ai induit qu'elle collaborait, quoique intelligente et libre, à une œuvre fatale et qui n'est point la sienne propre, et que ses facultés ne sont, en dernière analyse, que des moyens de provocation et de mise en œuvre d'une action plus haute et plus puissante.

Quand j'ai vu, en effet, l'esprit humain s'élancer à la recherche de la vérité, je ne l'ai vu enfanter que des systèmes contradictoires se détruisant l'un par l'autre; brillants, aujourd'hui de l'éclat de l'éloquence et du génie, ruinés demain par la plus élémentaire expérience de la réalité.

Quand j'ai vu la conscience humaine poursuivre la notion du droit je ne l'ai vue encore produire que variations étranges : vérité ici, erreur plus loin, selon les intérêts, les passions et l'influence des circonstances et des milieux.

Quand j'ai vu le cœur humain aspirer au bonheur, je n'ai recueilli pour lui que vanité et déception.

Quand j'ai vu l'humanité tout entière tendre comme un seul homme, par la marche ascendante de la civilisation, à un état plus parfait, je n'ai pu d'abord que plaindre tant de générations sacrifiées sur ce douloureux chemin du progrès, pour constater ensuite, avec un profond penseur, que, *si les inventions des hommes vont en avançant de siècle en siècle, la bonté et la malice du monde en général restent les mêmes.*

Et je vois bien, en outre, que les prétendues destinées surnaturelles de l'homme, vers lesquelles on lui montre tant de chemins divers et contraires, et sur lesquelles les croyances varient constamment suivant les temps et les lieux, ne sont encore qu'un vain leurre, ou plutôt un appât spécieux offert à ses désirs, comme un hochet à l'enfant, pour solliciter son activité au bénéfice d'effets plus réels.

J'ai remarqué alors que ce qu'il y a de plus constant

dans les ardents efforts de l'humanité vers des objets qui lui échappent sans cesse, ce sont ces efforts eux-mêmes et le mouvement qu'ils engendrent ; que l'homme d'ailleurs éprouve un insatiable besoin d'exercer ses facultés dans tous les sens ; qu'il faut à tout prix qu'il s'agite ; qu'il soit en continuel travail d'enfantement, quel que en soit le résultat, fût-ce l'erreur ; que c'est tellement là son état normal, que le repos, qui est la négation de cette tendance invincible, lui pèse plus à la longue que les tourments les plus violents, mais passagers ; que, pour lui, il vaut mieux errer que s'arrêter : car errer, c'est encore marcher ; s'arrêter, c'est mourir.

Je me suis donc demandé quel est le résultat le plus clair de cette agitation incessante : et j'ai vu qu'*un être chétif, jeté nu sur la terre, et si faible que l'on comprend à peine comment il a pu surmonter tant de dangers qui ont dû assiéger son berceau,* a fini par devenir le roi tout-puissant du globe qu'il habite. Il s'est multiplié comme le sable de la mer : tout a reculé devant lui ; tout a été soumis à ses lois. Il a recherché avidement le vrai, le beau, le juste ; il a fait d'étonnants progrès dans les sciences, dans l'organisation des disciplines sociales, dans le développement de sa dignité morale et de son bien-être matériel : au fond, il n'est réellement ni plus clairvoyant, ni plus savant, ni meilleur, ni plus heureux. La vérité, le droit, la foi changent et se transforment ; le bonheur fuit, les civilisations passent, mais une chose reste : c'est la vie de l'humanité qui progresse et qui gagne sans cesse en étendue et en intensité.

Tout, dans cette marche en avant, a servi l'être humain, même ses erreurs, même ses vices, même ses crimes. Il bâtit système sur système, et il aiguise la perspicacité de son intelligence ; il cherche la pierre philosophale, et il trouve par hasard, au fond de ses creusets, de précieux secrets qui centuplent ses moyens d'action; il s'enrôle sous les bannières des prophètes; il se soumet à une discipline fortifiante, et, en voulant l'imposer au dehors par la force et la propagande, il porte au loin le mouvement fécondant; il convoite des trésors, et il remue, fertilise et peuple les continents; il n'est pas jusqu'à sa soif de domination, à ses rixes injustes et sanglantes qui, par l'imminence du péril, le besoin de s'endurcir pour la lutte, ne rallument l'ardeur de la vie, qui tendrait à s'éteindre dans une sécurité et des jouissances stériles.

Alors, j'ai reconnu que j'étais en présence d'un nouvel incident de la vie universelle, de la vie qui est le principe et la fin de tout; que toutes les facultés de l'homme, que toutes ses tendances, que tous ses actes, que toutes ses luttes, que toutes ses conquêtes avaient le même objet: la vie; la diffusion et l'énergie toujours ranimée et toujours croissante de la vie; que sur le théâtre restreint où la nature l'a placé, il combattait avec ses armes spéciales, suivant ses forces et le plus souvent sans s'en rendre compte, le grand et éternel combat qui est le premier et le dernier mot de toutes choses.

Pénétrant ensuite plus avant dans la vie intime et dans la vie sociale de l'homme, j'y ai trouvé plus amplement encore la confirmation de cette première donnée. J'ai vu que tous les développements artificiels de son être intelligent et moral se rapportaient à cette même fin.

S'il fût resté l'être brut et sauvage dont quelques échantillons ont pu être encore observés au fond des bois, à grand'peine eût-il pu se défendre contre les attaques d'animaux plus puissants que lui. Réduit aux seuls moyens d'existence offerts spontanément par la nature, il eût mené une vie précaire et misérable. Au lieu de dominer, il fût resté sujet. Mais une lumière intérieure s'allume dans son sein: il aperçoit l'enchaînement des causes et des effets;

il emmagasine ses connaissances acquises ; il s'en crée un monde idéal et fertile en sollicitations et en ressources nouvelles. Il ne se détermine plus par l'instinct du moment, mais il prévoit l'avenir et le relie au passé : il a une âme. Il vit dès lors d'une vie factice, mais qui élargit singulièrement les zones de son activité. Les passions morales s'ajoutent aux appétits physiques et font naître de nouveaux besoins qu'il s'applique ardemment à satisfaire. Il ne vit plus seulement dans le présent, il se préoccupe du lendemain. Que dis-je, du lendemain ? Il travaille pour l'éternité. Et le fait est que l'humanité, sinon l'homme, a l'éternité ou du moins la durée indéfinie devant elle ; que l'âme humaine sent instinctivement qu'étroitement solidaire de l'être plus vaste dont elle fait partie, il dépend d'elle de ne point mourir tout entière, de continuer à vivre avec les siens, ou, mieux encore, à planer à travers les siècles dans l'âme commune de l'humanité. Dupe de ce sentiment confus, elle prend, il est vrai, l'immortalité idéale du souvenir et de l'influence sociale pour l'immortalité réelle ; mais quelles immenses perspectives cette illusion glorieuse ouvre à ses aspirations ! Quelle sollicitation puissante pour ses laborieux efforts ! A quelle condition, en effet, reste toujours attachée, dans toutes les croyances les plus diverses, cette immortalité promise aux hommes ? Au bien qu'ils auront fait pendant cette vie matérielle, à leurs vertus sociales, aux services qu'ils auront rendus à leurs semblables. Tant il est vrai que tout, même ce qu'il y a de plus mystique au fond de l'âme humaine, est ressort et aliment pour la vie universelle !

Si l'homme se fût borné à recevoir passivement des mains de la nature sa subsistance de chaque jour, l'espèce humaine fût restée parquée, comme les autres espèces, au milieu de quelques cantons naturellement fertiles, et l'élan de la vie eût été paralysé, sa marche fût demeurée stationnaire. Mais le sentiment de son individualité consciente et de tous les droits qui s'y rattachent, porte l'homme à se personnifier non-seulement en lui-même, mais dans les objets extérieurs qui sont nécessaires à son existence ; à s'identifier en quelque sorte avec eux pour une même fin, qui est l'entretien et l'accroissement de son être dans toutes ses dépendances. Dès lors la substance commune qui le nourrit n'est plus un fond vague et banal de la prospérité duquel il se désintéresse paresseusement. C'est une propriété, une partie de lui-même, une annexe et un prolongement de son être, qu'il cultive et soigne avec amour, et dont la fertilité artificielle doit récompenser son travail assidu et multiplier ses ressources.

Si les sexes se fussent unis au hasard ; si leur progéniture avait été abandonnée à elle-même, sans soins, sans appui, sans subsides pour aborder la carrière de la vie, les hommes, sans liens de famille, n'eussent vécu que d'une existence solitaire, égoïste et inféconde. Mais ce même sentiment de personnalité et d'appropriation, qui caractérise l'âme dans son for intérieur et dans son action externe sur les choses, s'accuse encore avec plus de force dans les relations des sexes pour la perpétuation de l'espèce, et dans les rapports qui relient les enfants aux parents. Le père et la mère se sentent renaître et revivre dans d'autres êtres qui sont extraits de leur substance, qui ne sont que la prolongation d'eux-mêmes et qui continuent après eux la tradition de la vie alimentée par le même sang. Alors s'expliquent l'ardeur et l'opiniâtreté avec lesquelles le chef de la famille travaille à assurer sa grandeur et sa prospérité, et cette solidarité qui s'impose de par l'identité du principe vital et qui fait que les conquêtes et les mérites individuels bénéficient à l'âme de la famille, qui en fait part à tous ses membres. Ce n'est plus dès lors l'horizon étroit d'une existence précaire et sans lendemain, mais un champ d'activité plus vaste dans lequel la famille, ne formant en réalité qu'un seul être d'un degré supérieur, trace un plus large et plus profond sillon au profit de la vie universelle.

Si les hommes, si les familles elles-mêmes fussent restées resserrées dans les limites des groupes locaux, la vie de l'humanité se fût usée dans des luttes confuses et stériles. Mais de grands courants s'établissent ; des centres d'action plus énergiques et plus puissants se forment, s'étendent et rayonnent aux alentours. Toutes sortes d'influences collaborent à condenser autour de ces foyers les forces sociales. La nature y travaille par son action occulte, par la pression des milieux, par la diffusion du même sang. Les conquêtes de l'intelligence élargissent le domaine idéal des esprits. La communauté des inclinations, des intérêts et des vues les réunit. Les institutions cimentent ces nouveaux rapports, l'hostilité des races rivales les condense et les fortifie par l'imminence du péril commun. Les religions disciplinent les âmes par la foi communicative, par le sentiment contagieux, par les mêmes aspirations surnaturelles. Elles en accusent encore davantage l'étroite parenté, en les frappant de la même empreinte. Et bientôt, au-dessus des groupes obscurs, apparaît la figure imposante de la Patrie. Alors, les intérêts grandissent, les progrès particuliers se multiplient l'un par l'autre, s'appuient réciproquement et accroissent à la masse. La personnalité de l'individu se dresse au niveau de la grandeur sociale. Chacun se sent dilater et vivre dans un être plus puissant, et s'identifier avec des destinées plus hautes. Et la vie, comme un flot qui monte, émerge et déborde de toutes parts.

Si les peuples fussent demeurés étrangers les uns aux autres, renfermés chacun dans son milieu physique et son monde idéal exclusifs, la flamme expansive de la vie, après quelque éclat jeté, n'eût pas tardé à s'éteindre, faute d'aliments nouveaux : comme on peut le constater encore de nos jours chez certaines nations qui, trop fières d'une antique civilisation, semblent mettre leur amour-propre à rester fermées aux progrès du dehors. Mais les collisions des peuples, leurs incursions réciproques entretiennent et raniment sans cesse chez eux l'énergie de la vie. Les civilisations particulières s'entre-choquent et s'éclairent mutuellement. Des perspectives plus étendues s'ouvrent devant la pensée. Les préjugés locaux s'écroulent et l'aube de *la Raison universelle* commence à luire. Alors l'activité humaine se déplace et change d'objet. Au lieu de continuer à s'épuiser dans des luttes fratricides, elle s'attaque à la nature elle-même et lui arrache un à un ses précieux secrets. La science se substitue à la routine. Le travail fait circuler ses produits à travers le monde entier. Les peuples se tendent la main d'un continent à l'autre. Et l'humanité, comme *un homme qui vit toujours et qui apprend sans cesse*, sent ses facultés vitales se perfectionner et s'agrandir, et sa vie s'élargir à la mesure du globe.

Tout, pour elle, dans cette lutte à outrance, est instrument de combat. Et comme un tacticien change ses procédés d'attaque et de défense et modifie son armement au fur et à mesure des progrès réalisés dans l'art de la guerre, ainsi l'humanité abandonne derrière elle ses vieilles armes pour en revêtir à tout instant de nouvelles. Rien, chez elle, n'est stable ni définitif : la personnalité humaine se transforme, les transactions sociales se remanient, les croyances se supplantent les unes les autres ; tout à la longue change d'aspect. Le vrai dans la science, le beau dans les arts, le juste dans les institutions politiques, sont-ils les mêmes qu'il y a seulement un siècle ? Et que restera-t-il dans cent ans de nos théories scientifiques, artistiques, sociales et humanitaires ? Sauf quelques principes qui découlent du mécanisme même de l'entendement et qui constituent nos procédés pour la recherche de la vérité; sauf quelques notions primordiales sur les rapports des êtres qui forment la base, hélas ! si fragile de la morale; sauf un sentiment plutôt instinctif et naïf que raisonné des splendeurs naturelles, qui est le fondement du beau dans les arts, et qui fait vivre éternellement les œuvres qui en sont empreintes ; il n'y a rien qui ne soit sujet à contestation, qui ne soit sans cesse remis en question. Le vrai, le beau, le bien même varient constamment suivant les péripéties de la lutte : mais ce qui ne varie point, c'est la persistance de cette lutte et l'ardeur avec laquelle tout ce qui vit, sent et pense, s'acharne à la poursuite d'un but toujours cherché, jamais atteint.

Ou plutôt toujours atteint! car ce but, que l'activité humaine touche à toute heure sans le voir, c'est la vie éternelle et universelle qu'entretient et développe ce mouvement incessant, qui s'alimente des efforts que fait l'humanité dans tous les sens, que servent ses besoins, ses appétits, ses passions, ses rivalités, ses aspirations inassouvies vers un état meilleur, et qui périrait peut-être (si une loi inexorable ne la condamnait à la vie) du jour où elle pourrait se reposer dans la satisfaction de ses désirs.

La vie principe et fin de tout ! Voilà donc le but suprême vers lequel tendent tous les êtres de tous les degrés. Les uns s'y portent par un ressort obscur qui est caché en eux ; d'autres, par des appétits sensitifs et aveugles; d'autres, par une initiative consciente, libre et morale : mais tous, par des voies diverses, marchent solidairement à la même fin. Et, de quelque côté que je me tourne, à quelque hauteur que je monte, à quelque profondeur que je descende, toujours, à travers les mondes et les systèmes de mondes qui gravitent et se relaient dans l'espace et la durée sans bornes ; à travers le fourmillement d'animalcules insaisissables qui s'agitent sous mes pieds ; à travers les luttes et les conflits des êtres qui m'entourent ; à travers les évolutions de mes semblables, à travers leurs progrès et leurs défaillances, leurs vertus et leurs vices, leurs crimes et leurs exploits, leurs grandeurs et leurs faiblesses ; à travers le dédale de leurs institutions et de leurs croyances, toujours et de toutes parts j'aperçois le grand principe qui domine tout : la vie qui anime, absorbe et renouvelle tout sans jamais tarir, pour laquelle tout incessamment travaille et milite

<blockquote>Toujours le noir géant qui fume à l'horizon !</blockquote>

II

Ainsi donc, les destinées humaines n'iront point au delà de ce monde matériel ? Et encore ce que ces destinées peuvent avoir de grand et d'imposant appartiendra, non à l'individu, mais à l'humanité ? Simple parasite de ce monde terrestre, l'homme n'aura d'autre perspective que cette existence grossière qu'il partage avec les animaux ? Mais alors que deviennent ces brillantes facultés dont la nature l'a doué ? S'il n'y a point pour l'homme de certitude absolue, à quoi lui sert son intelligence avide de vérité ? S'il est le jouet des forces fatales, si la notion exacte du bien et du juste lui échappe, à quoi bon sa liberté et sa moralité ? Si les aspirations vers l'infini ne sont que de vaines illusions, pourquoi cette tendance naturelle et invincible vers un sort meilleur qu'il ne peut trouver dans cette vie ? Quoi ! il n'aura donc d'autre avantage sur les brutes que de les asservir à sa domination ! Il aura, il est vrai, de plus qu'elles, la conscience réfléchie de ses actes, mais cette conscience ne lui apprendra que son néant, ses misères et ses déceptions ! Est-ce que devant des destins si bornés, l'homme ne va point sentir crouler sous ses pieds tout ce qui l'élève, tout ce qui le console, tout ce qui le fortifie, tout ce qui l'anime ?

L'homme est un être matériel, il est vrai : mais il est parmi les êtres matériels d'infinies gradations. Est-ce qu'en effet, parce que tout sera matière il ne sera plus permis de distinguer la fange du diamant ? L'homme a une âme, je l'ai dit ; mais si je me refuse à voir dans cette âme un être à part, une substance distincte de sa substance physique, je n'entends point détruire le monde idéal que l'homme porte dans son sein et qui est le glorieux reflet du monde réel avec l'immensité de ses horizons, les mystérieuses profondeurs de ses lois et de ses modes d'existence, la multiplicité de ses rapports où la raison se perd. Supprimez ce point qui nous divise, et volontiers j'enchérirai sur vous en exaltant la grandeur des qualités et des facultés de l'homme. Je proclamerai avec vous qu'il ne vit point seulement de pain, mais de tout ce qui nourrit ses nobles instincts, de tout ce qui alimente ses sentiments généreux, de tout ce qui éclaire sa raison, de tout ce qui épure ses relations avec ses semblables. Car, s'il se meut au milieu d'un monde matériel, il s'y meut par des ressorts spéciaux, dont il est impossible de méconnaître la nature délicate et relevée. Et je plaindrai toujours ceux qui, par une logique étroite et fausse, sous prétexte que l'homme n'est que matière, essayent de ravaler son caractère sublime et ne se complaisent que dans la peinture de ses appétits abjects et vils.

La vérité en elle-même lui échappe. Et, en effet, ses sens infirmes l'induisent souvent en erreur ; son sentiment intellectuel lui fait envisager les objets sous un faux jour ; sa raison le trompe et plus elle est forte et pressante, plus ses écarts sont à redouter du moment qu'elle fait le moindre pas hors de la vraie voie ; l'autorité elle-même, c'est-à-dire la tradition et l'enseignement du sentiment et de la raison générale, n'est point non plus une règle absolue de certitude puisque, non-seulement il y a autant d'autorités que de foyers divers de civilisation, mais que chacune de ces autorités varie avec elle-même suivant les temps e les circonstances. Mais si l'esprit humain ne peut atteindre sûrement la vérité, il la cherche du moins avec ardeur, et cela suffit pour l'ennoblir et le faire planer au-dessus de la sphère obscure où s'agite l'activité des êtres bruts. Il s'égare, mais en s'égarant il vit d'une vie plus haute et plus féconde. Et ce qui prouve que sa grandeur n'est point attachée à la découverte de la vérité, c'est que tant d'illustres génies vivent et vivront éternellement dans la mémoire des hommes, non pour l'avoir trouvée, mais pour l'avoir cherchée! C'est que, dans le sentiment de tous les siècles, il sera toujours plus glorieux d'être Zoroastre, Pythagore, Épicure, Descartes, Spinosa, Leibnitz, que l'humble croyant confit dans sa foi béate et qui ne voit que par les yeux de ses prêtres, occupés d'ailleurs à se traiter réciproquement d'imposteurs! Ils ne sont sans doute point plus près que lui de la vérité, puisqu'ils ne s'accordent point entre eux : mais ils ont remué des idées, ils ont lancé l'esprit humain dans de nouvelles voies, ils lui ont ouvert de vastes points de vue, ils ont largement influé sur la vie de l'humanité et c'est par cela seul qu'ils sont grands, malgré leurs contradictions et leurs erreurs!

Pense-t-on, d'autre part, que parce que l'esprit humain a toujours vu la certitude se dérober à ses poursuites, il audra anéantir d'un seul coup ce riche patrimoine de sentiments et d'idées que lui ont transmis et légué tant de générations, patrimoine sans cesse grossi par de nouvelles conquêtes? Et qu'il va falloir rayer d'un trait de plume la sagesse de Socrate, la poésie de Platon, la science d'Aristote, la mansuétude de Jésus, la grandeur d'âme de

Marc-Aurèle, la profondeur de Pascal, l'éloquence de Bossuet, le génie de Newton, la chaleur entraînante de Rousseau ? Aucun de ces grands hommes ne peut se vanter sans doute de posséder la vérité, ou plutôt ils la possèdent tous, non point séparément mais ensemble ; non point la vérité absolue, mais la vérité relative ; puisqu'ils ont servi, suivant leurs forces, l'essor des destinées humaines, et qu'ils ont fait et font encore vibrer tout ce qu'il y a de grand et d'élevé dans la pensée et dans le cœur des hommes !

Infime partie d'un tout régi par des lois qui se rapportent à la suprême unité, incident passager de la vie éternelle et universelle, simple anneau d'une chaîne ininterrompue sans commencement et sans fin, l'humanité est soumise nécessairement à l'action des causes mystérieuses qui produisent l'harmonie infinie de tout ce qui est : elle est libre, mais sa liberté ne peut être qu'un instrument pour faire sa partie dans le concert universel ; ignorante des lois impénétrables par lesquelles la nature marche à ses fins, elle est consciente d'un certain bien et d'un certain mal relatif, mais elle ne sait, au fond, ni ce qui est bien ni ce qui est mal par rapport à la souveraine évolution des choses. Toutefois, dans cette dépendance où elle se trouve à l'égard de tout ce qui l'environne et de tout ce qui la domine, dans cette demi-obscurité où elle se conduit presque à tâtons, qui peut contester qu'il n'y ait place pour elle à une vie morale puissante et grandiose ? N'est-ce donc rien que cette énergie et cette ampleur avec lesquelles elle entre dans le plan de la nature, au lieu de s'y porter comme les autres êtres par d'aveugles et obscurs ressorts ?

Au reste c'est un point de vue mesquin et faux, de considérer la morale uniquement comme la mesure du mérite ou du démérite des actes de l'individu. La morale consiste surtout dans le rapport harmonieux des actions individuelles à l'économie générale. L'homme, en dehors de la société, ne serait qu'un être brut, passif et chétif; c'est la société qui le fait intelligent, libre et fort, qui l'arrache à son nihilisme individuel pour le faire participer à l'importance de la vie sociale. C'est pourquoi le vice le plus haïssable chez l'homme est l'égoïsme et la vertu la plus haute, l'abnégation de soi-même et le dévouement à ses semblables. Et la conscience humaine le sait si bien; elle comprend si bien aussi que les actions des hommes ne peuvent être isolément pesées à la balance exacte d'une règle infaillible, qu'on l'a toujours vue pleine d'indulgence pour les erreurs généreuses; qu'elle honore les martyrs même d'un faux principe, et qu'elle se sent prise d'un involontaire respect devant celui qui meurt héroïquement pour une cause douteuse, mais qui affecte les grands intérêts de l'humanité. Ce qui fait la morale, ce n'est donc point la relation des actes individuels à une règle fixe et déterminée; c'est le concert qui résulte du libre jeu de toutes les activités tendant d'ensemble à une fin commune. Et c'est le triomphe de l'humanité de se mouvoir vers cette fin, non, comme les autres êtres, par des impulsions mécaniques; mais par une initiative libre et féconde, par des efforts sans cesse grandissants, à l'aide de facultés indéfiniment perfectibles; en remuant tout autour d'elle, non point peut-être avec la clairvoyance entière du but cherché et des moyens mis en œuvre, mais en sollicitant fortement par une action souple et variée, les forces supérieures de la nature et néanmoins avec le sentiment de la grandeur de sa fonction.

Et c'est ce sentiment de l'importance de son rôle dans le drame éternel et universel de la vie, qui met au cœur de l'homme ces désirs toujours renaissants qui l'entretiennent dans une perpétuelle agitation; qui le pousse sans trêve

et impitoyablement vers de nouvelles conquêtes ; qui lui
interdit de goûter un repos insaisissable pour lui. C'est
le sentiment instinctif de sa solidarité avec l'ensemble
dont il dépend, qui l'empêche, si détaché, qu'il soit ou
qu'il se croie, des choses de ce monde, de s'en désintéresser jamais complétement ; qui lui défend, même dans
ses visées les plus égoïstes, de vivre pour lui seul ; qui le
porte à sacrifier ses intérêts et sa vie même, à sa famille, à
sa patrie, à l'humanité et qui lui fait rechercher, jusqu'au
delà de la mort, la considération de ses semblables. Qu'il
prenne le change sur l'objet de ses désirs, qu'importe à la
nature, pourvu que le ressort vital s'y retrempe à tout instant, pour en devenir plus énergique et plus vigoureux!

Et d'ailleurs cet objet est-il bien si complétement imaginaire que voudraient le prétendre certaines écoles trop
exclusivement et trop bassement matérialistes? Toutes les
religions (et je ne méprise point les religions qui sont la
philosophie des masses et qui se rattachent toujours par
quelque point à la vérité, ne serait-ce qu'en resserrant le
lien social et en attisant le feu de l'activité humaine),
toutes les religions, dis-je, ont placé le bonheur dans une
vie future ; et partout cette vie future a été l'idéal poétisé
des aspirations de la vie réelle suivant le génie, les tendances et les inclinations de chaque groupe. Pour des
peuples grossiers et belliqueux c'était la perspective d'une
vie éternelle de batailles et de glorieux exploits ; pour des
organisations sensuelles, le raffinement des plaisirs des
sens ; pour l'Hindou extatique, miné par un climat débilitant, en proie aux plus profondes misères, le bonheur
consistera dans le repos absolu, dans l'anéantissement
complet de son être ; pour les races occidentales, plus
fortes et plus vivaces, héritières de la haute raison et de la
civilisation grecque et romaine, la fin suprême est natu-

rellement dans les jouissances divinisées de l'intelligence et dans une vie plus pure et plus intense. Mais en tout temps ce bonheur a été la consécration des vertus qui font la force de chaque famille humaine et qui sont le nerf de sa vie sociale : là l'héroïsme guerrier, plus loin la pitié secourable, ici le devoir austère la pureté des mœur,s l'amour ardent et viril de l'humanité. De plus tous liens ne sont point rompus entre ce monde qui lutte et le monde idéal des âmes qui se sont acquittées de la vie. Dans toutes les croyances même les plus confuses, il subsiste toujours, même à travers la tombe, une société des âmes et des intelligences. On n'aspire à l'immortalité que pour mieux veiller sur les siens ; en attendant d'être réuni à eux dans un monde meilleur. L'humanité divinisée est toujours solidaire de l'humanité souffrante et militante et continue à influer sur ses destinées.

Rien de tout cela, sans doute, n'est réel au pied de la lettre. Mais considérons encore une fois le tableau de la civilisation et nous y retrouverons facilement, dans leur vérité positive, le germe et les principes de ces poétiques fictions. L'âme humaine se dégage peu à peu de la nature brute, au-dessus de laquelle s'élève par degrés un monde idéal, transmis, condensé, agrandi d'âge en âge. Dès lors les individus ne se tiennent plus seulement par des liens physiques mais surtout par leur accès à ce monde idéal qui est l'objet et l'aliment des âmes. Les rapports obscurs qui reliaient entre eux des êtres bruts et passifs deviennent des relations morales qui s'épurent et se fortifient au fur et à mesure des progrès de la conscience humaine ; ceux qui les rattachaient au monde extérieur deviennent des relations intellectuelles, qui s'éclairent de plus en plus aux lumières croissantes de l'intelligence ; les aspirations de l'homme ne se bornent plus à cette existence précaire d'un moment. Il a la mémoire, le sentiment, la prévoyance. Par la tradition il voit la filiation des êtres et remonte les générations auxquelles il succède ; par la prévision de l'avenir il suit sa descendance jusque dans les âges les plus reculés. Par la pensée et le sentiment il fait corps avec la nature entière. Il n'est plus isolé : il se sent vivre dans ses ancêtres, dans ses contemporains, dans sa postérité, dans la famille, dans la patrie, dans l'humanité, dans l'ensemble des choses. Son âme, atome constituant de l'âme du genre humain, ne s'évanouit plus avec cette vie mortelle. Si modeste qu'elle soit elle a laissé sa trace, elle a apporté sa pierre dans la constitution de ce monde moral et intellectuel qui est le patrimoine de l'humanité solidaire et indivisible. Elle aspire à y vivre et à s'y reposer avec l'idéal qu'elle s'est formé, dans la satisfaction du devoir rempli, dans l'expiation salutaire d'erreurs et de crimes regrettés, dans la rédemption des misères souffertes, dans le triomphe des bienfaits et des lumières répandus autour d'elle. Et elle y vit en effet, connue ou inconnue, surnageant glorieusement à la surface, ou noyée dans les flots profonds ; mais toujours présente à la fois dans le repos du fait accompli et dans l'action produite par la conséquence de ses actes.

C'est ainsi que l'âme de l'humanité se développe progressivement comme un immense faisceau de lumière, formé de la concentration de feux variés, dans lequel chaque gerbe confond son éclat, dans lequel chaque rayon incruste son étincelle. Résumé des âmes des peuples et des âmes des individus, elle les attire et les retient dans son sein. Elle leur y donne l'immortalité de la récompense et du châtiment selon qu'elles ont servi ou contrarié la marche de ses destinées.

Est-ce donc un destin si borné que de se sentir partie intégrante de ce grand tout ? de collaborer consciemment au grand œuvre de la vie universelle et incréée ? Et n'y a-t-il point là de quoi relever les intelligences et les cœurs?

Si je ne suis par moi-même qu'un infime atome, je suis grand par ma solidarité avec l'être infini ; je sais que quand je souffre, que quand je lutte, que quand je me trompe, je n'en travaille pas moins, dans la mesure de mes forces, à la fin suprême, et cela suffit pour ennoblir mes actions et pour encourager mes efforts !

Au reste, quand du haut de mes rêveries, je me place ainsi au-dessus des agitations humaines pour les contempler dans leurs rapports transcendants avec le principe et la fin de toutes choses, je n'entends point souffler sur les généreuses illusions qui alimentent au sein de l'humanité le mouvement nécessaire à la vie.

Je sais que l'esprit humain, malgré ses constantes déceptions ne se lassera point de rechercher la vérité et ne désespérera jamais de la trouver : car cette recherche et cet espoir sont sa vie même. Et que fais-je donc moi-même, quand, déconcerté par les contradictions de tant de spéculations diverses, je viens ajouter mon système à tant d'autres systèmes ?

Je sais que la conscience humaine poursuivra sans relâche la notion de la justice distributive dans la répartition des éléments sociaux, quoique cet objet soit peut-être le secret inviolable de la nature. Et je sens que je pourrais bien moi-même me faire demain l'apôtre ardent et convaincu de telle ou telle revendication sociale, tout persuadé que je suis qu'il n'y a d'autre principe véritable que celui qui fait la société grande et forte et que la nature seule en est juge en dernier ressort. Mais pour que la nature prononce, il faut qu'elle soit sollicitée.

Je dirai donc à mes semblables : si l'espoir d'atteindre la vérité et le droit absolus est nécessaire pour soutenir votre ardeur, conservez précieusement cette espérance.

Si la foi en des destinées surnaturelles est indispensable à vos âmes pour les maintenir vaillantes et viriles, croyez-y fermement. Il importe peu que vous vous abusiez, si à ce prix vous marchez en avant, sans découragement et sans défaillance. Je ne prétends point énerver les mobiles de votre activité; car cette activité est au contraire la seule chose que je regarde comme nécessaire : la nature se chargeant de la guider.

Et pourtant si quelques-uns consentent à me suivre au milieu de ce monde, tel qu'il se révèle à mes faibles yeux, je veux leur montrer qu'ils y trouveront aussi de quoi satisfaire leurs légitimes aspirations vers le vrai, le beau et le bien et de quoi soutenir leur vertu.

Nous nous défierons ensemble de tout ce qui fait l'objet des disputes et nous renoncerons à toute certitude absolue sur les impénétrables mystères des choses. Mais de ces disputes mêmes, de l'intérêt puissant que l'esprit humain y attache, de l'influence qu'elles exercent sur nos actes, nous conclurons qu'elles sont les agents de nos destinées. Nous verrons que ces destinées se déroulent au milieu d'un ensemble insondable, auquel elles se lient par des chaînes étroites et nécessaires et nous saurons du moins à n'en pas douter (si nous ne savons ni comment ni pourquoi) que nous vivons au sein d'une vie plus haute et plus intense à laquelle nous participons par notre humble collaboration.

Au milieu des débats contradictoires sur la beauté dans les arts et sur tout ce qui touche au domaine idéal de l'esprit humain, nous élèverons nos sentiments vers tout ce qui est grand, noble et généreux, et nous le reconnaîtrons aisément, sans vaine théorie esthétique, aux émotions de nos âmes et aux tressaillements de nos cœurs.

Quoique convaincus que les institutions humaines, les dogmes et les rites des religions, les lois qui régissent les rapports des hommes et des peuples, ne sont que des données artificielles et variables, nous y verrons néanmoins la main occulte et détournée de la nature. Nous les respecterons comme le lien nécessaire de l'existence sociale. Nous tolérerons toutes les croyances sincères, sans nous interdire toutefois de prendre notre part aux grands mais obscurs débats qui agitent les âmes cherchant de meilleures voies vers la vie. Et cependant, nous serons envers tous droits, loyaux et bons ; car il n'y a plus ici rien de factice ni de conventionnel : c'est le précepte absolu que la nature a tracé par le sceau d'un impérieux instinct au fond du cœur de tous les êtres unis par le même sang.

Si nous n'espérons point trouver positivement le prix de nos actes dans une autre vie réelle, nous aurons du moins la conscience d'être et de rester identifiés par nos âmes, par delà même cette vie d'un jour, aux âmes de la patrie et de l'humanité. Enfin, dépositaires d'une parcelle de cette vie suprême qui est le principe et la fin de tout, nous nous appliquerons à ne point la laisser amoindrir entre nos mains. Nous éviterons tous les vices et tous les excès qui pourraient la faire déchoir. Nous serons sobres, continents, courageux pour la défendre et l'améliorer, afin de transmettre intact à nos fils ce précieux dépôt. Car, quel plus redoutable châtiment de la violation des lois de la nature que de voir tarir en soi cette longue filière de sang vivant, de voir cette traînée de vie lumineuse et féconde, qui est venue jusqu'à nous à travers l'immensité des âges, s'éteindre misérablement et sans fruit, dans un être flétri et dégénéré !

FIN.

TABLE DES MATIÈRES

PREMIERE PARTIE

Pan... 9

DEUXIEME PARTIE

L'homme intelligent..................................... 55

TROISIEME PARTIE

L'homme moral.
- I. L'âme humaine...................................... 115
- II. La propriété et les distinctions sociales......... 128
- III. La famille....................................... 146
- IV. La religion....................................... 157
- V. La morale.. 173
- VI. Les conflits de la morale et de la nature......... 187

QUATRIEME PARTIE

L'homme civil.
- I. La patrie.. 197
- II. Le pouvoir social................................. 208
- III. La portée légitime du pouvoir social............. 217
- IV. La raison universelle............................. 233
- V. La guerre.. 246
- VI. Le progrès cosmopolite............................ 264

CINQUIÈME PARTIE

Résumé. — Conclusion.................................... 275

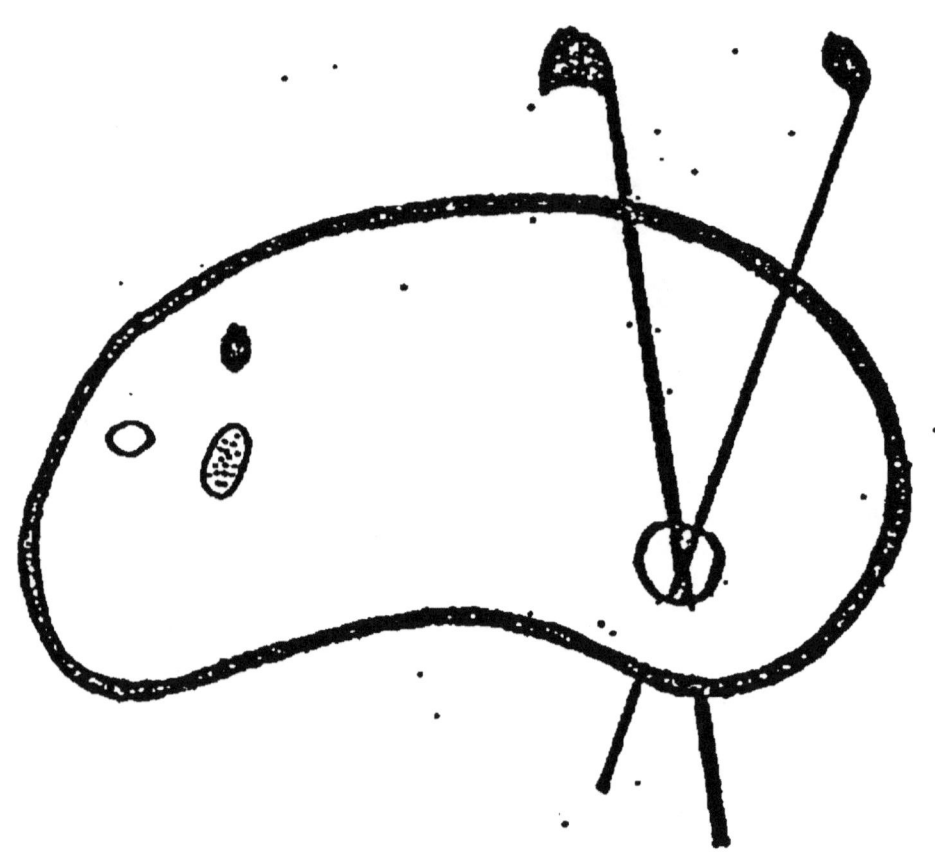

ORIGINAL EN COULEUR.
NF Z 43-120-8

www.ingramcontent.com/pod-product-compliance
Lightning Source LLC
Chambersburg PA
CBHW071602170426
43196CB00033B/1573